# 根本佛敎倫理

BUDDHIST ETHICS
*Essence of Buddhism*

•

사다티사 著
曺 勇 吉 編譯

불광출판부

# 根本佛教倫理

## BUDDHIST ETHICS
*Essence of Buddhism*

•

사다티사 著
曺 勇 吉 編譯

# 일러두기

1. 전문 용어나 고유명사(인명, 지명)는 팔리어와 산스크리트어를 讀音해 쓰면서 처음 나올 때는 괄호 안에 原語를 표기해 주었다. 한편 우리에게 아주 익숙한 인명이나 용어, 널리 알려진 경전 제목의 경우 한역 용어를 썼다(예 ; 龍樹, 無餘涅槃, 법화경, 대반열반경).

2. 산스크리트어와 팔리어가 혼용되고 있어서 혼동을 일으킬 수 있다. 본문 내용상 산스크리트어와 팔리어를 대비하고 있는 것 외에 대체적으로 고유명사와 근본불교의 용어는 팔리어이고 그밖의 인도철학 용어나 후기 불교의 용어는 산스크리트어로 생각하면 큰 허물은 없을 것이다. 물론 예외는 있다.

3. 약어표, 註, 참고문헌 등은 원본 내용을 그대로 실었으며 찾아보기는 용어 색인과 내용 색인을 함께 합쳐 놓았다.

4. 『 』: 전집류, 책이름(경전 제목 등)
「 」: 논문제목
“ ”: 인용문
‘ ’: 중요한 용이

# 약어표

A. *Aṅguttaranikāya*, vol. I, ed. R. Morris, and edn., 1961, vol. II, ed. R. Morris, reprint, 1956, vol. III, IV. V, ed. E.Hardy, reprint, 1959, PTS.

Ap. *Apadāna*, vol. I, ed. M. E. Lilley, 1925, vol. II, ed. M.E. Lilley, 1927, PTS.

Ndii. *Cūlaniddesa*, ed. W. Stede, 1918, PTS.

Dh. *Dhammapada*, ed. Sūriyagoḍa Sumangala, 1914, PTS.

DhsA. *Dhammasaiṅganī Aṭṭhakathā*=Atthasālinī, ed. E. Müller, 1897, PTS.

D. *Dighanikāya*, vol.I, ed. T. W. Rhys Davids, J. E. Carpenter, reprint, 1947, vol. III, ed. Carpenter, 1960, PTS.

Dvy. *Divyāvadāna*, ed. E. B. Cowell and R. A. Neil, Cambridge, 1886.

J. *Jātaka*, vol. I, ed. V. Fausböll, reprint, 1962, vols. II, III, ed. Fausböll, reprint, 1963, vols. IV, V, VI, ed. Fausböll, reprint, 1964, PTS.

Kkvt. *Kaṅkhāvitaranī*, ed. D.A.L. Maskell(née Stede), 1956, PTS.

Kvu. *Kathāvatthu*, vol. I, II, ed. A.C. Taylor, 1894, 1897, PTS.

Khp. *Khuddakapātha*, ed. Helmer Smith, reprint, 1959, PTS.

Lal. *Lalitavistara*, ed. S. Lefmann, Halle, 1902

Ndi. *Mahāniddesa*, vols. I, II, ed. L. de la Vallée Poussin, E.J.Thomas, 1916, 1917, PTS.

Mtu. *Mahāvastu*, ed. É. Senart, 3 vols., Paris, 1882~97.

M. *Majjhimanikāya*, vol. I, ed. V. Trenckner, reprint, 1964, vols. II, III, ed. R. Chalmers, reprint, 1960, PTS.

Miln. *Milindapañha*, ed. V. Trenckner, reprint, 1963, PTS.

Ps. *Patisambhidāmagga*, vols. I, II, ed. A.C. Taylor, 1905, 1907, PTS.

Pv. *Petavatthu*, ed. J. Minayeff, 1889, PTS.

Sdhp. *Saddhammopāyana*, ed. Richard Morries, J PTS, 1887.

S. *Saṃyuttanikāya*, vols. Ⅰ－Ⅴ, ed. L. Feer, reprint, 1960, PTS.

Su. *Suttāgame*, ed. Puppha Bhikkhu, Sūtrāgamaprakāśaka Samiti, Gursaon Cantt. East, Punjab, vol. Ⅰ, 1953. vol. Ⅱ, 1954.

Sn. *Suttanipāta*, ed. Dines Andersen, Helmer Smith, reprint, 1948.

Tkg. *Telakaṭāhagāthā*, ed. E. R. Gooneratne, JPTS, 1884.

Thag. *Theragāthā*, ed. H. Oldenberg, R. Pischel, 1883, PTS.

Ud. *Udāna*, ed. P. Steinthal, reprint, 1948, PTS.

Uv. *Udānavarga*(＝Skt. Dharmapada), ed. N.P.Chakravarti, Paris, 1930.

Uj. *Upāsakajanālaṅkāra*, ed. H. Saddhatissa, 1965, PTS.

# 편역자 서문

'사다티사' 박사는 스리랑카(실론)에서 태어나 지금은 런던에서 살고 있다. 그는 비도다야 피리베나(현재 대학)를 졸업한 후 1926년 실론에서 승려가 되었으며 마하트마(위대한 성현)라 하는 가장 높은 위치에 올랐으며 런던사(London Buddhist vihara)의 주지를 지냈다. 박사는 '베나레스 힌두 대학(Banaras Hindu University)'에서 연구를 계속하면서 명예박사를 수여받았고, 거기서 석사학위 과정 중 영국의 메릿훈장 일등상을 수상했다.

그는 런던 대학에서 연구학자로 있다가, 에딘부르그 대학에서 불교철학에 관한 박식한 논문으로 박사학위를 받았다. 그는 팔리어, 산스크리트어, 실론어, 힌두어에 능통하였으며, 기타 다른 동·서양의 언어로도 담화하였다. 그는 또한 수년 동안 실론, 인도, 영국 그리고 미국 등지에서 학자들과 신도들에게 불교를 가르쳤고, '베나레스' 대학과 '토론토' 대학에서 불교 및 팔리어 교수로 재직하였다.

그의 업적 가운데, 런던의 '팔리어 문헌 연구회'가 발행한 『우파사카자나란카라(Upāsakajanālankāra)』는 팔리어 학자들에게 널리 알려져 있다. 또한 그는 여러 학술지에 많은 원고를 기고했으며, 팔리어 문헌 연구회의 집행이사와 영국 대보리수협회(Mahabodhi Society) 와 영국 승가위원회의 회장을 지냈다.

사다티사 박사는 그 이전에 나온 佛敎倫理學의 난점들을 보완하는 매우 중요한 책을 썼는데, 이 책과 견주어볼 수 있는 책이라면 다소 난해한 타키바나(Tachibana)의 『불교의 윤리(Ethics of Buddhism)』가 고작일 것이다. 종종 서양에서는 불교를 '훌륭한 윤리조직'에 불과한 것으로 생각하고 있는데 이는 전반적인 불교의 가르침을 피상적으로, 편견을 갖고 보는 데서 기인한 커다란 오해가 아닐 수 없다.

불교의 사고 및 실천 속에서 윤리가 차지하는 올바른 위치를 명백히 하려는 것이 바로 사다티사 박사가 쓴 책의 커다란 장점들 가운데 하나이다. 따라서 그는 자신이 대표하고 있는 원시불교 학파의 주장뿐 아니라(실제, 그는 영국에서 그 학파의 우두머리였다) 마하야나(Mahāyāna), 즉 대승불교나 더 발전된 불교의 주장까지도 수용하고 있다.

윤리가 불교의 전부는 아니라고 해도 불교 안에서 그 존재는 폭넓게 나타나고 있다. 따라서 이 책은 일반불교에 대한 많은 지식을 포함하고 있으며, 모든 불교의 실천 목적은 涅槃(Nirvāna ; 解脫)이므로 마지막 장에서 이 문제를 다루는 것이 알맞은 듯싶다.

여기서 몇 가지 특별한 점들이 강조되어야 할 것 같다. 불교윤리는 自律的인 것이다. 신도들의 기본 五戒와 스님 또는 특별한 경우 신도가 지켜야 하는 많은 계율은 수행자가 그 목적을 잘 알고 있기 때문에 임의로 정해진 계율이 아니라, 자발적으로 준수되는 수행규칙이다. 그 규칙들은 순수하게 의식적인 의무를 포함치 않는다. 예를 들면, 부처님상 앞에 엎드려 절하는 것과 꽃과 향을 바치는 것 따위의 실천은 숭배가 아닌 경의와 존경의 표현이다. 이를 생략할 수도 있다 해서 가치가 없다는 것은 아니다.

다시 말해, 美德의 실천은 매우 어렵다. 佛子들은 특히 마음이 여러 형태로 나타나는 비행의 원인인 옳지 못한 사고방식에 빠지기 쉽다는 것을 잘 알고 있다. 불교적 '禪定'에 대한 올바른 실천은 그것이 定(Samādhi)의 형태, 다시 말해서 정신집중을 통해 이를 수 있는 소위 禪(Jhāna)의 형태를 띄건, 아니면 사물의 본질을 꿰뚫어 바라볼 수 있는 觀(Vipassana)에 이르는 思念의 실천 형태이건 간에 도움이 된다. 특히 저자는 慈悲心(mettā)을 체계적으로 기름으로써 노여움과 악의를 어떻게 극복할 수 있는가를 어느 정도 자세히 설명하고 있다.

사다티사 박사는 초기 근본불교 경전 속에 흩어져 있는 모든 자료들을 모았을 뿐만 아니라 베다 및 우파니샤드 사상에 대한 깊은 지식을 바탕으로 그리스 사상과 다소 재미있는 비교를 하고 있다. 또한 필요에 따라 여러 사상의 배경까지도 언급하고 있다.

이 책은 불교는 물론 비교종교학 및 도덕을 진지하게 공부하는 모든 학도에게 매우 가치 있을 것이다. 또한 이 책은 명료한 제시로써 독자에게 읽는 기쁨을 주고 있으며 그 폭넓은 접근은 어느 모로 보나 불교연구 및 그 실천에 대한 하나의 기본서로 충분하다. 나아가 그 철저한 자료 수집은 분명 학문적으로 영원히 기여할 것이다. 특히 이 책은 현대 사회에 매우 환영할 만하다.

지금 서구에서는 불교에 대한 흥미가 고조하고 있다. 그렇지만 단지 추세에 불과하거나, 또는 윤리적인 요소들을 무시하고 상대적인 가치로 전락시켜버리는 집단들 틈에서 때때로 매우 해로운 형태로 나타나고 있다. 이러한 상황에서 이 책은 진지하게 불교를 알고 싶은 사람들에게 올바른 길을 제시함은 물론, 나아가 그러한 잘못된 경향을 바로잡는 데 많은 기여를 할 것이다.

나를 끔찍이 사랑하는 두 여인인 어머님과 내 아내에게 이 책을 바친다.

佛紀 2538(1994)년 3월

初春南江 普光亭에서

曺勇吉 合掌

# 저자 서문

종교의 가르침을 확신하고 종교적인 귀의를 통해 자신들의 삶을 바꾸고 개선시키려는 사람들이 일반적으로 단지 그러한 종교적 환경 속에서 태어난 사람들보다 그 행동이 더욱 의식적이며 성실하다고 하는 데는 충분한 이유가 있다. 후자는 사회적인 강요나 습관으로 말미암아 종종 그 교리를 따르기 때문이다.

물론 엄밀히 말해서 불교는 일반적으로 받아들여지는 의미의 종교가 아니다. 불교는 각각의 신도들이 실천해야 하는 '倫理哲學(Ethics-Philosophy)'으로 보는 게 더욱 정확할 것이다. 단지 실천을 통해, 그리고 수고스러운 내면적인 투쟁을 통해서만 궁극적인 열반과 해탈을 이룰 수 있고 현재든 미래든 진정한 삶의 행복을 누릴 수 있는 것이다.

사람들은 음악, 미술, 그리고 유사한 예술을 자신의 감정적인 욕구를 만족시키는 데 사용한다. 반면에 도덕은 감각적인 즐거움을 통해 결코 얻을 수 없는 것이다. 도덕은 靈的(정신적, 내면적)인 삶에 없어서는 안되며, 따라서 이는 우리가 진실로 교화된 인간을 가려내는 데 반드시 필요한 척도이다.

참된 佛子가 된다는 것은 곧 그가 윤리적이며, 최소한 다섯 가지의 도덕적 계율 또는 규칙(Sikkāpada)에 따라 산다는 것을 함축하고 있다. 그러한 계율들은 인간의 마음을 단련하여 감각적인 욕구의 충동을 감소시키려는 것이다. 그 계율을 받는 의식은 그 주된 목적이 의식의 영향으로 자기 자신을 제어하고 자신의 내적인 삶을 돌이켜 생각할 수 있도록 하는 것이므로, 실제로는 불필요하다고 해야 할 것이다. 게다가 누구나 자신의 생각과 뜻을 모아 이성적이고 의미있는 존재가 될 수 있다. 이와 같이 禪定은 자기 자신을 억제하고 궁극적 지혜(Paññā)에 이를 수 있는 주요 수단이다. 부처님은 다음과 같이 사람이 그 길을 어떻게 밟아야 하는지를 개별적으로 지적하고 있다.

"확신, 도덕, 원기, 선정, 진리탐구, 지식과 선행 그리고 사념을 통해 이 커다란 고통을 물리쳐라."(Dh.v. 144)

그러므로 기도라든지 숭배, 예배하는 것이 부처님의 길을 가는데 필요치 않으며, 그 길은 어떠한 秘境스런 것을 포함치 않는, 단지 살아 있는 모든 것을 사랑하고 측은하게 느끼는 일상생활 속에 있는 것이다.

불교의 윤리를 널리 이해하고 실천하는 일이 현재 어려운 세상사에 간절히 필요한 바, 그러한 자료들을 식견있는 신도 및 학생들이 이해할 수 있도록 하고, 나아가 학자나 전문가들에게도 도움이 되기 위해 이 책을 썼다.

마찬가지로 어떤 특수 불교종파를 두둔하려는 것도 아닌, 모든 학파가 인정하는 기본적인 윤리개념들, 즉 산스크리트어 및 팔리어로 된 초기문헌에 기록된 붓다의 가르침에 초점을 맞추었다.

이상이 본 저술의 목적이며 독자들이 그 결과를 판단하리라 믿는다.

H. Saddhatissa

# 根本佛教倫理

BUDDHIST ETHICS
*Essence of Buddhism*

## 차 례


일러두기

약어표

편역자 서문

저자 서문

**제1장 정의 및 역사적 배경** — 17

1. 윤리학 연구의 범위 17
2. 기원전 6세기의 인도사상 23

**제2장 지고상태에 대한 깨달음의 기원과 근원** — 41

1. 붓다의 깨달음 41
2. 고타마 붓다의 삶 42
3. 연기설(Paṭiccasamuppāda) 45
4. 자아와 무아(Anatta) 50
5. 四法印 55
6. 붓다의 大悲心(Mahākaruṇa) 60

# 根本佛教倫理


**제3장 三寶의 의미** 67

三寶 67

1. 제1보:붓다(佛) 71
2. 제2보:다르마(法) 74
   - 戒(sīla), 定(Samādhi), 慧(Paññā) 83
   - 팔정도(Eightfold path) 90
   - 三藏 96
   - 律藏(Vinaya Piṭaka) 98
   - 經藏(Sutta Piṭaka) 99
   - 論藏(Abhidhamma Piṭaka) 101
3. 제3보:승가(僧伽) 103

**제4장 도덕적 행위의 규제:계** 113

1. 오계(Pañca sīla) 113
   - 제1계:不殺生 114
   - 제2계:不偸盜 132
   - 제3계:不邪淫 135
   - 제4계:不妄語 141
   - 제5계:不飮酒 144
2. 팔계(Aṭṭhaṅga Sīla) 146
3. 십계(Dasa Sīla) 148

**제5장 도덕의 기본 이념** 151

1. 삼보와 계율과의 관계 151
2. 원시불교에서 평신도의 위치 154
3. 持戒에 대한 붓다의 가르침 166
4. 평신도에 대한 제언 170

**제6장 사회에 대한 평신도의 의무** ———— 177
· 아이들과 부모 177 · 남편과 아내 181
· 친구 186 · 師弟 192 · 노예와 노동자 195
· 의무와 생계수단의 관계 196

**제7장 국가와 평신도와의 관계** ———— 205

**제8장 궁극적인 목적** ———— 227
1. 목적에 대한 정의 227
2. 열반(Nirvāṇa) 228
· 연소(āditta) 239 · 열반에 대한 다른 정의 245
· 갈애(taṇhā) 246
3. 심해탈, 혜해탈 249
4. 득도의 기원 254

부 록
찾아보기
참고문헌

# 제1장 정의 및 역사적 배경

## 1. 윤리학 연구의 범위

윤리학(Ethics)이라는 단어의 어원은 '성품', 즉 '에토스(ethos)'에서 나온 그리스어 '에티코스(ethikos)'로부터 파생한 것이다. 이 말은 또한 라틴 관습에 따라 '도덕철학(Moral Philosophy)'이라 불려지기도 한다. 일반적으로 '윤리학'은 도덕을 다루는 학[1]으로 기술되고 있지만, 정확한 정의로는 부족하기 때문에 윤리학을 포함하는 것으로 생각되는 분야를 언급할 필요가 있다.

무어(G.E.Moore)는 자신이 저술한 『윤리의 원리(Principia Ethica)』[2]에서 윤리학은 '인간행동의 선악문제를 다루는 학'이라는 정의가 적당치 않다고 하며 다음과 같이 자신의 입장을 피력하고 있다.

"본인은 윤리학의 정의가 이보다 더 넓은 범위를 포괄할 수 있어야 하며, 충분한 권위를 가져야 한다고 생각한다. 따라서 본인

---

1) *Odhams Dictionary of the English Language Iliustrated*, Odhams Ltd, 1946; The *Elements of Ethics*, H. John Muirhead, London, 1910, p.4; *A Manual of Ethics*, S. John Mackenzie, London, 1929, P.I.

2) *Principia* Ethica. G. E. Moore, Cambridge University Press; Reprint. 1954. p.2.

은 윤리학이 '선(善)이란 무엇인가'라는 일반적인 물음을 다루어야 하는 것으로 본다."

윌리암스(Rev. H. H. Williams)는 이보다 자세하게 "윤리학이란 말은 넓은 의미에서 사람들의 일반적인 성품 및 습관들을 살펴보는 것이며, 특별한 사회집단 속에서 서로 다른 시간대에 살고 있는 사람들의 관습들을 기술한 것이거나, 또는 그 역사인 것이다."라고 하였다. 그는 예외적으로 광범위한 분야가 이것과 관계하고 있음을 알고 다음과 같이 결론을 내렸다.

"윤리학은 인간의 성품과 행동들이 보통 도덕적 원칙에 좌우되거나 혹은 그 원칙을 제시할 수 있으면, 그 인간성품 및 행동이라는 특별한 영역에 한정된다. 대부분의 사람은 자기 자신은 물론 다른 사람의 행동 및 성품까지도 '착하다', '악하다', '옳다', '그르다' 하는 식의 일반적인 형용사로써 특징 지우곤 한다. 그래서 윤리학은 인간행동에 관계하여, 그리고 궁극적으로는 그 최종적으로 절대적인 의미에서 그러한 형용사들의 의미와 그 범위를 조사하는 것이 되어버린다."[3]

그러므로 어떤 용어들을 어떠한 특별한 관계에서 사용된 것으로 생각하고, 그 의미는 절대적인 의미로 쓰인 것으로 간주하게 된다. 이러한 태도에 관련하여, 무헤드(Muirhead) 교수의 견해는 주목할 만하다.

"두 가지 종류의 학문이 있다. 즉 사물을 있는 그대로 기술하는 것과 그 사물들에 대한 우리의 판단이 관여하는 것이 있다.

---

3) *Encyclopaedia Britannica*, 1926 ed., Vol.9, p. 809. Article: *Ethics*. Rev. H. H. Williams(Fellow, Tutor and Lecturer in Philosophy, Hertford College, Oxford)

전자는 종종 '자연학'이라 하고 후자는 '규범학' 또는 더 좋은 의미로 '비판학'이라 불려진다."

윤리학은 위에 언급된 의미로 보았을 때 '비판적'이다. 윤리학의 주제는 역사와 다른 사실들과 인과관계를 갖는 자연적 사실들로서가 아니라 기준이나 관념에 비추어 가치를 갖게 되는 것으로서의 인간행위나 성품이다.[4] 따라서 행위 그 자체를 규정하기보다는, 오히려 인간행위에 그 가치를 부여하는 기준 또는 관념을 생각하게 되었을 때, 여러 윤리 조직들은 서로 다르게 나타나기 쉽다. 예를 들어 살인, 절도, 거짓말은 그 관념에 따라서 어떤 때는 정당화될 수도 있지만 대개 나쁜 짓이라고 생각되고 있다. 반면에 행복은 변함없이 선과 관련되어 있다.

철학적인 물음 전반에 기여할 수 있는 하나의 특별한 분야로서 '윤리학'의 연구는 존재의 궁극적인 실체를 탐구하는 '제일원리(First Principle)'와 같은 목적을 갖는다. 하지만 윤리학 자체는 어느 특별한 접근만을 다룰 수밖에 없는 부수적인 분야들을 구분한 아리스토텔레스에서 시작된다. 윤리학은 그러한 접근방식 가운데 하나였으며, 아리스토텔레스는 그의 수많은 저술 가운데 윤리에 대한 중요한 세 권의 책을 후대에 남겨 주었다. 아리스토텔레스는 소크라테스와 플라톤의 기본원리를 이어 "미덕이 행복이다."라고 주장하였다. 그런데 이 원리는 불교적 사고와 일치하고

4) *Encyclopaedia of Religion and Ethics*, ed. James Hastings, Edinburgh, T. and T. Clark;New York, Charles Scribner's Sons, 1908–26. Vol. 5, p.414. Article on *Ethics*:by J. H. Muirhead(Professor of Philosophy in University of Birmingham;author of *Elements of Ethics*, *The Service of the State*, etc.).

있으며[5], 이 원리는 그의 다음과 같은 두개의 詩에 나타나고 있다. 「The Elegy to Eudemus of Cyprus」에서 그는 "선한 사람이 행복한 사람이다."라고 한 사람을 칭찬했다. 그리고 「헤르미아스(Hermias)를 기리는 찬가」에서 그는 "미덕이란 사람들이 행하기 매우 어려우며, 세상에서 가장 숭고한 추구"[6]라고 시작하고 있다.

플라톤의 아카데미 학파 가운데 두 명의 계승자들은 '선이란 무엇인가'에 대해서는 서로 의견 충돌을 보이기도 하지만, 미덕의 필요성에 대해서는 그 믿음을 같이하고 있다. 약 2세기 전에 한 박식하고 뛰어난 브라만이 있었다. 그가 참된 '브라만'이 되려면(이상적인 브라만) 어떤 자질들을 가져야 하는가에 대하여 말하면서, 그 자질은 바로 도덕과 지혜라고 하자, 붓다는 그에게 "과연 그 도덕과 지혜는 무엇인가."라고 물었다. 그는 "이것이 우리가 할 수 있는 모든 것입니다. 존경하는 고타마여, 당신께서 그 말들의 뜻을 명백히 하여 주시면 좋겠습니다."라고 되물었다.[7] 이에 대해 붓다가 행한 긴 설명은[8] 그의 가르침의 기본원리가 되고 있으며 앞으로 이 책에서 자세히 언급될 것이다.

다시 아리스토텔레스로 돌아와서, "행복은 행동이다."라는 말은 그의 가장 권위있는 2권의 저술, 즉 『Metaphysica』와 『De Anīma』에서, 그리고 그 모두가 유사한 내용으로 되어 있는 3권의 윤리에 관한 논문 즉, 「Nicomachean Ethics」, 「Eudemian

---

5) Dh. v. 118 : *sukho puññassa uccayo*—Happiness is the accumulation of merit.
6) *Encyclopaedia Britannica*, 1926 ed., Vol. 2, p.512, Article on *Aristotle* by Thomas Case, President, Corpus Christi Collego, Oxford, etc.
7) D.I. 124
8) *Ibid.* I. 124 and Substantially in all Dīgha Suttas.

Ethics」 그리고 「Magna Moralia」 속에 들어 있다. 그중 「Nicomachean」은 다음과 같은 이론으로 계속된다.

즉, “가장 최상의 행복은 지성에 의한 사변적인 삶이다. 그러나 인간의 행복은 절제와 도덕적 미덕의 실천적인 삶 역시 포함하는 것이며, 두 가지 삶 모두가 외적인 물질을 요구하지만 실천적인 삶은 그 물질을 도덕적 행위의 도구로서 필요로 한다.”라고 하고 있다. 이 논문은 미덕은 습관을, 습관은 법을, 법은 입법적인 기술을 그리고 그 기술은 정치학을 요구한다고 주장하면서, 사람을 도덕적으로 만드는 방법으로 끝난다. 이처럼 여기에서 윤리학은 정치학이 되어 버렸다.[9] 「Eudemian Ethics」와 「Magna Moralia」는 행운과 각각의 미덕 모두를 포함하는 완전한 미덕으로서 신사도에 대해 언급하고 있다.

그러나 여기에는 궁극적 또는 초월적인 상태에 대한 언급이 전혀 없어서, 이는 논리적 일관성에서이거나 또는 단지 편리에 따라 도입된 임의적 부속물로서 존재하건간에 이후 윤리학이 발달해가면서 언급이 있게 될 것이다. 오직 전자의 조건만이 윤리학을 철학 본연의 학문에 참된 기여를 했다고 생각하는 것을 정당화 시켜줄 것이다.

‘울프’ 교수는 「Encyclopaedia Britannica」에서 윤리학에 대한 자신의 의견을 아래와 같이 피력하고 있다.[10]

---

9) *Encyclopaedia Britannica,* 1926 ed., Vol. 2, p. 513; Article on Aristotle by Thomas Case.(See p. 17, note I.)

10) *Encyclopaedia Britannica,* 1951 ed. Vol. 8. p. 757, Article on *Ethics:* Abraham Wolf, Former Head of the Department of the History and Method of Science at Universty College, University of London, etc.

“윤리학은 ‘실증적인 학문’이 아니라 ‘규범적인 학문’이며 인간 행위의 실천적 성격이 아닌 이상을 다루고 있다. 많은 도덕 철학자들은 실제 윤리학의 과제가 단지 현재의 도덕적 개념들을 명백히 하여 그 속에 포함된 궁극적인 전제조건들을 밝혀내는 데 있으며, 새로운 도덕적 관념을 발견해내는 것이 아니라고 명백하게 밝히고 있다. 비록 그가 이러한 권위라든지 기독교 교회의 전통에 사로잡힌 것은 아니지만 ‘아리스토텔레스’ 윤리학이 더 이상의 노력을 기울이지 않았음이 지적될 수 있다.

울프 교수는 윤리학의 주요 문제들은 다음과 같은 개념들을 중심으로 다루어져야 한다고  주장한다.

1) 인간행위의 지고선(至高善), 즉 올바른 행위의 궁극적인 기준으로서의 궁극적인 이상

2) 지고선 또는 선악을 깨달을 수 있는 지식의 근원

3) 도덕적 행위의 제재

4) 선행의 동기

도덕철학자들이 논하고 있는 또 다른 문제는 자유의지 문제에 대한 것이다.

불교 윤리학의 경우, 두 가지 이유로 그러한 문제들은 재정리되어야 한다.

먼저, 불교나 다른 인도 사상에 있어서 지고한 상태는 선악을 초월한 상태이기 때문이고, 둘째 불교에서는 도덕을 가르치는 것과 이상적인 상태에 직접 속하는 것 사이에 구분이 없다. 즉, 도덕의 실천에서 충분히 발전된 인문학은 時·空이 물리학적 관점에서이건, 또는 역사나 지리학적으로 해석되건 간에 그 일반적인 제한을 넘어서며 또 여전히 넘어서고 있다.

울프 교수가 제시한 주요 문제들 가운데 첫번째, 즉 선행의 궁극적인 기준이 될 수 있는 궁극적 이상은 불교사상에 따르면 속세를 초월하는 곧 출세간(Lokuttara) 상태와 관계가 있다. 또한 일상생활의 도덕과 이 出世間 상태와의 관계는 붓다의 가르침 속에서 엿볼 수 있다. 실제로 그것은 불자들에게 길(mārga, magga)로 알려져 있는데, 이는 그 길을 따라 처음에는 일상의 도덕을 실천하며 선·악을 초월하는 초세속적 상태에 이를 때까지 나아가는 것이다. 이러한 관점에서 '불교는 완전한 윤리연구의 바탕이 된다'라고 할 수 있다.

불교사상의 입장을 명백히 하기 위한 어떤 개괄적인 언급 후에, 지금 다음의 네 가지 주요 표제로 다룰 사항은,

1) 지고에 대한 깨달음의 기원

2) 도덕적 행위의 제재:삼보, 계율

3) 기준 또는 이상을 통해 가치를 갖는 도덕원칙들

4) 궁극적인 기준으로서 기여할 수 있는 궁극적인 이상 목적 즉, 사성제(Four Noble Truth)의 실현 등이다.

## 2. 기원전 6세기 인도사상

먼저 '선과 악을 초월하는 상태'를 인정한다고 해서 많은 선행을 행한 사람이 다음에 도덕적으로 해이해져 그가 좋아하는 어떤 행위도 할 수 있다는 것은 아니다. 이는 붓다가 "지·수·화·풍이

라는 4가지 주요 원소가 완전히 소멸되는 곳은 어디입니까?"[11] 하는 질문을 받았을 때, 붓다가 설명한 상태는 단지 암시만 하고 있는 것에 불과할 뿐이다. 붓다는 "그렇게 묻는 것이 아니라, 다음과 같이 물어야 한다."고 대답했다.

"과연 지·수·화·풍이 존재하지 않는 곳은 어디인가?

'길고 짧음', '곱고 거칠음', '유쾌하고 불쾌함'이 생기지 않는 곳은 어디인가?

몸과 마음, 정신과 몸의 상태가 완전히 멈추는 곳은 어디인가?"[12]

이 물음에 대해 "끝없는 비교를 하게 하는 의식을 완전히 버림으로써 '길고 짧음', '유쾌함과 불쾌함'이 생기지 않는다. 여기에서 이름과 형상이, 몸과 마음 상태가 멈추어지고 의식을 버림으로써 그러한 것들은 존재하지 않는다."[13]라고 답했다.

위에서 '길고 짧음', '곱고 거칠음' '유쾌함과 불쾌함'에 대한 말은 그 일상적인 의미를 기억해둔다면, 이미 '이름과 형상', '몸과 마음의 상태'라는 어의는 'nāmañ ca rūpañ ca'라는 표현이 여러 가지 연상적인 의미를 갖고 있기 때문에 다소 모호하다. 초기 우파니샤드에서 '브라만'은 절대 실재(Absolute Reality)였으며, 반면 名色(nāma-rūpa)은 일상적 경험의 대상들을 지시하고 있다.

---

11) D.I. 222.
12) *Ibid*, I. 223.
13) D.I. 223;M. I. 329.

브라만에 관한 니샤프라판차(niṣprapañca)[14] 이상에 따르면, 일상적 경험 대상들은 경험되지 않는 대상적 실재로서의 절대 브라만(Absolute Brahman)을 통해 현상으로 나타난다. 여기서 브라만은 주체나 객체의 순전한 근원이 되고 있다. 사프라판차(Saprapañca)[15] 이상에 따르면, 일상적 경험 대상들은 브라만에서 나와, 후에 다시 브라만으로 흡수된다고 한다.

지금까지 브라만은 의인화되지 않았으나 초기 불교문헌에서는 때때로 '브라마', 또는 경우에 따라 '브라만'으로 의인화되어 나타난다. 그리고 '브라마' 역시, 서사시 마하바라타(Mahābhārata)의 처음 부분에 언급되고 있다. 그러나 이 '브라마'는 이보다 훨씬 더 오래된 개념인 프라자파티(Prajāpati)[16]와 종종 같은 의미로 쓰이고 있다. 그러나 후자는 한때 자연의 창조력을 나타내는 말이었기 때문에, 이것과 브라마가 서로 다른 시기에, 모든 것의 궁극적인 근원으로 생각되어, 이후 혼란이 일어나게 되었다. 절대 브라만이 과연 어떤 형태로 나타나는가와는 관계없이 名色인 일상적 경험의 대상과 구분된다. 색(rūpa)은 한 현상의 특별한 형태이며 본질이다. 반면에 명(nāma)은 기호로서의 단어 또는 이름이다. 이를 합친 名色은 개체의 특이성 또는 결정적 성질로 이

---

14) *niṣprapañca;* from *niṣ* plus *prapañca;nis,* free from; *pra plus pañc,* to sproad out, i.e. 'expansion, diffusion, manifoldness', Therefore, *niṣprapañca*: free from diffusion.

15) *saprapañca;*sa plus *pra* plus *Pañc.* Therefore, *saprapañca:* with diffusion, with manifoldness, etc.

16) *prathama-ja,* the 'first-embodied', Prajā-pati occupies the first place in the Brā hmaṇas. *Śatapatha Brāhmaṇa v.i.* 2, 10 and 13 state that there are thirty-three gods and that Prājā-pati is the thirty-fourth including them all.

해되어야 한다. 名과 色간의 이 이상적인 관계는 브리하다라냐카(Bṛhadāranyaka) 우파니샤드[17]에 名과 色 그리고 行(Karma)으로 이루어진 삼위일체(a triad)가 언급되어 있다. 그 의미가 매우 중요하므로 다음에 자세히 언급하기로 한다.

잠시 행(Karma)은 논외로 하겠다. 불교의 가르침에서 名은 受(감수작용), 想(取像作用), 行(마음의 작용), 識(분별·판단의식)[18] 등 정신적인 네 가지의 蘊(Khandha)을 구성하는 형이상학적 용어이다. 이것들은 물질원칙인 色[19]과 더불어, 다른 개체와 구별되는 '개체'를 형성한다. 이와 같이 名色은 개체 또는 개체성이 된다. 위의 케밧다 숫타(Kevaḍḍha Sutta)의 인용 부분을 통해 名色이 몸과 마음의 상태[20]임을 알 수 있다. 따라서 그것들이 남김없이 소멸했을 때, 끊임없이 비교를 하는 의식 역시 멈추어지고 초세속적인 상태에 이를 수 있다. 名과 色이 최초로 만났을 때 제시되었을지 모르나, 현재까지 아직도 여전히 중요한 위치를 차지하고 있는 한 가지 문제는 '전체의 현상 속에서 어느 하나의 현상을 어떻게 선택하는가'하는 문제이며 이는 대체로 '발견(dis-

---

17) Bṛhadāraṇyaka Upaniṣad. I. vi. 'Verily this is a triad, name, form, and work'. The Upaniṣads. Tr. by f. Max Muller, Oxford, 1900. Part II, p. 99(The Sanskrit term here translated as 'work' is 'karma'.)

18) *vedanā, saññā, saṅkhāra, viññāṇa, respectively.*

19) The rūpakkhandha consists of the four mahābhutas, or 'great' elements, namely, earth, water, fire, and air. A similar classification of 'elements' was made in ancient Greece.

20) Modern Pali-English dictionaries are quite clear on this point, but standard translations of Buddhist texts, many of which were made in the closing decades of the nineteenth century, use nāma-rūpa only for 'name and form' thereby imposing an unwarranted limitation which often obscures the meaning of the text.

covery)'이라 한다. 名과 色이 서로 밀접하게 관련되어 있기 때문에 그 구별은 '想'이라고 할 수 없는 발견자의 심적 상태와 완전히 무관하지 않다. 따라서 지금까지 가능했었던 것 이상으로 관찰자는 名과 色간의 더욱 밀접한 통합을 인정할 수 있다.

인도사상이 상대개념으로 나타날 수 없는 궁극적인 상태를 지향했다고 하더라도, 현존에 대해 전통적인 옳고 그름에 대한 식별이 상당히 있었다.

"불변의 물리적 법칙이란 사물의 불변성의 개념 또는 낮과 밤과 같은 사물의 규칙적인 과정으로서, 초기부터 아마 아리안족 이주자들이 인도 및 이란으로 분산되기 훨씬 이전부터 있었을 것이다. 리그베다에서 이는 르타(ṛta)로 알려져 있으나 그 말은 1600년경 아르타(arta)로서, 그리고 아베스타(Avesta)는 아샤(asha)로서 페르시아의 고유이름에서도 나타나고 있다. 만트라스(Mantras) 시기에 르타는 도덕적 규율이라는 의미를 갖게 되었고, 가령 고파르타샤(gopāṛtasya;ṛta의 보호자)[21] 그리고 르타유(ṛtāyu;ṛta의 실천자들) 등의 표현이 종종 나타나고 있다.

따라서 베다의 신들은 도덕법의 지지자들이며, 또한 우주질서의 유지자이다. 시간이 지남에 따라 다른 견해들도 나타났지만, 그러나 인도 사상 발전의 주요 흐름은 신성통합 즉, 많은 신들을 우주를 만들고 지배하는 최고신에 귀속시키는 것보다는, 모든 존재를 개개의 근원까지 거슬러 올라가는 일원론에 있었다. 그러는 동안, 기도 수행이 흔히 지배적이었긴 하지만 기도가 사람의 욕구를 만족시키는 데 필요한 것으로 여겨지기 때문에 도덕이란 이

---

21) Ṛgveda, Ⅶ. 64. 2.

상을 결코 사라지게 하지는 않았다. 여기에 완수해야 할 3가지 의무(ṛṇa-traya)가 있었는데, 첫째는 헌신이었고, 둘째는 자라나는 세대에게 전통을 물려줌으로써 완수되는 전수된 문화에 대한 책임감, 그리고 셋째는 종족을 이어나가는 것등이었다. 이상적인 것은 진리추구, 자제, 친절 등의 실천을 포함했다. 특히 자비심이 찬양되었고 인색함은 비난 받았다. "홀로 먹는 자는 자신의 죄까지도 홀로 받을 것이다."[22]라고 리그베다에 적혀 있다.

초기의 신들은 미덕을 그들과 함께하는 천상에서의 행복으로 보답할 정도로 도덕률의 지지자였다. 지옥에 대해 아타르바베다(Atharvaveda)와 브라마나스(Brāhmaṇas)에서는 전혀 빠져 나갈 수 없는 영원한 어둠의 장소로 명백하게 나타나지만, 리그베다에는 전혀 그러한 언급이 없다. 그러나 이쉬타푸르타(iṣṭāpūrta)라는 관념은 리그베다에 나오고 있다. 여기서 iṣṭa는 신에 대한 헌신을 의미하고 pūrta는 승려들을 위한 선물 즉, 행복을 주는 내세로 인도하는 대가로 받는 보답을 의미하는 것이다. 이러한 보답은 전적으로 윤리적인 것이 아니다. 헌신에 대한 언급이 배제되고 선행과 악행의 결과가 내세의 환경과 조건들을 결정한다면 윤리적일 수 있다. 그 경우에 우리는 業(karma)이라는 기본적인 관념을 갖게 된다. 게다가 이승에서의 선행과 악행의 결과로 받는 보상과 벌 중에 브라마나스는 그 혹독한 징벌 중에 푸나미르튜(punar-mṛtyu) 즉, 죽음의 반복을 넣고 있다. 이 징벌은 어떤 다른 세계에서 일어나며 만일 죽음의 반복이 있다면 반복되는 출생이 있어야 하나, 거기에 대한 언급은 없다. 초기 우파니샤

22) *Ṛgveda*, X. 117.6 ; *sa kevalāgho bhavati kevalādi.*

드에서 이에 대한 전반적인 개념은 일련의 출생과 죽음이 현세의 자신의 기록에 따라 더 좋은 곳이거나 더 나쁜 곳에서 일어나는 것으로 받아들임으로써 명백해진다.

따라서 신들과는 관계없이 선행과 악행들이 현재 또는 미래에 나타나는 결과에만 관심이 있었다. 그렇다면 신의 위치는 무엇인가? '비추다' div라는 단어에서 유래된 'deva'는 산스크리트어로 '神'을 의미하는데 이는 라틴어 'deus'와 동족어이다. 이것은 아리안 족이 인도에 정착하기 전에 신의 개념을 자연의 빛을 내는 힘과 연상시켰음을 나타내준다. 초기 아리안들이 그러한 힘을 숭배했음은 yaj '숭배'라는 말에서도 엿볼 수 있다. 이 말의 기원은 많은 유럽어에서도 찾을 수 있는데 야주르베다(yajurveda)라는 제목에서 우리는 베다어 yaj '희생하다'를 볼 수 있다.

그러나 業이란 관념이 발전함에 따라 인간에 대한 신의 권위가 없어지게 되자 신의 가치는 수정되었다. 불교에서는 '데바'를 신으로 여길 때는 이는 보통 인간들보다 우월한 의미에서만이 가능하다. 반면 신화에서 나오는 신들은 대체로 시적인 상상력에서 나오는 것과 유사한데, 그 위치는 관계된 자연현상의 중요성에 일치하고 있으며, 신들은 그들의 정신적인 성숙 정도에 따라 분명한 등급으로 존재한다. '애욕의 세계(Kāmaloka)'에서 6개 등급의 신들이 있고 '순수물질의 세계(rūpaloka)'에서는 4개의 등급이 있으며 '無色界(arūpaloka)'에 역시 4개의 등급이 있다. 존재는 業의 원칙에 따라 그 영역에 속하게 되는데, 때때로 현재에 일시적으로 경험되는 심적 집중력과 마음의 一向性의 정도에 따라 그 영역이 결정된다. 인도 종교에서 그러한 심적 상태들은 禪(Jhāna) 혹은 禪의 상태로 알려져 있다. 그것들은 종종 불교 경전에도 기술되어 있는데 가령 폿타파다 숫타(Poṭṭhapāda Sutta)라는 제목의 長阿含(Long Discours of the Buddha)의 9부에 그리고 이들이 완벽하게 기술된 長部(Digha Nikāya) 등에 기술되어 있다. 그 주제는 연구와 수행을 통해 의식의 상태가 생기고 연구와 수행으로 그것들은 사라진다는 내용이다. 이러한 설명의 내용은 아래와 같다.

도덕계율을 잘 실행하여 사념과 인식의 상태에 이르고, 단순한 삶에 익숙해져 있는 禪定家는 고독한 곳으로 은거한다. 그는 적어도 일시적으로 감각적 욕구(kāmacchanda), 악의 및 노여움(vyāpāda), 게으름과 무감각(thinamiddha), 불안과 걱정(uddhaccakukkucca), 그리고 의심(vicikicchā) 등을 극복해야 한다.

이것들은 심적 발전 및 觀에 대한 五障(Pañca nivaraṇa)이다. 그리고 그것들을 억제하여야만 행복을 느낄 수 있다. 여기서 기쁨이 생기며, 몸의 편안함, 안락 그리고 정신을 집중할 수 있는 능력이 생기는 것이다. 따라서 자신을 감각적 쾌락에서 멀리하고 외적이건, 관념적이건 간에 대상들에 관계하여 자신의 생각을 굽히지 아니하면, 그러한 해탈에서 오는 기쁨과 안락함을 누릴 수 있다. 이것이 初禪 상태이다. 제2선은 자신의 생각을 대상과 유리시켜서 마음이 깨끗해지며 일심불란한 상태를 얻을 수 있다. 자신의 생각을 기쁨으로부터 멀리하여, 자신의 고요한 심적 상태를 관조한다. 하지만 항상 경계상태에 있게 된다. 이것이 제3禪 상태이다. 네번째로 모든 안락과 불편함을 멀리하여 捨心과 마음의 집중을 얻는다. 이와 같은 四禪定은 형상의 세계, 즉 色界(rūpaloka, 또는 rūpāvacara)에 대한 선정에 관계하고 있다. 다음, 선정가는 無色에 대한 선정인 '無色界定(Arūpāvacara Citta)'으로 나아갈 수 있다. 여기에도 네 가지가 있다. 이러한 경우에 의식의 요소들이 이미 앞서 언급된 두 가지로 줄어들었기 때문에 더 이상의 의식요소에 대한 점차적인 억압은 없다. 그러나 선정의 점진적인 변화가 있게 되어 선정가는 항상 정신을 집중하고 있다. 제1단계는 空(Infinity of space)에 대한 선정, 즉 '空無邊處'(ākāsānañcāyatana) 또는 대상들의 일치(non-collision of objects), 제2단계는 의식의 無에 대한 선정(lnfinity of consciousness), 識無邊處(viññānañcāyatana) 또는 관념의 일치(non collision of ideas), 제3단계는 無(ākiñcaññāyafana)에 대하여, 제4단계는 의식이 극히 초월적이어서 있다 없다 라고 할 수 없는 것이다(nevasaññānāsaññāyatana).

그러한 상태들 가운데 처음 두 가지는 전혀 도덕적인 근거를 갖지 못하는, 일시적인 기쁨과 안락함을 가져오는 것으로서 잘못 이해될 수 있다. 만일 그러한 마음 상태에서 세번째 선정상태인 捨心과 경계심으로 나아가는 것이 불가능하다면 기쁨과 안락함이 禪과 관계가 있다고 하는 것은 잘못된 것이며, 오히려 극히 해로운 것이다. 無色界定에 관계해서는 기독교, 신비주의자들을 포함한 여러 신학적인 믿음을 갖고 있는 숙련된 선정가에 의한 그들의 기술을 통해 보면, 그들이 무(Nothingness)의 경지에 이르렀음을 알 수 있다.

따라서 선정을 통한 진보는 정신집중을 증가시키는 것이며 교리와는 무관하다. 禪의 상태에, 인도의 사상에 어떤 가치가 부여되건 간에, 그들은 그들의 우주관의 일반적 구조와 관계되어 있다. 예를 들면 신(deva)의 영역은 이생에서 다양한 禪定상태를 성취했던 사람들이 태어나는 상태 또는 그 형태를 나타낸다. 五

感은 아마, 보다 분명한 想, 즉 시각과 청각만을 사용하는 두번째 선을 경험한 사람에 해당하는 光神(Ābhassara deva)으로 대체되기 때문에 모든 등급의 神에 꼭 있을 필요는 없다. 그러나 모든 神은 生과 死에 복종한다. 그러므로 불교의 경우 완전한 해탈을 의미하는 최상의 상태란, 이러한 神을 초월하고, 영원히 평온하고, 안정하며, 절대진리에 따라 모든 사물을 如實히 보는(yathā bhūtaṃ) 것은 붓다의 상태이다. 이러한 견해는 다음의 게송에 잘 나타나 있다.

"하늘엔 길이 없으며 외적으로 은둔자도 없다. 조건이 있는 것들은 영원하지 못하며 붓다에게는 어떠한 生滅도 없다."[23]

인간 아래 다른 극단에는 아수라(asuranikāya), 아귀(petaloka), 축생(tiracchānayoni) 그리고 지옥(niraya)이 있다. 따라서 전 범위는 현재 우리가 알고 있는 식으로 인간상태의 한면과 다른 면을 연장하는 지성의 등급들의 구조이다. 즉, 지고한 존재는 심적 발전과 觀에 대한 五障을 벗어나 도덕을 지키는 사람들인 것이다.

神은 이러한 인간의 심적 발전과 관을 다스리지는 못하는 것이다. 신은 단지 인간이 도덕과 지성을 개발하면서 열망하는 대상이긴 하지만, 결국 우연적인 것이며 궁극의 목적을 추구하는 사람에게는 흥미롭지 못한 것이다.

業의 원리는 베다에 나타나 있지 않았다. 그러나 붓다 이전 얼마 동안 원칙상으로 받아들여지고 있음은 브리하다라냐카(Bṛhadāraṇyaka)와 찬도갸(Chāndogya) 우파니샤드에 잘 나타나 있다. 현대 학자들에 따르면 그것들은 붓다 이전의 유일한 2종의

---

23) Dh. v. 255.

우파니샤드이기 때문에 業개념이 나중에 변한 것은 브라만 또는 불교의 영향 때문일 수도 있다고 한다. 그러나 둘 사이에는 업과 그 업과 간의 분명한 차이가 있다. 즉 업은 문자 그대로 추상적인 '행'을 의미하고 그 업과는 특별한 행동의 결과를 의미한다.[24) ]실제로 업의 원칙은 가령 자이나교와 불교와 같이, 베다가 아닌 종교를 통해 발전되었다. 불교는 간단하게 좋고 나쁜 의지 모두를 업으로 정의내린다. 붓다가 이르길,

"승려들이여 내가 업이라고 부르는 것은 바로 마음의 의지이다. 의지를 가졌으면 사람은 몸과 말과 마음으로 행동한다."[25)]

따라서 서양에서 '善業' 또는 '惡業'이라고 하는 표현은 비록 그 결과가 좋고 나쁠 수는 있지만 논리적으로 의미가 없다. 또한 업이 운명과 어떤 관계가 있는 것도 아니다. 모든 인도 사상에서 특이한 업과는 재출생의 윤회이며, 여러 종교 및 철학적 사상은 그러한 윤회를 벗어나는 것과 관련된 것이었다. 만일 브라만들에게 사람의 내적 자아인 아트만(Ātman)과 절대실재 또는 그 의인화인 브라만(Brāhman)과의 통일, 즉 더 이상의 재출생의 불가

---

24) According to Louis Renou some material was taken over from Dravidian (or pre-Davidian) religion into Vedic religion. The doctrine of rebirth or Saṃsāra were fully formulated in the earliest Upaniṣads. Even the word Saṃsāra does not appear before the Kaṭhopaniṣad. Referring to Karma he says:'The doctrine did not attain acceptance, however, without the influence of its ethicalelement;reward and punishment for merit and sin. The same word, Karman, which meant 'ritual act' now receives the meaning of moral act and the result of action. Vedic India(Classical India Volume Three) Louis Renou, Calcutta, 1957, See pp. 37. 57 and 89.

25) A Ⅲ. 415 ; *Cetanā 'haṃ bhikkhave kammaṃ vadāmi.,Cetayitvā kammaṃ karoti kā yena, vācā, manasā.*

능을 나타내는 것으로서의 통일이 그 목적이라면, 그 理想이 성취되지 않을 때 영혼(Jīva)의 轉生을 포함하는 이론이 강조되어야 할 것이다. 반대로 불교는 출생의 윤회라는 업과를 인정하긴 하지만 無我(anatta), 즉 '영원히 안에 거주하는 자아는 존재하지 않는다'는 것과 더불어 업의 원리를 발전시켜 삶과 일련의 삶들 또한 '의식의 흐름'이라고 주장한다. 이러한 형태는 『法句經(Dhammapada)』이라는 초기 불교경전에서 발췌한 다음의 偈頌(gāthā)을 통해 알 수 있다. 업에 대한 불교의 가장 기본적인 설명은 아래와 같다.

"나쁜 마음으로 말하고 행동하는 者는 수레바퀴처럼 고통이 그 뒤를 따른다.[26] 또한 순수한 마음에서 말하고 행동하는 이는 항상 그를 따르는 그림자처럼 행복이 따를 것이다."[27]

불교경전에는 악을 저지르는 者에게 충고하는, "몸이 멸하면 어리석은 마음은 지옥으로 간다."[28]라는 의미를 가진 많은 어구를 수록하고 있다. 이는 단지 현세보다 더 열등한 세계에 대한 일반화에 불과하며 업과 그 결과 간의 관계를 나타내고 있다. 보다 자세한 내용은 『법구경』의 '즐거운 것들(Pleasant Things)'[29] 章에 나타난다. 오랫동안 없었다가 안전하게 돌아온 여행자를 그의 친척, 친구 그리고 동료들이 축하해주듯이, 덕으로 일생을 보낸 후 현세를 떠난다면, 그의 훌륭한 선업들이 그가 돌아왔을 때

---

26) Dh.v.I.
27) *Ibid.* v, 2.
28) *Ibid.* v, 140.
29) *Piyavagga;* This is the ch. XVI which contains 12 verses from 209－20

그를 귀한 동족으로 환영한다."[30] 또는 "그러므로 다른 세상을 위해 선업을 쌓아라. 사람에게 있어, 다른 세상에 있는 모든 것은 그의 선업에 달려 있다."[31] 따라서 우리는 다음과 같이 생각할 수 있다. '惡業을 하면서 어리석은 사람이 이를 깨닫지 못하면 그는 자신의 업에 의해 불처럼 태워질 것이다.'[32]

이러한 인용 어구들은 불교의 업과 업과에 대한 보다 상세한 태도를 보여준다. 이는 업과 업과를 그 행위자에게 명시함으로써 추론할 수 있는 뚜렷한 단절이라기보다는 업 그 자체의 계속임을 의미한다. 이러한 생각은 『법구경』의 처음 게송에서 특별히 '미움'에 관계하여 언급되었다.

확실히 이 세상에서의 적대감은 미움으로 해결되지 않으며 오히려 미움이 없음으로 해서 없어진다. 이는 태고의 법칙이다. "이 점에서 우리는 죽음의 영역에 접근한다."라는 말을 이전에 깨닫지 못했지만 후에 깨달은 자는 더 이상의 싸움을 하지 않을 것이다.[33] 이중 첫문장은 산스크리트어 『법구경』과 그리고 티벳어 『自說經(Udānavarga)』의 Rockhill 번역본에 나와 있다. 두번째 문장은 팔리어 경전에만 나와 있다. 여기서 우리는 그 업과가 그 특별한 업의 연속인 '업의 윤회'임을 느낄 수 있다.

그러나 인용문은 업에 따른 일련의 사건 가운데 나중 부문만을

---

30) Dh.vv, 219, 220.

31) S.I, 72; Uv.v.v.22:
*Tasmāt kuruta puṇyānām nicayaṃ sāṃparāyikam puṇyāni paraloke hi praitisthā prāṇināṃ hi, sa.*

32) Dh. v, 136; Uv.IX.v.12.

33) Ibid. vv. 5,6 ; see also Uv. XIV. v. 11.

보여주고 있으며 따라서 그 전반적인 내용을 알 수 있도록 우리는 그 업의 시작을 설명해야 한다. 이러한 시작에 관하여 우리는 위에서 부분적으로 인용된 두 개의 법구경 게송의 첫행을 생각해 보기로 한다. 그것들은 양쪽의 경우에 서로 같다. 즉, "마음이 모든 것을 앞서며 모든 것은 무엇보다도 먼저 마음을 갖고 있으며 마음으로부터 만들어진다."[34] 여기서부터 우리는 불교윤리에 그리고 모든 불교의 가르침에 접근할 수 있다. 왜냐하면 불교는 본질적으로 정신문화(mind-culture)이기 때문이다. 어떠한 개선이나 후회도 그것이 즉시 또는 나중에 나타나건 간에, 먼저 관계된 사람의 마음속에 나타나야 한다. 따라서 자신의 생각들을 알고 억제하는 것이 계속 중요하게 강조되어야 한다. 『법구경』의 각각의 經에도 마음에 대한 언급이 있으며, 마음을 억제하는 것이 얼마나 어려운가를 기술하고 있다.

예를 들어, "화살 만드는 사람이 자신의 화살을 곧게 펴는 것과 같이, 현자도 분노하기 쉽고, 변덕스러우며, 계속 지키고 있기 어려우며, 또한 자제하기 어려운 자신의 마음을 곧게 편다."[35] 이러한 비유는 인도의 매우 오래된 문헌인 바르후트(Bharhut)[36]에 나타나 있다. 화살 만드는 이가 자신의 문앞에 앉아 있는데, 그는 화로 속에 화살을 달구어 시큼한 쌀죽으로 화살을 적신다. 한쪽 눈을 감은 채 그는 화살을 보고 곧게 펴고 있다. 그 곁에는 거지로 분장한 베나레스의 자나카(Janaka) 前王과, 그의 의지와는

---

34) *Ibid.* vv. 1, 2,

35) *Ibid. v. 33* ; Uv. XXI, i ; *Gāndhārī*, ed. J. Brough, London 1962. Ⅷ.v.136.

36) Cunningham's Bharhut plates, XLIV. 2

반대로 그를 수행하고 있는 시발리(Sīvalī)라는 그의 이전 왕비가 있다. 자나카 전왕은 화살장이에게 왜 한쪽 눈을 감고 있는가 물어본다. 그러자 화살장이는 두 눈을 뜨면 영상이 왜곡되어 보이나, 한쪽 눈만 뜨면 영상이 올바로 보인다고 대답한다. 이 교훈은 실제 영상은 계속 분명하고 하나에 집중했다고 하더라도 그 마음이 휘기 쉽고 또한 조절할 수 있음을 의미한다.[37]

바르후트와 거지로 분한 왕의 이야기 주제는 인도사상과 아리스토텔레스 이후의 그리스 윤리학과의 또 하나의 커다란 차이점을 보여준다. 왜냐하면 「Nicomachean Ethics」에서는, 외적인 물질을 절제와 미덕의 실천적 삶에서는 도덕적 행동의 수단으로서, 그리고 지고한 지성의 삶에서는 물질적 생존수단으로서 필요한 것으로 여기고 있지만, 인도사상에서는 그러한 것을 받아들이지 않고 있다. 현존의 가치가 궁극적인 진리를 실현할 수 있는 기회를 제공하는 것으로 강조되야 하지만－이는 실제로 누구나 거쳐야 할 발전단계이다－ 인도사상에서 이러한 진리란, 현재상태를 초월하는 것이며, 원칙상으로 존재하는 조건으로 현재의 조건을 단지 개선시키는 것으로 생각되어져선 안된다고 하고 있다.

베나레스의 자나카 왕의 경우와 같이, 자신의 사회적 신분을 포기하는 것은 재출생의 전 윤회를 포기하는 당연하고도 필요한 단계이다. 초기부터 심지어 바라문 성전이 편집될 무렵에도 어떤 사람들은 자신의 집을 떠나 숲에서 살았다. 그러한 삶은 라마야나(Rāmāyana)에 생생히 나타나고 있으며 그러한 은자들에 대한 여타의 사실들도 『法經(Dharma Sutra)』에 나타나 있다. 초기 우

37) See Mahājanaka Jātaka, J.(No, 539), Vol. Ⅵ, pp. 30－68.

파니샤드 시절까지, 혹자는 베다의 권위에 반대하여, 또 혹자는 가능한 한 외부로부터 방해받지 않고 진리를 탐구하기 위해 출가를 결심한 여러 계층의 사람들이 있었으며 그러한 진리를 터득했다고 하는 사람들도 있었다. 원래 은자는 계율의 첫 창시자인 비카나스(Vikhanas)의 이름을 따서 바이카나사스(Vaikhānasas)로 불리워졌으나 나중에 바나프라챠(Vānaprastha) '숲속의 거주자'라는 말로 불려지게 되었다. 시간이 지남에 따라 출가생활의 지도자들은 방랑자(parivrājaka)가 되어 덥수룩한 머리를 하고 있거나(jaṭila) 또는 생계를 영위하는 사람(ājīvika)이 되었다. 극단적인 형태의 금욕주의가 종종 받아들여졌으나, 붓다는 자신의 경험을 통해 높은 정신적 성숙의 결과에 따라 자연스레 나타나지 않으면 이러한 금욕주의는 소용이 없으며 심지어 해로운 것으로 생각했다. 그러나 여전히 현생의 것들로부터 해탈하는 것이 붓다의 가르침의 중요한 부분이었다.

재출생의 윤회를 벗어나는 문제에 다시 돌아가서, 만일 불교에 브라만도, 어떠한 신도, 어떠한 내재적인 '자아'도 없다면, 어떻게 윤회가 끝나겠는가? 붓다는 이를 완전히 부정하였고 소멸의 원칙을, 행복하거나 그렇지 않던간에 미래에 관한 다른 명상과 같이 분류시켰다. 그 목적은 완전히 무조건적이며 우리가 현재 알고 있는 조건화된 상태로써 이를 기술하려고 하는 것은 행복한 상태를 기술하려는 것만큼이나 무모하다. 이에 대한 요점은 그 당시의 유랑거지인 폿타파다(potthapāda)[38]와 붓다와의 대화에 잘 나타나 있다.

---

38) D.I. 187－93.

"폿타파다여! 확실히 자아는 사후에도 행복하고 건강하다고 믿고 있는 沙門(Samana)들과 브라만들이 있다. 내가 그들을 찾아가서, '당신들이 사후에 행복하고 건강한 자아가 틀림없이 있다고 가르치는 걸 들었소. 사실이오?'하고 물었더니 그들은 사실이라 했다. '그러면 당신들이 알고 또 보고 있는 이 세상이 완전히 행복한 세상이오?' 라고 물은 바 그들은 아니라고 말했다. 또 다시 '당신들은 또 하루 낮 동안 아니면 그 반만큼이라도 완전한 행복을 경험해본 적이 있오?'하고 물으니 그들은 또 아니라고 말했다. 또 내가 '당신들은 완전한 행복이 있는 곳으로 가는 길이나 방법을 아십니까?'하고 묻자 그들은 모른다고 했다. 또한 '그대들은 완전히 행복한 세계로 신들이 나타나 철저하게 그리고 정확히 따르기만 하면 여기 완전한 행복으로 가는 길이 있다 라고 말하는 것을 들어보았소? 아니면 우리가 이 길을 따름으로 해서 완전히 행복한 세계에 다시 태어나는 것이오?'라고 묻자, 그들은 아니라고 했다."

여기서 붓다는 이러한 상황과 아울러 생전 보지도 못했고 그 모습에 대해서 아무것도 모르면서 한 美女와 사랑하고 있다고 하는 사람과 비교를 했다. 다음에 붓다는 궁전의 위치와 자세한 구조도 모른 채 그곳으로 가는 계단을 만들고 있는 사람에 비교를 했다.

우리가 행복하다고 하는 것 말고, 다른 행복한 상태에 대해 자세히 알고 있지 못한다면, 무엇이 불행을 초래하는지 알아보고 그것을 피하는 것만이 남아있는 것이다. 따라서 여기에 붓다의 사성제(Four Noble Truth)에 대한 가르침이 있는 것이다. 즉, 고(Suffering), 집(the Origin of Suffering), 멸(the Cessation of Suffering), 도(the Way to the Cessation of Suffering)[39], 일상생활의 평범한 도덕을 간단히 실천하는 것에서 시작하여 붓다의 가르침은 열반(Nirvāṇa)으로 알려진 초월적 상태까지 나아간다. 여기서 어떤 특별한 사람 또는 평신도이건 아니건 간에 특별한 계층에 대한 제한이 없으며, 만일 힘써 정진한다면 현세에서도 열반에 이를 수 있다. "손으로 연꽃을 따는 것처럼 자아의 애착을 끊어라. 행복한 사람(붓다)[40]이 가르치신 평화로 가는 길, 열반으로 가는 길로 향하라. 그 밖에 그곳에 이르는 다른 방법은 없다."

---

39) D. II, 33.
40) Dh. v.285 ; Uv. XVIII. v.5 ; J.I.183.

# 제2장 지고 상태에 대한 깨달음의 기원 및 근원

## 1. 붓다의 깨달음

불자에게 지고상태인 깨달음의 기원은 붓다의 깨달음에 있으며 이것에 대한 불자의 깨달음은 '고타마 붓다'의 가르침으로부터 연유하고 있다. 성실히 따르기만 하면 이 가르침으로 충분히 깨달을 수 있다고 하는 것은 붓다가 입적(Parinibbāna)하기 바로 전에 헌신적인 제자인 아난다에게 한 말에서도 엿볼 수 있다. "아난다여! 나는 하나도 남김없이 나의 가르침을 상세히 설했다. 如來(Tathāgata)[1]는 자신의 가르침을 베풀기 꺼려 하는 선생의 인색함을 지니지 않는다."[2]

---

1) *Tathāgata* : The name used by the Buddha when referring to himself. No satisfactory derivation of the word has been established and the commentaries, suggesting a variety of definitions, are obviously uncertain about its meaning. Since, however, the accepted meaning of *Tathāgata* is 'One who is Enlightened' or 'One who has attained to the Truth', it seems the derivation of the word might be from '*tathā*', 'reality', 'truth', and 'gata', 'gone', 'arrived at', 'having come to'. Thus *Tathāgata* means 'One who arrived at Truth'or 'One who discovered Truth'.

2) D. II. 100 : *Desito Ānanda mayā dhammo anantaraṃ abāhiraṃ karitvā ; na tatth' Ānanda Tathāgatassa dhammesu ācariyamuṭṭhi.* Rhys Davis has translated the

깨달음은 본질적으로 실재와 일치하여 사물을 如實(yathābhūtaṃ)하게 보는 것이다. 이렇게 봄으로써 사물의 외양이나 사건의 추이에 대한 오해나 심적 투영이 있을 수 없다. 따라서 이러한 시각은 매우 분명하고 절대실재에 일치한다. 고타마 붓다는 다음과 같이 불자들의 수행에 대한 절정기를 기술하고 있다.

"그는 절대진리로 밖에서 들어오는 것(流漏, āsava), 그 근원과 멸, 그리고 멸에 이르는 도가 무엇인가를 알게 된다 이렇게 알고 봄으로써, 그의 마음은 밖에서 들어오는 것으로부터 자유로울 수 있고, 자신이 자유롭다는 것을 알게 된다. 출생이 더 이상 없을 때 지고한 삶이 완전해지고 이루어야 할 것이 이루어졌음을, 그리고 현재 상태에 더 이상 아무것도 없을 것임을 그는 안다."[3)]

## 2. 고타마 붓다의 삶

불자들에게 붓다라고 알려진 역사적인 인물은 고타마 싯다르

---

first sentence : 'I have preached the truth without making any distinction between exoteric and esoteric doctrine' (*Dialogues of the Buddha*, Part II, p. 107) ; but there is no justification for the terms 'exoteric' and 'esoteric'. Rather the sense would be 'having made not-inside and not - outside? The only esoteric school claiming to be Buddhist is the Shingon, which dates from about the seventh century CE. over a thousand years after the *Parinibbāna* of the Buddha. But '*Shingon*' is a Japanese translation of the Skt. term '*mantra*' ; hence, perhaps, the confusion with '*antaraṃ*'. See *Essentials of Buddhist Philosophy*, J. Takakusu, University of Hawaii, 2nd ed. 1949, reprint, 1956, pp. 142-8.

3) D.I.84.

타, 곧 석가모니 부처님이다.

고타마는 고락푸르(Gorakpur)라는 곳의 북쪽에 있는 카필라바스투(Kapilavastu) 근처 룸비니 동산(Lumbini Park)에서 약 B·C 7세기 중반, B·C 624년 경에 태어났다. 아쇼카 왕이 B·C 239년에 세운 아쇼카 석주에 고타마의 출생지가 표시되어 있다. 고타마의 양친은 석가족이었고 아버지는 석가족의 족장이었다. 점성가들은 고타마가 세계의 군주가 되든지 아니면 위대한 정신적인 지도자가 될 것이라고 예언했다. 후자의 경우 아마 출가생활을 하는 것이 당연했기 때문에, 고타마의 부모는 그가 어떤 형태로든 어려움을 보지 못하도록 모든 주의를 기울였고, 그들이 생각하기에 가장 최상의 것으로 언제나 그를 돌보았다. 그러나 고타마가 14살 때였다. 하루는 아버지의 정원에서, 고타마는 주변에 몰두하며 관찰력을 지속시키면서도 자신의 마음이 주위로부터 초연하여졌음을 경험했다.[4] 많은 세월이 지나 그는 결혼을 했고 아들을 갖게 되었다. 그는 어느모로 보나 자신의 신분에 알맞은 삶을 영위하고 있었다.

그때 부모들의 모든 세심한 주의에도 불구하고 그는 노인, 병자, 시체 그리고 수도를 하며 떠돌아다니는 노란 옷을 입은 승려를 만났다. 그는 늙음과 병 그리고 죽음이 인간의 운명임을 알았다. 그리고 고통이 생기지 않는 삶을 갈망하는 사람들이 있음을 알고는 자신 역시 삶의 진리와 삶에 따르는 모든 고통의 원인을 찾는 데 전념하리라 결심했다.

전해오는 말에 따르면, 고타마는 아버지의 집과 부인 그리고

---

4) See M.I. 91 f;J.I.57.

아이들을 떠나 출가했을 때 스물아홉 살이었다고 한다. 어느날 밤에 그는 한명의 시종과 함께 말을 타고 도시 밖으로 나갔다가 말에서 내려 말을 돌려보낸 후, 스스로 숲속의 출가생활을 택하였다. 얼마간 그는 당시의 유명한 선생들 밑에서 공부를 했으나 항상 그들의 가르침이 부족함을 알았다.[5] 그들 가운데 가장 훌륭한 선생조차도 기껏 일시적이고 자기유도적인 의식 정지 상태만을 보여주었다. 그리고 많은 스승들은 단지 이론화하는 것에만 매달렸다. 불굴의 금욕을 실천하면서 고타마는 너무 약해져서 일어설 수도 없게 되었다.

그때, 고타마는 그러한 금욕이 자기 자신의 생각을 흐리게 할 뿐 아무런 소득이 없음을 알고 이를 그만두었다. 다시 건강해지자, 그는 아버지 정원에서 했던 어린 시절의 경험을 기억하였으며, 인간의 고통을 해결하는 유일한 수단은 자기 자신의 禪定에 있음을 알게 되었다. 어느날 밤에 그는 보리수(Ficus religiosa) 밑에 자리를 잡고 '완전한 깨달음에 이를 때까지 자리에서 일어나지 않으리라'는 결심을 했다.

---

5) The two generally mentioned in the Buddhist texts are : Ārāda Kālāma and Udraka Rāmaputra. According to *Lalitavistara* (Ch. XVI, XVII) the former could not teach beyond the third *arūpāvacara jhāna* nor the latter beyond the fourth. Gotama, having soon absorbed all that Ārāda Kālāma could teach him, went to Pāṇḍava Hill close to Rājagṛha where King Bimbisāra saw him on an alms round. Struck with the brilliance of his appearance the King made offers which Gotama refused;he did, however, promise that if he ever attained to the Highest Truth he would teach it to Bimbisara. Under Udraka Rāmaputra Gotama soon attained to the fourth *arūpāvacara jhāna*, then lacking a teacher who could teach him anything more, he set out on his own wanderings, pursuing the course of asceticism.

## 3. 연기설(Paṭiccasamuppāda)

고타마가 이러한 깨달음에 이르러, 깨닫게 된 시각에 대해 경전들은 서로 그 견해를 달리하고 있다. 『自說經(udāna)』에서는 보디바가(Bodhivaga)[6]의 매 첫 경전마다 밤의 첫째, 둘째, 셋째 경간을 각각 깨달음의 시기로 하고 있음을 제외하고는, 모든 점에서 똑같이 깨달음과 관계된 사유과정을 설명하고 있다. 그러나 가장 중요한 것은 사유과정이 깨달음을 바로 앞선 점이며, 모든 붓다들은 이러한 과정을 통해 각자의 깨달음에 도달했다는 점이다. 이는 연기설[7]로서, 또는 '니다나의 사슬(Nidāna chain)'[8]이나 '종속적 기원 사슬(Chain of Dependent Origination)'로 널리 알려져 있다.

『마하니다나 숫탄타(Mahānidāna Suttanta)』[9]는 연기설을 붓다가 설한 것으로 설명하고 있으며, 『마하파다나 숫탄타(Mahāpadana Suttanta)[10]』에서도 이를 되풀이한 것으로 되어 있다.

후자에 기록된 바에 따르면, 아난다 존자가 "연기설은 이해하기 쉬운 것이다."라고 하자 붓다가 이르길 "아난다여, 그렇게 말하지 마라. 이 연기설은 실로 심오한 것이며, 역시 심오한 것으로 나타난다. 이러한 가르침을 깨닫지 못하면 엉킨 실타래처럼, 엉

---

6) Ud. pp. 1－3
7) *Paṭiccasamuppāda*:'paṭicca'－on account of, because of, concerning; '*samuppāda*' : *saṃ* and *uppāda*－comming into existence, appearance, rising. *saṃ*, Skt. *sama*, even the same, *samā*, in the same way. *sa*(Pāli and Skt)
8) *nidāna* : source, cause, origin.
9) D.II, 55－71
10) *Ibid.* II. 31－5.

망인 새둥지처럼, 잡초처럼(mūñja) 얽히어 고통 속에서 재출생의 교설을 벗어나지 못하리라."[11]고 하였다.

龍樹(Nāgārjuna)는 중관학파(Mādhyamika)의 교재인 『중송(Mādhyamikakārikā)』에 다음과 같은 헌시를 썼다.

> "완전의 붓다여,
> 내가 가장 존경하는 스승 붓다여,
> 당신은 보편상대성(Principle of Universal Relativity)을 설파하셨습니다."[12]

실로 이 가르침은 대단한 숭배를 받았다. 인도의 유명한 대승불교 학자인 샨타락쉬타(Śāntarakṣita)는 자신의 논문「타트바상그라하(Tatvasaṃgraha)」에서 붓다에 대한 존경심을 '연기설을 가르친 위대한 성인'으로 표현했다.[13]

대부분의 종교 철학자와는 달리 불교는 제1원인, 또는 우주론의 어떠한 형태도 중요시하지 않았음을 주목해야 한다. 비구들은 어려운 논쟁이 아니라 실천적 실현을 기대하였기 때문에 불교에서는 神學이 발전하지 못했다. 좌우간 불교는 종교와 과학간의 갈등 즉, 정확히 말하면 종교가 과학의 원리들을 실제적, 영적인 일에 적용한 것으로 인정하지 않는다. 우주란 감각이 있는 모든 有情의 집합이므로, 이를 존재하도록 한 많은 원인이 있음을 알 수 있다. 이것과 연관해서 연기설의 가르침은 인과의 수레바퀴에

---

11) *Ibid.* II. 55.
12) *Conception of Buddhist Nirvāṇa* by Th, Stcherbatsky, Leningrad, 1927, p. 91.
13) *Tatvasaṃgraha*, Vol. I, ed. Embar Krishnamacharya, General Library, Baroda, 1926. p. I.

서 12개의 분명한 인연관계를 인정하고 있다. 연기설은 서로 상호의존적이어서 전체가 '종속적인 결과'로서 일컬어질 수 있다.

이 가르침의 추상적인 의미가 내용은 없이 그 순리만으로 다음과 같이 도식화되었다.

> "저것이 있으므로 이것이 있게 되고 저것이 있게 되어 이것이 생긴다. 저것이 없으므로 이것이 일어나지 않으며 저것이 멸하므로 이것도 멸한다."[14]

이러한 인과에는 그 법칙이 있으나 단지 '삶의 바퀴(Bhavacakka;有輪)' 즉, 원을 이루고 있기 때문에 그 순환에서 제1원인을 찾기 어렵다. 대부분의 사람들은 시간을 일정한 과거에서 일정한 미래까지 이어지는 선으로 간주한다. 그러나 불교는 삶을 원인으로 보며 이와 같은 삶은 끊임없이 반복한다. 게다가 삶의 수레는 시, 공에 관계하므로 전체의 추이는 그대로 받아들여진다.

경전에 기록된 것에 의하면, 연기설의 설명은 먼저 1) 無明(Avijjā)으로부터 시작하는 것이 일상적이다. 무명은 죽음의 계속을 의미하고 사는 동안에 했던 행동들이 결정체로 남아 있게 된다. 따라서 무명은 慧(vijjā 또는 ñāṇa)의 반대어로서 어쩔 수 없이 2) 좋건 나쁘건 간에, 또는 선하건 악하건 간에(kusala akusala) 의지적 행동 또는 힘(Saṇkhārā)이 되어 그 영향은 삶의 동기 또는 의지가 된다. 이러한 두 요소는 과거의 원인으로 간주된다.

현세에서의 첫단계는 3) 識(viññāṇa) 또는 삶에 대한 의지이

---

14) M. II. p.32.

다. 이것이 4) 名色 즉 물질의 형체 또는 마음과 몸(nāma - rūpa), 名色의 작용은 두번째 단계가 된다. 세번째는 5) 六處(Saḷā yatana)가 있게 되고 6) 그중 觸(phassa)이 우세하다. 살아 있는 것의 識은 그 다음에 보고, 듣고, 냄새를 맡고, 맛을 보고, 몸과 마음의 감각, 지각 등의 六處와 관계있는 기쁨(sukha), 고통(dukkha), 또는 이것도 저것도 아닌(adukkham asukha) 분명치 않은 감정을 7) 받아들이는(受 ; vedanā) 단계에서 개체가 형성되지만 그는 복잡한 과거의 인과로 인하여 자신의 현재 상태에 책임이 없다.

개인에게 미래를 보장해주는 현재의 세 가지 인과 중 첫번째는 있을 수도 있고 없을 수도 있는 8) 愛(taṇha)의 '욕구'이다. 그러나 기쁨, 슬픔 따위를 경험하면 9) 집착(取, upādānā)이 따르고 욕구대상에 매달리게 된다. 또 다음은 10) 有(bhava) '중간단계'인데, 이는 현세와 내세 사이를 의미할 때 '존재'라는 말보다 더 선호된다.

사람은 자신이 과거의 결과를 향유하고 있으면서도 현재 자신의 미래를 만들고 있음을 모른다. 이 과정은 오얏나무가 자라는 것과 유사하다. 오얏나무가 잘 자라기 위해서는 비옥한 토지, 알맞은 환경과 날씨가 좋아야 한다. 그리고 난 다음에 상당한 시간이 경과된 후, 그 나무가 완전히 성장하고 꽃을 피울 때 마침내 열매가 생긴다. 그러나 그때 곧바로 열매는 소멸되어 없어진다. 다음에 씨들이 떨어지고 흩어져, 또 다시 나무가 된다. 따라서 11) 출생 12) 소멸(Jara), 죽음(marana)은 바로 내세의 원인이 된다.

불교에서 모든 단계는 그 결과(phala)로 보았을 때 원인(hetu)

이며 여기에 고정되거나 불변의 것은 없다. 사후에도 남아 있는 무명을 業(kamma)이라고 간주하는데 이는 육체적, 정신적 힘의 역학적 표현이다. 이 보이지 않는 힘이 잠정적인 행동이며 삶의 수레바퀴를 움직이는 원동력이다. 살아있는 것은 자신의 행동을 결정하며 이 수레가 수많은 세월 동안 끊임없이 되풀이되었기에 여기엔 어떠한 시작도 있을 수 없다.

윤회(끊임없는 흐름, saṃsāra)는 조건화된 존재의 총체이다. 윤회의 물결은 각각의 삶을 의미하여 각각의 물결이 다음 물결에 영향을 미치는 바다와 유사하다. 이러한 비유를 통해 볼 때 각각의 삶이, 앞선 삶에 영향을 받는 것처럼 신과 같은 어떠한 외부의 힘도 이를 방해하거나 권리를 주장할 수 없다.

본 章을 마치기 전에 미래의 삶에 대한 네 가지 종류의 업이 있음을 주목하자. 즉 이승에서 직접적인 결과를 갖는 '찰나연기(diṭṭhadhammavedanīya)', 그리고 내세에 결과를 갖는 '연속연기(upapajja－vedanīya)', 사후에 어딘가에서 그 결과를 받는 '분립연기(aparāpariya－vedanīya)', 그리고 그 결과가 완전히 그 잠정적인 힘을 잃어버리는 '旣有業(ahosi)' 등이 있다.

마지막으로 요약하면, 그 필연적인 원인을 갖는 조건화된 존재(sahetudhamma)만이 있을 뿐이며, 그 원인의 요소들은 모든 개체에 속하는 것이다. 불교의 근본은 우주의 모든 것을 역학적인 중간단계 '有(becoming)'로 간주하는 것이며, 이러한 有를 통해 잘못된 생각이 있게 되고 무명이 사라지지 않음을 깨닫게 하는데 있다.

찬드라키르티(Chandrakīrti)가 말한 대로 이러한 사실은 우주의 모든 존재에 적용된다.

아무것도 우린 알지 못하니
원인이 없는 우주에서,
색과 냄새와 같으니
하늘에서 자라는 연꽃의.[15]

붓다의 깨달음과 직접 관련된 연기설의 가르침은 사슬의 연결을 열거하는 것으로 끝난다. 연기설과 성제(고귀한 가르침, 法)의 실현이 위대한 지혜(Mahāprajñā)로 알려진 붓다의 깨달음을 견지하는 구성요소가 된다. 그러나 지고상태를 깨닫는 기원과 근원에 대한 불자들의 지식과 이것과의 관계를 생각하기 전에, 『마하니다나 숫탄타(Mahānidāna Suttanta)』에 따르면, 붓다가 아난다에게 가르치면서 언급한 한 가지 더 생각해야 할 것이 있는데 이는 자아의 본질에 관한 것이다.

## 4. 자아와 무아(Anatta)

붓다는 다음과 같이 자아에 대한 견해를 말한다.

1) 자아는 작고 물질적 속성을 지닌다. 2) 자아는 무한하며 물질적 속성을 지닌다. 3) 자아는 작고 물질적 속성이 없다.[16] 4) 자아는 무한하며 물질적 속성이 없다.

---

15) *Conception of Buddhist Nirvāṇa, op. cit., p.122; Prasannapadā,* ed. La vallée Poussin, Bibliotheca Buddhica, St Petersburg, 1913. p. 38.

16) In each case the word 'small' refers to the theory that the self is composed of atoms very much finer than those which go to the building-up of material substances such as the body.

여기서 '자아'에 관해 아무런 언급이 없는 사람들도 있다.[17)]

"과연 어떤 면에서 자아가 인식되는가."하고 붓다가 물었을 때, 답변은 이와 같다. "감정은 자아이다." "감정은 자아가 아니다. 자아는 감정을 경험치 못한다." "감정은 자아가 아니다. 자아는 감정의 경험이 부족하지 않다." "자아를 통해 사물이 느껴지고, 느껴지는 사물은 자아이다."

감정이 자아라는 견해를 갖는 사람에게 감정은 행복할 수도 불행할 수도 있고, 또는 그 어느 쪽도 아닐 수 있다. 그러나 그 세 가지 감정 중 어느 하나는 그것이 지속하는 한, 다른 두 가지를 제외시킨다. 그것 모두는 일시적인 것이요, 조건적인 것이요, 다른 관계에서부터 연기하는 쇠퇴하고, 늙고, 파멸하고, 소멸하는 것들이다.

그중 어느 하나를 경험한 사람이 만일 이것이 자아라고 한다면 그 감정이 없어질 때 자아가 사라졌다 라고 해야 할 것이다. 감정이 자아라고 하는 사람은 자아를 일시적인 것이요, 행복과 고통이 섞인 것이요, 존재하다가 소멸하는 것으로 받아들이는 것이고 이 세상의 사물 속에 있는 것이 된다. 따라서 "자아는 감정이다."라는 말은 이치에 맞지 않는다.[18)]

반면에 자아는 감정에 있지 않으며, 자아는 감정을 경험하지도 않는다고 하는 사람에게는 "과연 전혀 감정이 없다면 어떻게 존재할 수 있는가."하고 물을 수 있다.

다시 "자아가 감정에 있지 않으며, 자아는 감정 경험이 부족하

---

17) D, II. 66.
18) *Ibid* II. 66.

지 않다."라고 주장하거나, 또는 반대로 주장하건 간에, 감정이 모든 면에서 완전히 없어진다면 "이 사람이 어디에 있는가."하고 물을 수 있다. 따라서 감정과 자아에 대한 위의 주장은 타당치 않다.[19)]

붓다는 다음과 같이 결론을 맺는다.

"아난다여, 비구가 자아를 감정과 감정을 경험하는 데 있다고 하지 않을 때부터, 그리고 자아가 감정을 경험한다거나 또는 느껴지는 것이 자아라고 하지 않을 때부터 그는 세상에 아무것도 집착하지 않는다. 그럼으로써 아무것도 갈애치 않는다. 아무것도 갈애치 않으므로 자기 자신의 궁극적인 해탈에 이를 수 있다.[20)] 그는 출생이 끝나고 지고한 삶이 완전해지며, 해야 할 것이 다 이루어짐을, 그리고 현재 아무것도 더할 나위 없음을 알게 된다."

如來(Tathāgata)의 사후 존재에 관해 붓다는 "'그가 존재한다. 존재하지 않는다. 또는 그 모두이다. 또 그 모두가 아니다.'라고 하는 것은 어리석다."라고 말한다. 왜? "마음과 마음의 대상들의 만남이 있는 한, 그 범위가 있고 언어가 있는 한, 그 범위가 있고 개념이 있으면, 그 범위가 있는 것처럼 깨달음이 있으면 그것의 활동이 있듯이 재출생은 그 윤회가 있다. 이를 완전히 이해한 비구는 자유로워지며, 자유로워짐으로써 그는 똑같은 방식으로 알거나 보지 못한다. 위와 같은 이론은 그에게 타당치 않다."[21)]

---

19) D.II.66 ff.
20) *Ibid* II. *68*.
21) *Ibid* II. *68*.

연기설(Nidāna chain)에 대한 직접적인 언급을 통해 명백해진 바 삶은 그 일상적인 해석에 의한다면 갈애의 동기에 의해 악순환이 계속되는 것과 같다. 따라서 사슬에서 사용된 '識'이란 용어는 "그 주위에 무엇이 진행되고 있는가를 안다면 그가 식이 있다."라고 하고 그렇지 않으면 "識이 없다."라고 할 수 있는 것처럼 일반적인 의미를 지시한다.

대상 또는 사건과 접촉한 후, 사람은 그것에 따른 판단을 한다. 그래서 유쾌하고 불쾌한 것으로 여기고, 또는 그것에 무관심할 수도 있다. 처음 두 가지의 경우에는 이를 영속화하거나, 아예 없애버린다. 세번째 경우에는 단지 흥미가 없을 뿐이다. 그러나 유쾌함과 불쾌함에 대한 일정한 기준이 없다 하더라도, 시공을 초월하여 사람이 싫어하는 어떤 상태가 있고, 또 열렬히 추구하는 또다른 상태가 있는 법이다. 예를 들면 전자는 죽음이고 후자는 삶이다. 자신이 감당할 수 없을 정도의 혹독한 고통이 있을 경우에는 스스로 죽음을 바랄지 모른다. 그렇지만 행복한 내세의 이상향 또는 그 이름이 무엇이든지 간에, 그것에 대한 어떠한 설법도 현재의 삶을 연장하려는 자신의 욕구를 대신할 수 없다. 그러나 현존은 결코 안전한 안식처가 아니며 이를 지속하기 위해, 그렇게 무한히 지속되도록 하기 위해 항상 도움이 필요하다.

현재 우리가 알고 있는 것처럼, 현존하는 가운데 얼마나 많은 사람이 죽음이 따르는 삶을 죽음으로써 멸하고, 일련의 삶을 윤회하였던가? 그들에게 죽는다는 것은 무엇이며 그들에게 다시 태어난다는 것은 무엇인가?

위에 언급된 경전은 이러한 물음에 답을 주고 있다. 불교의 가르침에 의하면, 사람은 하나의 분리된 삶으로서가 아니라 자신의 이전의 행동에 따른 잠재력으로 서로 관련된 일련의 삶을 살고 있다. 사람은 삶의 종말에 가까워질수록 전에는 '무의식'—전처럼 일반적인 의미에서—인 것으로 받아들여졌을 특징들이 사라지고, 때때로 잠재의식으로 여겨진 의식만이 남게 된다. 그러나 이는 정확히는 '하부의식(infra-consciousness)'으로 위에 언급된 잠재력이며, 이는 또한 맹목적인 행동으로 이어지며, 그 힘과 결과는 살려는 의지이다.

개념화 순간에 각 존재의 첫단계는 '하부의식적'인 마음 또는 삶에 대한 맹목적인 의지이다. 다음 발전단계는 정신 및 육체의 단계이다. 즉 몸과 마음이 결합하여 발생하는 출생 이전(Pre-natal)의 성장단계이다. 여기서부터 우리는 감각의 발전, 즉 외부세계와의 접촉을 갖게 된다. 그러나 그러한 사건을 통하여 그리고 바로 시작된 존재를 통하여, 보이지 않는 잠재력 즉 개체의 인격이 결정되고 계속 과거 행동들의 결과가 느껴진다.

개체가 이 보이지 않는 잠재력을 얼마나 개선할 수 있는가는 내세에서의 자신의 상황과 성격을 결정한다. 그렇지만 존재만을 경험하고 행복 또는 불행의 영역으로 사라져버리거나 또는 그 잠재력이 세상사의 틈바구니 속에서 사라지는 가령, '영혼(Jīva)과 같이 그 개체를 대표하는 것에 대해선 별로 문제가 되지 않는다.

현대 생물학자들은 "삶의 전과정을 계속하고 또 계속할 수 있는 영원한 유기체는 없다."고 한다. 그러나 반면에 삶은 한때 성장, 육성, 재생 등의 삶의 부속물로서 여겨진 과정들이 있기 때문에 그 특징들과 사건들이 생겨나고 죽을 때 그것들이 그대로 남겨놓고 떠나는 心所에는 '자아'가 없다. 의식의 흐름은 많은 삶을 통해 볼 때 물의 흐름처럼 변화무쌍하다. 이것이 개체에 대한 불교의 無我思想이다. 나아가 우주의 모든 현상까지도 적용될 수 있는 바, 최근 '불멸이론(Steady-State Theory)' 또는 '연속창조이론(Theory of Continuous Creation)'을 제창하는 천문학자들의 견해와도 유사점을 찾을 수 있다. 무아사상은 '브라마' 또는 태고의 원자로부터 발전된 주기적 창조설(Periodical Creation), 또는 배화교에서 시작되어 기독교 및 다른 유일신 종교에 의해 전파된 일회성 창조설과 대조되고 있다.

## 5. 四法印

無我思想(Anatta doctrine)은 붓다가 가르친 사법인의 하나이다. 무아사상 외에 또다른 세 가지는 無常(impermanence, anicca)과 皆苦(suffering, dukkha)와 涅槃(Nirvāṇa, Nibbāna)이다. 열반은 다른 장에서(8장) 설명하겠다. 사법인은 다른 종교와 불교를 구별하는 근본 특징이다. 『법구경』에서는 이를 조금 다르게 해석하고 있다. 『법구경』에 따르면,

"모든 정신적 육체적 현상들은 무상하다. 지혜를 통해 이를 깨닫자마자, 고통에서 벗어난다. 이는 맑음으로 가는 길이다."

"모든 정신적 육체적 현상들은 고통스럽다. 지혜를 통해 이를 깨닫자마자 또한 고통으로부터 벗어날 수 있다. 이 또한 맑음으로 가는 길이다."

"모든 사물은 '자아'가 없다. 지혜를 통해 이를 깨달으면 역시

고통에서 벗어나 맑음으로 갈 수 있다."[22)]

이 게송을 번역하는 데 다음 두 가지에 특히 주의를 해야 한다. 먼저 "고통을 벗어나다."라는 말은『법구경』에도, 이와 부합하는 산스크리트 경전에도 '존재의 참된 본질은 앎으로써 생기는 고통에 대한 무관심'으로 설명되어 있다. 이러한 의미는 붓다가 직접 설한 가르침(Buddhaghosa)에 따르는 것이며, 티벳 경전에도 역시 그렇게 새겨져 있다. 차일더스(R·C Childers)는 팔리어 법구경의 초기 번역에서 그 의미를 '고에 대한 질곡(오로지 고통뿐인 존재)'으로 올곧게 주장했다.

둘째로, 첫번째와 두번째 게송에서 나오는 정신적 육체적인 현상과 대조되는 '사물'이라는 말로 된 세번째 게송에서이다. 이에 해당하는 팔리어는 상카라(saṇkhāra) 또는 담마(dhamma)이다. 상카라의 의미는 이전에 언급된 것보다 훨씬 포괄적이며,[23)] 상카타(Saṅkhata ; 즉, 모아진 것, 포함된 것, 조건화된 것) '정신과 육체현상 모두'까지 확대된다. 담마는 산스크리트어 다르마(Dharma)에 해당하는데, 더욱더 넓은 의미를 갖고 있다. '지니다(dhr)'라는 말에서 유래한 명사 다르마는 '지니어지는 것' 또는 비유적으로 '理想'의 의미를 갖고 있다. 붓다들에게 다르마는 깨달음이며 최상의 지혜(正覺, Sambodhi)이다. 붓다들을 따르는 신도들에게 다르마는 '실현되는 것' 즉, '如實히 보는 것(yathābhūtam)'을 의미한다. 다르마가 말로 표현되었을 때 붓다의 가르침, 도덕, 계율 그리고 道(Magga)의 모든 수행을 의미한다.

---

22) Dh. vv. 277, 278, 279.
23) 주 18) 참조.

그러나 이러한 다르마의 의미들은 여기서 적용될 수 없으며 그렇게 의도되지도 않았다. 따라서 일상세계에서 '지니어지는 것'으로 다르마는 물질적이건 아니건 일상생활 속의 사물이다. 이렇게 사용되었을 때 '다르마'를 번역치 않는 것이 더 좋지만 꼭 필요하다면 '사물'이 과학적인 용어가 아니기 때문에 그렇게 부르는 것이 합당하다. 체르바스키(Stcherbatsky)가 다르마를 '존재의 요소'라고 한 것은, 그 의미를 명백히 하는 것과는 관계없는 하나의 확대 해석이다. 왜냐하면 다음에 다르마에 대한 분류에서 나타나듯이 '요소'란 말은, 그 엄격한 의미로 사용되었을 때 여기서 적용될 수 없다. 반면 한 가지 견해로 존재한다고 한 것은, 다른 견해로 보면 존재치 않는다는 말이 되기 때문이다. 이 용어는 체르바스키에게는 만족스럽지 못한 것처럼 보인다.

왜냐하면 그는 곧 '불교의 요소'는 항상 별도의 실체이며, '복합'도 '현상'도 아닌 '요소(dharma)'이다[24]라고 하기 때문이다. 그러나 '실체'가 '그 자체 완전한 것', '그 속성과 특질과 반대하는 것'으로서 그 실제적 존재, 즉 '그 자체가 실존을 갖는 것'으로 의미된다면 더 큰 혼돈이 있게 된다.[25]

리스 데이빗(Rhys Davids)이 다음과 같은 의도로 딧테 바 담메(diṭṭhe va dhamme)를 '바로 이 세계에서'라고 번역했을 때가 본래 의미와 가장 가깝게 번역한 것이다.[26] "즉 코끼리 부리는 사람, 마부, 고급장교, 요리사, 목욕, 시중꾼, 과자 장수, 화환 만

---

24) *The Central Conception of Buddhism and the Meaning of the Word 'Dharma'* Th. Stcherbatsky, publ. Royal Asiatic Society, London, 1923, p. 30.
25) *Odhams Dictionary of the English Language Illustrated.*
26) D.I.51.

드는 자, 회계사 등등과 같은 장인들이 직업을 통해 가족을 부양하고 대체로 딧테 바 담메에서 즐겁게 지낼 수 있는 것을 목격한 사람이 과연 은자가 되어버린 사람에게도 딧테 바 담메에서 어느 비교할 수 없는 결과가 생길 수 있느냐고 물었다."

디테(diṭṭhe)를 '보여진, 감식된, 이해된'으로 그리고 바(va)를 이바(iva) '비슷한, 유사한'으로 그리고 담마(dhamma)를 '지니어진 것'으로 했을 때, 이는 '일상생활에서 지니어진 것'이라는 표현이 된다. 또 리스 데이빗과 윌리암 스테드는 그들의 사전에다 딧테 바 담마를 초월적인 세계 삼파라위카 담마(Samparāyika dhamma)와 비교되는 것으로 '현상계에서'라고 했다.[27] 한편, 바네르지(A·C Banerjee)는 자신의 『사르바스티바다 리터러쳐(Sarvāstivada Literature)』에서 담마를 '존재하는 것들'로 담마스(dhammas)는 '사물들'로 번역하고 있다.[28] 불교의 철학적 체계에 따라 다르마를 분류하면서 사르바스티바다(Sarvāstivada)[29]와 비냐프티마트라바다(Vijñaptimātravāda)[30]는 각각 75가지 100가지의 다르마를 열거하고 있다. 이것들은 心, 心所(Mental Concomitants), 形, 마음이 따르지 않는 것(心不相應行), 그리고 모을 수 없는 것 등의 다섯 가지로 나누어진다. 처음 4가지는 有爲法(Saṃskṛta dharma)이며 상스크리타(Saṃskṛta)는 팔리어로 상카

27) *Pali Text Society's Pali-English Dictionary, p.336.*

28) *Sarvāstivāda Literature,* Anukul Chandra Banerjee. Publ. D. Banerjee, Calcutta, 1957, pp. 52, 65.

29) Sarvāstivāda : The most extensive of the early Buddhist Schools.

30) Vijñaptimātrarāda : The School holding that nothing exists apart from consciousness. It is also known as Vijñānavāda or Yogācāra.

타에 해당하며, 다른 말로 형성되고 준비되고 모아지는 다르마이며, 반면 5번째는 형성되거나 준비되거나 하지 않는 것, 無爲法(asamskrta dharma)을 포함한다.

身과 눈, 코, 귀, 혀 등의 4개 감각기관을 포함하는 유위법은 眼識, 耳識은 물론 이에 따르는 色, 聲, 香, 味, 觸 등을 포함한다. 모든 체계에서 매우 강조하며 다루는 심소 가운데는 受(vedanā) 思(cetanā), 念(appamāda), 등이 있으며 '마음이 따르지 않는 것(心不相應行)'에는 출생(jāti), 數(Saṅkyā), 지역(deṣa), 시간(kāla) 등의 여러 다르마를 포함하고 있다. 無爲法에는 공간 및 삶의 과정을 멸하는 방법 등을 포함하며 비냐프티마트라에서는 모든 특수성격 및 조건들을 초월하는 것, 즉 타타타(Tathatā ; 이러함, 즉 진리 실체)를 포함한다. 팔리어 논장에서는 이를 다음의 네 가지로 집약시키고 있다. 마음, 심소, 形, 그리고 출세간(초속세 Lokuttara) 위에 인용된 『법구경』의 게송 277－9에 따르면, 사람은 덧없는 현상 속에서 단지 고통스러운 존재로부터 벗어나려 하며 더욱이 우리는 모든 사물이 변화무쌍함을 잊지 말아야 한다.

여기서 苦로 번역되고 있는 둑카(Dukkha)는 '비탄, 불만족, 또는 악'을 나타낼 수 있다. 둑카는 사성제 중 첫번째이며 정신 육체적인 면에서 고통스럽고 불쾌한 것으로, '受'에서도 '苦'가 있다. 生, 老, 病, 死가 모두 고통스럽고 슬픔, 비탄, 고통, 비참 그리고 좌절 모두가 고통이며 자신이 바라는 것을 이루지 못함도 역시 고통이다. 간단히 말해 오온(Five Khandha)에 집착하는 것이 苦인 것이다.[31] 그러나 이러한 오온은 어떠한 형태로든 삶의 모습을 지배하며, 따라서 '그것 자체로서 존재한다'라는 취지에서조차 본질적으로는 지배되는 존재들은 현재 기준으로 무조건적인 어떤 것을 알 수 없다. 따라서 우리는 붓다가 인도한 길을 따르며 滅道를 따른다. 그리하여 행복보다 더 커다란 무엇에 이를 수 있다.

## 6. 붓다의 大悲心(Mahākaruṇā)

앞에 설명한 붓다의 깨달음에서 분명한 것은, 그 깨달음이 주로 현존에서 경험된 것으로서의 삶의 본질 및 그 속에서 사는 존재를 인식함에 있다는 것이다. 더욱이 미래에 다소 비슷한 존재에 대한 기대감, 그리고 그들의 조건들을 멸하게 하는 방법들이 있다. 그러나 만일 붓다의 가르침이 그 방법을 적용함이 없이, 그 문제들에만 국한되어 있다면, 비록 수세기에 걸쳐 많은 학식이 있는 사람들이 그를 따랐다 할지라도 그는 역사에 위대한 사상가요, 철학자이지만 단지 공론자로 남았을 것이다. 이것은 붓다의 의도가 아니었고, 또한 그가 자신에 대한 보통 사람의 평가를 고려했음은 팔리 『브라마자라 숫타(Brahmajāla Sutta)』에서 설한 다음의 포괄적이며 심오한 설법에서 잘 나타나 있다. "如來를 칭송하는 보통 사람들은 상대적으로 작은 것 즉, 이 세상의 것들,

31) D.II. 305; Vin I. 10.

戒를 말한다. 그는 무엇을 말하려고 하는가?"[32)]

이 경전은 보통사람들이 沙門 고타마가 戒를 열거하면서, 살생하지 않았으며 주어지지 않은 것은 탐하지 않았다고 말하고 있음을 기록하고 있다. 따라서 그가 붓다의 완전한 지혜와 깨달음의 높은 단계를 알지는 못하더라도 이것이 붓다의 현존에서의 일상생활을 통해 반영되고 있음을 알 수 있다. 보통사람이 지고의 깨달음과 일상적인 持戒간의 관계를 정할 수 있을까?

최근 서양의 많은 작가들은 원래의 불교는 전적으로 은자 가운데의 개혁운동이었으며, 속인들은 단지 "비구들의 육체적 부양을 위해 필요한 것이다."라는 입장을 취하고 있다. 올덴베르그(Oldenberg)는 "붓다의 교회는 비구와 비구니들의 교회이며 이러한 자유(즉, 출가의 자유)를 얻을 수 없거나 얻으려 하지 않는 자는 그 교회의 일원이 될 수 없다. 또한 그 수도원은 초창기부터 엄격한 형태의 영적인 절차로 이루어진 조직이 있었으나, 평신도들의 교회를 만들려는 시도는 없었다."[33)]라고 했다. 이러한 주장을 뒷받침해주는 인용은 승단의 규칙들을 다루는 율장에서만 발췌할 수 있다. 올덴베르그가 80년 전에 자신의 연구를 책으로 펴냈으며, 서양사람들이 수세기 동안 자신들이 벗어날 수 없는 엄격한 기독교 전통에 사로잡혀 있었으며, 따라서 가령 '교회'와 같은 용어는 그들만의 용어임을 감안하면, 불교가 승가 즉, 비구와 비구니의 전유물이라는 생각이 여전히 없어지지 않는 것도 당연

32) D. I. 3.
33) *Buddha : His Life, His Doctrine, His Order*, Hermann Oldenberg, Edinburgh, 1882, p.381.

하다. 따라서 승가(Saṅgha)가 불교의 가르침을 영속시킬 수 있는 핵심이 되어야 한다는 것은 매우 합당하다. 왜냐하면 시간이 경과함에 따라 평신도들이 불교의 가르침에서 벗어나고 있다면, 승가 자신들이 믿음에 어긋나지 않음으로 해서 대중을 교화시킬 수 있기 때문이다. 역사를 보면 그러한 변천은 여러 번 일어났고 평신도들도 역시 그렇게 변화했다.

만일 평신도들이 대항해서 더욱더 승가에 의존치 않도록 지나치게 통제한다면, 종교적이거나 정치적이거나 이미 서양종교의 특징이 되어버린 그러한 엄격한 통제는 붓다의 가르침의 근본정신에 전적으로 역행하는 것이다. 붓다-담마의 가르침이 적절하게 고려하지 않았다거나 불교가 단지 은자를 고려하기 위한 새로운 원리만을 보여준다고는 할 수 없다. 이것과 여타의 유사한 주장들이 전혀 옳지 않음은 깨달음 바로 뒤의 과정들을 살펴봄으로써 알 수 있다.

비팟시(Vipassi) 붓다의 깨달음에 대해 고타마 붓다가 한 설명은 연기설의 설명으로가 아니라 위대한 브라마와의 대화로 끝난다. 만일 붓다의 깨달음이 자신의 緣覺(Mahāprajñā)을 구성하고 있다면 이것의 첫번째 결과는 그의 마하카루나(Mahākaruṇā) 즉 대자비이다.

『마하파다나 숫탄타(Mahāpadāna Suttanta)』에서는 다음과 같이 기술하고 있다.

“그때에 비팟시 존자이며 아라한이며 전지전능자에게 다음과 같은 것이 떠올랐다. ‘내가 법, 진리를 가르치면 어떻겠는가?’ 그러나 그에게 또다시 떠오른 것은 ‘심오하고 알기 어렵고, 깨닫기 어려운 이 평화롭고 최상의 중요한 진리를, 논리적인 연역적 순서가 아니라 현자만이 알 수 있는 그 미묘한 진리를 내가 알았도다. 그러나 이것이 즐거움과 기쁨에 집착한 것이기 때문에 사물들, 즉 그 원인과 '이것이 저것으로부터 생겼다.'라는 법을 깨닫기 어렵게 되었다. 역시 모든 心所를 떨쳐내는 것, 모든 재출생의 근원을 벗어버리는 것, 愛慾을 멸하는 것, 무아, 마음의 평온, 열반 등도 깨닫기 어려운 것이다. 만일 내가 다르마를 설하고 다른 사람들이 나를 통해 이를 깨닫지 못한다면 그것은 내게 피곤한 일이고 괴롭게 하는 일이다.[34] 이때에 위대한 브라마가 그에게 나타나 타락하지 않은 이 가운데 다르마를 몰라 방황하는 존재가 있으니 그 다르마를 설법해 달라고 요청한다. 비팟시는 자신도 그 다르마를 설법할까 했으나 하지 않기로 한 이유를 말한다. 또 다시 위대한 브라마가 요청하니 똑같이 답변하며 물리친다. 세번째 요청하자 '비팟시는 모든 중생들에게 자비를 느껴, 붓다와 같은 觀으로써 여러 종류의 타락한 중생, 날카롭고 능력있는 중생, 여러 성벽을 가진 중생, 배움에 대한 서로 다른 능력을 갖고 있는 중생, 악과 두려움 속에 살면서 피안의 세계를 잘 알지 못하는 중생들을 보았다.' "[35]

두 게송(gātha)은 이를 따랐으나, 전자는 '위대한 브라마' 때문에 붓다가 다르마를 설법해야 하는 이유에 대해 위와 같은 이유를 확대했다.

산의 정상에 오른 사람이

---

34) D.II. 35 f.
35) *Ibid.* II. 39.

산 밑에 있는 사람을 내려다 볼 때처럼
正覺(All-Vision)에 이른 현자는
인간들이 고통에 빠져 있음을 본다.
그는 인간들의 출생과 멸을 보고
스스로 승자가 되었다.
取(Grasping)에서 벗어난 그는
재출생의 윤회의 굴레에서 벗어났으며
다른 사람들도 그러한 능력을 갖고 있음을 안다－.
부디, 그가 다르마를 설법하기를 바란다.

이에 비팟시가 답하길,

"불멸의 문은 활짝 열려 있다.
귀가 있는 자들은 맹목적인 믿음을 버려라!
브라마여! 가르침을 받아도 괴로움을 맛본다면
나는 나의 다르마를 말하지 않겠다."[36)]

비팟시는 다르마를 설법해야 되는 자신의 임무를 즉시 시작했고 이와 비슷한 상황에서 고타마 붓다도 마찬가지였다.

이 사건이 불자인 독자에게는 낯익은 것이긴 하지만 종종 강조되지 않고 있는 점이 있으니, 비교적 나은 사람을 가르치게 되었을 때, 붓다는 가르치길 거부했으나, 붓다가 모든 이질적인 집단의 인간, 그들의 고통을 생각했을 때 망설임 없이 자신의 다르마를 설법해야겠다고 결심했다는 점이다.

---

36) D.II. 39.

따라서 붓다-다르마-가 선택된 소수만을 위한 것이라는 말은 그 소수가 어떤 성질이라 할지라도 고타마가 실제로 설한 언행과 일치하지 않는다. 붓다들의 緣覺을 기억하면, 그들의 大悲를 기억하게 된다. 이제 '위대한 브라마(梵天)'의 중요성을 생각해보자. 이 초월적 존재가 고타마의 눈앞에 나타났다고 해야 할까? 아니면 그 梵天이 조물주이며 살아있는 피조물을 대표하고 있음을 붓다가 의식하고 있었을까? 범천은 절대실체가 아니다. 전문적으로 그는 '色界의 神(Rūpāvacara deva)'이었다.

그가 자신의 특별한 영역에서 얼마나 높은 상태에 이르렀는가 관계없이, 그 또한 형상으로 창조되었고 삶과 죽음을 피할 수 없다. 붓다에게 행한 "地, 水, 火, 風이 완전히 소멸되는 곳은 어디인가."라는 물음은 이 책에서 이미 언급되었다.[37] 이는 자신이 그 답을 모르고 그 물음을 붓다에게 다시 되물은 범천에게 질문된 것이다. 그 물음을 "과연 지, 수, 화, 풍이 일어나지 않는 곳은 어디인가."라고 해야 된다고 깨우쳐준 붓다의 말에서 분명한 것은, "세상을 현재상태에서 구제하는 것은 그 창조주보다 더 위대한 어떤 것이 해야 할 문제이다."라는 점이다. 이런 이유로 梵天이 붓다에게 다르마를 설법해달라고 했던 것이다.

따라서 지고상태의 깨달음의 기원을 생각함에 있어서 우리는 붓다의 대자비가 깨달음과 분리될 수 없는 것임을 명심해야 한다. 만일 깨달음 후에 불멸의 문이 활짝 열린다면, 붓다는 인간에 대한 심오한 깨달음과 그의 자비로 그 길을 제시하여 주려는 것이다.

---

37) Dighanikāya. I. 222.

# 제3장 三寶의 의미

## 三寶(Three-fold Refuges)

불교에서는 어떠한 형식적인 法禁이 없다. 따라서 불제자는 부처님의 가르침에 따라 살고, 삼보(Tisaraṇa)에 귀의해야 하는 것이다.

그 상세한 함축적인 의미가 간단한 용어로는 전달될 수 없기 때문에 팔리어를 참고해보기로 하자.

팔리어로 이는 "Buddhaṃ saranaṃ gacchāmi Dhammaṃ saraṇaṃ gacchāmi Saṅghaṃ saraṇaṃ gacchāmi"라고 하는데, 그 의미는 다음과 같이 번역될 수 있다. "나는 귀의자로서 부처님께 귀의한다. 나는 귀의자로서 法에 귀의한다. 나는 귀의자로서 스님께 귀의한다." 그렇지만 '사라남(Saraṇaṃ)'이란 말은 '완전한 귀의자'를 뜻하지는 않으며, 그 말은 결국 자신의 인생에 대한 태도를 결정하게 될 자신과 부처와의 관계에 '그 의미가 있는 것이다. 사라나(saraṇa)라는 말은 산스크리트어와 팔리어에 공통으로 나타나는데, 모니에르 윌리암스(Monier Williams)의 산스크리트 사전에 따르면[1], '사라나(Saraṇa)'는 '시키는 것' '보존하는

---

1) Monier Williams ; *Sanskrit-English Dictionary*, p.994.

것(Vedic·Say rakkhake, Ṛgveda Ⅵ. 47.8)'을 뜻한다. 지키거나 보존하는 사람은 보호자, 보존자, 방어자로 불린다. 도움과 방어는 귀의, 귀의자, 성소, 은신처(때로는 사람에게도 적용됨)를 말한다. 사실(私室), 벽장은 집, 주거, 거처, 굴, 둥지(동물에게) 등이다. 팔리어로는 리스 데이빗과 스테드에 의하면 '사라나(P. Vedic)'가 주거, 집, 귀의 보호 등등[2]을 의미한다. 또한 붓다닷타 마하테라(Buddhadatta Mahāthera)에서는 보호, 도움, 귀의, 은신처를 의미하는 것으로 되어 있다.[3]

따라서 귀의(Refuge)란 말은 '사라남(Saraṇaṃ)'의 가장 적절한 짧은 해석인 것이다. 그러나 어떤 의미에서도 三寶에 귀의하는 것이 일련의 법과 율에 대한 맹목적이고 비합리적인 복종을 하겠다는 것으로 해석될 수는 없다. 전적으로 믿음에 의존하는 일신교와 그 자체를 목적으로 신앙(bhakti)만을 요구하는 종교와는 대조적으로 붓다는 맹목적인 믿음이 우리의 정화를 방해하며, 그렇기 때문에 발전을 저해하는 무명이라고 지적하면서 맹목적인 믿음을 비난하셨다.

케사풋타의 칼라마 종족이 자신들을 방문하는 많은 스승들에 의하면, 그들 각자의 見(dogma)과 방법만이 유일한 길이라고 말하는데 이중에 어떻게 선택할 것인가를 붓다께 여쭈었을 때, 붓다께서는 "네가 네 스스로 '이러한 것들이 나쁘고 비난할 만하고 현자에 의해 비난받을 것이므로 바르게 오지 않는 것이며 해로움

---

2) Pali Text Society's Pali-English Dictionary.

3) *Concise Pali-English Dictionary.* A. P. Buddhadatta Mahathera. U. Chandradasa de Silva, Ahangama, Ceylon, 1949;See UJ., pp. 6 f., 124 ff.

과 고통을 가져오는 것'으로 생각할 때마다, 너는 그것들을 포기해야만 한다… 네가 스스로 '이러한 것들은 훌륭하고 비난받지 않으며 현자에 권장되어 바르게 오는 것이며, 부와 행복을 가져오는 것'으로 생각할 때마다 거기에 머물러야만 한다."[4)]

붓다는 또 종종 이렇게 설법하셨다. "보고나 전통, 소문, 성전의 가르침 때문에 혹은 어떤 견해에 대한 무분별한 논리와 추론의 결과로서, 있음직한 가능성으로 혹은 스승에 대한 존경 때문에 모든 것을 받아들여서는 안된다."[5)] 붓다가 자신의 가르침에 관하여 말하기를, "현자가 황금을 달구고 잘라서 시금석으로 사용하듯이, 내 가르침을 너희 비구들도 나에 대한 존경심에서가 아닌 스스로 증명한 후에 받아들여야만 한다."[6)] 이렇게 하여 맹신에 직접적으로 반대되는 태도인 신뢰(śraddhā)가 얻어지는 것이다. 신뢰는 세상 모든 사람들의 가장 커다란 富이다.[7)]

'보호'로서 사라나(saraṇa)에 관해, 붓다는 다음과 같은 취지에서 無記하고 있다. "모든 짐(dharmāṃ)을 버리고 유일한 안식처인 내게로 오라. 슬퍼하지 마라. 내가 모든 악에서 너를 구하리라."[8)] 그러나 붓다는 '인간은 다음의 귀의에 따라 행해진 자신의

---

4) A, I, 189 f.

5) *Ibid*, 189 f.

6) *Tattvasaṅgraha*, Vol. II, Gaekward's Oriental Series, No, xxxi, Baroda, 926, v. 3588 : *Tāpāc chedāc ca nikaṣāt suvarṇam iva paṇḍitaiḥ*
*parīkṣya bhikṣavo grāhyam madvaco na tu gauravāt.*

7) Sn. 182 ; Uv.x.v.3.

8) *Bhagavatgītā*, XVIII. v. 66.
Sarvadharmāṃ parityajya māṃ ekaṃ śaraṇaṃ vraja ahaṃ tvāṃ sarvapāpebhyo mokṣayiṣyāmi mā śucaḥ.

노력의 결과로서 자유를 얻는 것'임을 분명히 했다. 정말로 많은 사람들이 두려움에 쫓겨 은신처로서 산이나 숲, 공원, 나무 속으로 재빨리 숨어버린다. 그것은 안전한 은신처도 아니며 가장 훌륭한 은신처도 아니다. 이러한 은신처로 간다고 우리가 모든 고통으로부터 자유로워지지 않는다. 그러나 붓다에로, 다르마에로, 그리고 승가에로 귀의하여 올바른 지혜와 통찰력을 가지고 은신하는 자는 苦, 集, 滅, 道의 四聖諦를 깨달을 것이다. 이것이 안전한 은신처이며, 가장 훌륭한 은신처이며, 이 은신처에서 우리는 모든 고통으로부터 자유로워진다.[9)]

여기에는 세속적인 병으로부터 뿐만 아니라, 인간이 겪게 되는 모든 고통으로부터 보호됨을 유념해야 한다. 진정한 귀의는 다음과 같이 이해되어야 한다. 석존의 제자는 붓다에 대한 확실한 신심을 갖고 있다. 존자는 지식과 행위에 있어서 완벽하고, 말을 할 때는 현명히 말하여 인간을 자기완성으로 이끄는 그 어느 것에도 비교할 수 없는 안내자이며, 神과 인간의 스승이며, 붓다이며, 존자인 '완전히 깨달은 사람(Fully-Enlightened One)'이다. 불제자는 '다르마'에도 다음과 같은 확실한 신심(Saddhā)을 갖는다. 즉, 다르마는 존자에 의해 잘 설법되며, 이승에서 그 뜻이 분명하며, 시간에 얽매이지 않고, 모든 사람들이 스스로 와서 알도록 초대하며, 현자가 스스로 알 수 있어야 하는 것을 일러준다. 불제자는 승가에게도 다음과 같은 신심을 갖는다. 붓다의 제자로서의 '승

---

9) Dh. vv. 188−92, Attention is drawn to the slight variation made here in the wording of the Four Noble Truths. These are generally stated as in p. 31, note I, and the associated text. See also p.63, note 2.

가'는 옳고 바른 길을 가는 四雙八輩(four pairs of persons, the eight classes of individuals)[10]이다. 승가는 세상으로부터 환대받고 공양받아야 하고, 공경을 받아야 하며 보시를 받아야 하고, 합장 숭배받아야 하는 무상의 복전이다. 승가는 현자들이 계속 전적으로 믿고 의지할 수 있으며, 사람들을 자유롭게 해주고, 또한 깨끗하며, 현자들이 바라는 三昧(Samādhi)로 인도하는 계율을 지키는 사람들이다.[11]

삼귀의는 이와 같이 삼보에 귀의함을 의미한다.

## 1. 제1보 : 붓다(佛)

붓다에 귀의한다는 것은 부처님이 당신을 따르는 어느 누구의 목표 도달에 영향을 줄 것이라는, 어떠한 개인적인 보장을 뜻하지는 않는다. 반대로 붓다는 "확실히, 악이란 홀로 있을 때 일어나며, 정화도 홀로 있을 때 있게 된다. 정화와 불순은 개인적인 것이며, 어느 누구도 다른 사람을 정화시킬 수 없다."[12]고 말했다.

목표에의 정진에 관해 언급하시면서 부처님은 종종 'Sayaṃ abhiññā sacchikatvā(완전히 혼자 이해하고 경험하는 것)'이라는

---

10) There are four pairs of saints who realize the paths *(magga)* and fruitions *(phala)* of the following stages: (i) Stream-winning*(Sotāpatti)* (ii) Oncereturn *(Sakadāgāmi)* (iii) Never-return*(Anāgāmi)*, (iv) Perfection *(Arahatta)*.

11) D.II. 93.

12) Dh. v. 165.

표현을 사용하였다.

업의 원칙에 따르면, 미래의 행복은 현세에서의 만족스러운 행위의 연속이며 그 직접적인 결과이다. 그러나 현세에 틀림없이 그 결과가 나타나는 과거의 잘못된 행위들이 있다. 만일, 틀림없이 우리의 좋거나 나쁜 행위의 결과를 반드시 우리가 거두어야 한다면, 그리고 도덕적으로 우월한 다른 사람의 도움으로도 결과를 피할 어떠한 방법이 없다면, 보호를 받고, 지속적인 복을 얻을 수 있는 최상의 일은 악한 행위를 줄이고 선행을 늘리는 것이다.

선택에 있어서는 의지의 자유가 있지만, 선택이 행해져야만 할 때 여기에는 간파할 수 있는 분별력 및 觀의 수양이 분명히 있어야만 한다. 의지력의 수양과 분별력의 수양 가운데 붓다의 가르침은 전자보다 후자를 강조한다. 왜냐하면 맹목적인 복종은 권장되지 않고 있으며 만일 자신이 잘못된 길을 가고 있다고 확신하지 못한다면, 그것이 매력적인 것처럼 보이게 되어 결코 이를 버릴 것 같지 않기 때문이다.

『법구경』에 이르기를, "만일 작은 행복을 포기함으로써 상대적으로 큰 행복을 얻는다면, 현자는 큰 행복을 생각해서 작은 행복을 포기한다."[13]라고 했다.

그러므로 비교 가능한 것을 찾아 비교할 필요가 있다. 그러한 문제들이 불교국가에서 불교에 관련된 신앙과 의식에서 항상 분명하게 나타나는 것은 아니며, 그래서 이러한 일에 참여하는 사람들의 정신적인 태도가 분명해야 한다.

오늘날 불교의식을 행하는 데에서 중심에 놓이는 것은 거의 변

---

13) Dh. v. 290; Uv. xxx. v. 30 ; cf. Mahābhārata, XII, 174.46 ; 177.51 ; 276.7.

함없이 佛像(buddha-pratimā) 즉, 붓다의 상인데 이는 B·C 5세기 경 이후에 나타나기 시작한 것이다. 그 이전에는 붓다를 포함하는 어떤 장면을 재현하고 싶을 때, 붓다의 존재는 가령 보리수, 수레바퀴, 연꽃, 또는 足跡 등의 상징으로 표현되었고 이러한 상징들은 또한 불교의 어떤 개념들을 표현하는 데 사용되었다.

일반적으로 인도가 아닌, 아마도 그리스 영향으로 붓다의 모습이 인간의 모습으로 재현되었다고 알려졌다. 그러나 불자는 모형이 아닌 완전한 붓다로서의 그의 앞에 나아가 꽃과 향을 바치는 것이며 감사의 표시로서 절에 가는 것이며, 시들어가는 꽃의 무상함을 보며 붓다의 완전함을 생각한다.

그는 꽃을 바치면서 다음과 같이 읊는다. "여러 가지 꽃으로 나는 붓다께 경의(pūjā)를 표합니다. 그리고 이를 통해 구원이 있기를 꽃이 시드는 것처럼 소멸을 향해 나의 육체도 시들어갑니다."[14] 이 말은 경전에 나오는 구절이 아니고 매우 오래된 전통적인 시구이다.

비록 像이나 그러한 상징들이 보통사람의 관심을 집중시키는 데 유용하다고 할지라도 현명한 사람은 다음과 같은 문구를 외우면서 집중할 수 있기 때문에 그런 것이 필요치 않다. "그 사람은 존자이며, 가치있는 사람이며, 완전히 깨달은 사람이며, 지혜와

---

14) *Pūjemi Buddhaṃ kusumen' anena*
*puññena-m-etena ca hotu mokkhaṃ*
*pupphaṃ milāyāti yathā idam me*
*kāyo thathā yāti vināsabhāvaṃ.*
For this and similar verses(*gāthā*) see *Handbook of Buddhists* by H. Saddhatissa publ. Mahabodhi Society of India, Sarnath. Banaras, 1956(this v. p. 24).

미덕에 있어서 완전한 사람이며, 행복한 사람이며, 세상을 아는 사람이며, 인간을 자기완성으로 이끄는 비교할 수 없는 안내자이며, 신과 인간의 스승이며, 축복받은 사람이다."[15]

붓다에 대한 존경은 단지 붓다의 가르침을 따르는 정도에 의해 측정될 수 있다. "여기에 들어온 사람은 다르마에 따라 살며, 다르마에 따라 실천하며 여래를 존경한다."[16]

이러한 태도가 어떻게 불자의 도덕적인 태도에 영향을 미칠까? 인간이 종속적인 피조물로 되어 있는 일신교와는 달리, 신 아래에 있더라도, 불자는 그가 기꺼이 하려고만 한다면 그가 원하는 만큼 높이 그의 힘으로 도달할 수 있다. 불자의 정신은 결코 노예의 그것이 아니며, 그는 사고의 자유와 의지의 자유를 버리지 않는다. 이것이 맹목적인 믿음보다는 깨달음에서 생긴 信心(Śraddha, Saddhā)이 앞서는 이유이다. 불자의 순례는 풍부한 장비와 충분한 성공의 가능성을 가지고 행복한 기대 속에 떠나는 여행이며 그는 결코 비참한 죄인이 아니다.

## 2. 제2보 : 다르마(法)

"박카리여! 다르마를 보는 사람은 나를 보는 것이요, 나를 보

---

15) Vin. I. 35, 242, II. 1;D.I. 49, 87, 224, II. 93 and *passim* throughout the scriptures.
16) D. II. 138

는 자는 다르마를 보는 것이다."[17]라고 당신을 보려고 애쓰는 제자에게 붓다가 말했다. 우리는 이미 담마(Dhamma)라는 말을 '보편적인 것들'로 간주해왔고 그 말의 유래로부터 그 의미가 '의무'나 '의무들'인 것으로 추측할 수 있다. 하지만 우리는 지금 다르마를 '설법'이나 '가르침'의 의미로 생각하고 있으며, 여기에서 가르침 그 자체와 그 가르침을 기록한 성전에 대한 구별을 하게 되었다. 붓다 이전 시대의 교리에 관해, 범아(Brahman-Ātman) 사상과 브라마로서 브라만을 인격화시킨 것들이 언급되었다. 그렇지만 우리는 붓다의 가르침의 혁신적인 의미를 완전히 이해하기 위해 붓다가 다루어야 했던 당시의 주장들을 자세히 언급하기로 하자. 그 대부분은 수세기에 걸쳐 철학적이고 종교적인 맥락에서 이해되어 왔고 여전히 상당한 논란의 주제가 되어 왔다.

B.C 6~5세기로 추정되는 가장 오래된 기록 중의 하나인 『브라마자라 숫타(Brahmajāla sutta)』 또는 '브라마의 본체에 관한 대화(Discourse on the 'Net' of Brahma)로', 長部(Digha Nikaya) I에서, 붓다는 여러 단계의 사람들을 열거하며, 그들이 참고할 수 있는 합당한 이유들을 제시했다. 그는 처음에 사물의 궁극적인 근원을 재구성하려는 사람들과 세상의 영원성과 자아를 추론하려는 사람들을 다루었다. 이 경우에 강한 열정, 올바른 정신집중으로 사문이나 브라만은 자신의 전생을 마음속에 떠올릴 수 있다. 그가 생각하기를, 이러한 장소에서 이러이러한 나이에 죽었다. 나의 이름과 조상, 음식, 행복하고 슬픈 경험들은 이러이러했고

---

17) S.Ⅲ.120; *Yo kho Vakkali dhammaṃ passati so maṃ passati, yo maṃ passati so dhammaṃ passati. Cf. Ap. 467.*

그런 다음 나의 의식은 이러이러한 장소에서 사라졌다가 이러이러한 곳에서 다시 생겨났다.

이러한 형태로 그는 자세하게 하나씩 하나씩 그의 전생의 활동과 상황들을 마음에 떠올린다. 그가 말하기를 "자아는 영원하며 아무것도 새롭지 않은 세상은 기둥처럼 움직이지 않고 있다. 삼세를 통해 끊임없이 살아 있는 중생들은 윤회한다. 그러나 그것은 영원히 똑같은 것이다."[18] 더욱 광범위하게 금욕주의자나 혹은 브라만은 더 멀리 떨어진 전생을 기억하며, 한편 허황된 논쟁에 익숙해 있고, 임기응변의 재치를 가진 궤변론자들은 항상 똑같은 결론만이 있을 뿐이다.

두번째 계층은 "어떤 것들은 영원하고 다른 것들은 영원하지 않다."는 믿음을 가지고 있다. 현세에 사는 사람들이 어느때는 光天(Ābhassaral)에서 신으로 다시 태어났다고 할 수도 있다. 오랜 기간 후에 그들 가운데 하나는 그의 공덕이 다했거나, 그의 삶의 기간이 다했기에 범천과 동등한 하계에 다시 태어난다. 그러나 이는 여전히 '순수물질의 세계(rūpāvacara)'[19]이며 삶과 죽음은 여전히 일어나는 곳이다.

죽은 사람은 외롭고 동료를 바란다. 이러한 일들은 역시 光天에서도 같은 이유로 일어난다. 범천에 처음 온 자들은 그들의 희망에 따라 온 것처럼 느낀다. 그들에게는 그가 거기에서 최초의 존재이므로 그는 그 세계의 통치자인 것이다. 그러므로 그는 '위대한' 브라마이며, 대군주이며, 다른 사람들이 권력을 휘두르는

---

18) D.I.13.
19) *rūpāvacara*. See Ch. I, P. 24.

自存(Be-lt-so)의 지배자로서 인정하는 정복되지 않는 자이며, 창조주이며 권력을 갖도록 되어 있는 군주이며, 존재하는 모든 것의 아버지이다.[20] 그는 계속해서 범천에 있든지 현세에 다시 태어난다. 세상에 염증을 느껴 그는 사문(Samana, 집없는 방랑자)이 된다. 그는 범천에서의 전생을 회상하며, 위에서 언급된 말들로 브라마를 회상한다. 그러나 그는 다음과 같이 생각할 수도 있다. '우리는 브라마에 의해 창조되었다. 왜냐하면 그는 영원하고 중단이 없으며, 멸하지 않고 변하지 않기 때문이다. 그래서 그는 영원히 똑같으며 진리이다. 게다가 브라마에 의해 창조된 우리는 시들어 사라지는 것으로서 짧은 삶과 변화에 종속된 유한한 존재로서 현재의 상태에 이르게 되었다.'[21]

이러한 이유로 붓다는 "어떤 것은 영원하고 어떤 것은 영원하지 않으며, 자아와 세상은 부분적으로는 영원하고 부분적으로는 영원하지 않다는 말이 된다."라고 설한 것이다.

이러한 믿음에 대한 다른 예는 쾌락에 의해 더럽혀지거나(khiḍḍāpadosikā), 마음이 더럽혀져(manopadosikā) 신의 상태로부터의 타락이 그것이다. 이러한 사람들은 욕계(kamaloka)에서 다시 태어나 은자가 되어 그들의 전생을 깨닫고 범천으로부터 타락해 떨어진 사람들과 같은 입장에 이르게 된다.

인용된 네번째 경우는 허황된 논쟁과 그 자신의 교묘한 재치에 익숙한 궤변론자에 관한 것으로 그들은 '눈·코·귀·혀·몸'이라고 불리는 것, 그것의 '자아'는 덧없으며 변화에 매여 있고 영원하지

---

20) D.I.18.
21) *Ibid* I. 19.

않으며 변화하는 것이다. 사고, 마음 또는 識이라 불리는 것, 그 것의 자아는 영원하며 변함없으며 언제나 똑같으므로 진리이다.[22] 라고 믿고 있다.

이와 같이 앞선 두 가지 믿음에서와 같이, 붓다가 해결해야 했던 다른 믿음들은 다음과 같다. 즉, 한두 가지 이유로 세계의 유한성 또는 무한성을 믿는 행위, 세상이 우연히 존재하게 되었다는 것, 사후에 자아가 의식을 갖는가 갖지 않는가에 대한 믿음(물론 형태, 기간, 感識方法, 행복 또는 불행한 상태 등이 서로 다르다고 인정하고), 완전한 소멸에 대한 믿음, 그리고 현세에서 얻을 수 있는 지극한 복락 등… 깨달음이 없어 분명한 견해를 표현하기를 피하는 사람들에 관한 간단한 주장도 또한 이 안에 포함되어 있다. 앞에 말한 것들 중에 세상의 유한성, 세상 기원의 우연성, 그리고 사후에 자아의 의식적 또는 무의식적인 상태를 지지하는 사람들은 주로 그 증거로서 여기에서 명백히 규정되지 못하는 마음이 고양된 상태에서의 경험에 의존하고 있다. 적멸주의자들과 특별한 복락상태를 믿는 사람들은 그 증거를 자신들의 禪定 경험에서 끌어내고 있다.

이에 대한 붓다의 가르침을 보면, 과거를 다시 쌓고 미래를 준비하는 고행자들과 브라만들에 대해서 붓다는 "이러한 견해들은 그 결과로 미래의 환생을 피할 수 없다. 여래는 이를 알고 있으며, 잴 수 없을 정도로 초월해서 알고 있다. 그러나 그는 그 앎에 집착하지 않고, 집착하지 않음으로써 그는 스스로 최후의 지극한 복락을 찾았다. 진리에 따라 受의 기원, 그 만족과 불만, 그리고

---

22) *Ibid.* I. 21.

그로부터 벗어나는 법을 깨달은 여래는 이 세상에 집착하지 않음으로써 자유로워진 것이다."[23]라고 하고 있다.

공론에 대해 붓다가 말하기를, "공론이란 고행자들과 브라만들의 지식과 이해의 부족에서 오며, 이에 따르는 감정과, 항상 걱정과 애착이 따르는 갈애에서 오는 것이다. 이들은 (감각과의) 접촉에 기인한다. 그들은 모두 6내처(six fields of contact)에서 끊임없는 접촉으로부터 受(知覺)를 경험한다. 그들에게는 그 수가 원인이며 조건이 되어 갈애가 오며, 그 갈애가 원인 및 조건이 되어 집착이 오며, 집착으로부터 有가, 유로부터 출생이 그 출생의 조건이 되어 늙음과 죽음이 오는 것이며 슬픔과 한탄과 병과 고통과 모든 괴로움이 나오는 것이다. 비구가 정말로 진리에 따라서 근원과 죽음, 만족과 불만 6내처로부터의 해탈방법을 알게 될 때부터 그는 그들 모두를 초월하게 되는 것을 알게 된다."[24]

붓다는 사물의 궁극적인 시작과 끝에 관한 공론을 금하였다. 그들 모두가 근본적인 실수에 기초하고 있기 때문에 추구할 만한 진정한 가치가 있는 일이란 그러한 실수를 밝히는 데 있다고 자신의 경험을 요약하면서 붓다가 말하기를, "반복된 출생은 고통이다. 목수여! 너는 보았다. 너는 다시는 그 집을 짓지 않을 것이다. 집의 기둥들이 부숴지고 지붕이 산산이 흩어졌다. 모든 현상에 얽매이지 않았을 때만, 마음은 갈애에서 해방된다."[25]라고 했다. 그러나 여기에는 또한 사물의 궁극적인 시작과 끝에 관한

---

23) D.I.36.
24) *Ibid.* I. 45.
25) Dh. vv. 153, 154;Uv. XXXI. v. 6, 7;J.I.*(Nidāna)*, p. 76;cf. Thag. 78, 183 f.

가르침의 결과도 검토되어야 한다. 이러한 독단에 대하여, 붓다는 자신의 가르침을 여러 번 설법하고 있다. 이는 방랑하는 탁발승 폿타파다(pottapāda)가 그 당시에 머물고 있었던 말리카(Mallikā) 여왕[26]의 공원에 있는 토론장을 붓다가 방문했을 때 매우 분명하게 나타났다.[27]

붓다는 현재 환영을 받으며 진행 중인 주제가 무엇이냐고 물어보았다. 그러나 폿타파다는 그 주제 대신에 당시 종종 논의가 되어 온 의식의 멸에 관한 주제를 내놓았다. 서로의 의견을 교환한 후에 붓다는 말하기를, "폿타파다여! 당신의 다른 견해, 다른 믿음, 경향, 관련, 절차를 통해서도 의식이 인간의 자아인가 또는 의식과 자아는 서로 별개의 것인가를 당신이 이해하기는 어렵다."[28]라고 하자, 다시 그가 질문하기를 "① 세계는 영원한가, ② 아니면 영원하지 않는가, ③ 우주는 유한한가, ④ 혹은 무한한가, ⑤ 육체와 영혼은 같은가, ⑥ 또는 육체와 영혼은 별개인가, ⑦ 여래는 사후에 존재하는가, ⑧ 또는 존재하지 않는가, ⑨ 아니면 그는 동시에 존재하는 것도 아니며 ⑩ 존재하지 않는 것도 아닌가."[29]라고 하자, 붓다가 답하기를 "이 열 가지 문제에 대해 나는 아무 말도 하지 않겠다."라고 했다.

"왜 존자께서는 이 문제에 대해 아무 말씀도 하지 않으십니

---

26) Queen Mallikā was a wife of Pasenadi, King of Kosala. See J. III. 403; IV. 437, The Hall here mentioned was one of many such, donated, together with parks and resthouses, by the civil authorities or by distinguished persons, for the holding of religious and philosophical discussions.

27) D.I.178－89.

28) *Ibid.* I. 187; M. I. 431.

29) *Ibid.* I. 187; M. I. 431.

까?"[30]하고 폿타파다가 다시 묻자, 붓다는 "나는 이러한 문제들이 복과 진리와 지고한 삶에로 인도치 못하며, 깨달음(覺)의 세계에 대한 무욕, 평온, 완전한 깨달음, 지혜 또는 열반(Nibbāna)으로 이끌지 못하기 때문에 이 문제들에 관해 아무 말도 하지 않았다."라고 했다.

"그렇다면 존자께서는 무엇을 가르치시나요?"

"苦가 나의 가르침이다. 集이 나의 가르침이다. 滅이 나의 가르침이며, 道가 나의 가르침이다.[31]"

"왜 존자께서는 이러한 것들을 가르치나요?"

"이는 복과 진리와 지고한 삶으로 그리고 깨달음(세계에 대한) 무욕, 평온, 완전한 깨달음, 지혜 그리고 열반, 해탈로 이끄는 것이기 때문에 이를 가르친다. 이것이 그 이유이다."[32] 같은 방법으로 젊은 승려 말룬캬풋타(Mālunkyaputta)가 그러한 10가지 문제를 물었을 때도 붓다는 이와 같이 설법하였다.[33]

따라서 불교는 인류가 관심을 갖고 있는 모든 형이상학적인 문제에 관한 설명을 하고 있지 않다. 붓다는 그가 생각하는 것은 무엇이든 간에, 호기심을 만족시키기 위해서가 아니라 '苦'를 없애기 위해서 필요하다고 설명했다. 그것은 인생의 수수께끼를 연구하도록 고무해주는 실체론이며 구원의 수단이다. 나태한 명상이나 이론화에 빠질 필요는 없다. 이에 제1원인에 대한 믿음 또한 필요치 않다. 이러한 지식으로 목적에 더 가깝게 갈 수 없다.

---

30) *Ibid.* I. 188;M.I, 431.
31) D.I. 189.M.I.431.
32) D.I. 189;M.I.431 f.
33) M.I. 426－32.

그것은 단지 유치한 호기심을 만족시켜줄 뿐이다. 다른 종교가 무엇을 가르칠지 모르나 불교는 인생의 제1원인에 관해서는 말하지 않는다. 그럼에도 불구하고 불교는 연기설(종속적 기원설)에 따라 윤회의 인과를 강조한다. 어떻게 원인이 결과가 되며 결과가 원인이 되는가를 분명히 보여준다. 생사의 끊임없는 반복은 圓에 비교되어 왔다. 윤회라고 불리우는 그러한 원인과 결과의 원에서 그 시작은 생각할 수도 없으며 따라서 삶의 궁극적인 기원에 관해서 생각할 수도 없다. 붓다가 말하기를, "이 계속되는 방황(Saṃsāra)은 그 끝을 알 수가 없다. 무명에 의해, 갈애에 의해 이리저리로 방황하는 중생들의 시작은 알 수 없다."[34)]라고 하고 있다.

우리는 헛되이 시작 없는 과거에서 시작을 찾으려고 해서는 안 된다. 인생은 중간단계(becoming)이며 힘, 흐름이며, 그러한 것으로서 인간이건 원숭이건 간에 시작없는 과거가 있게 된다. 우리는 계속해서 이러한 흐름의 원인을 찾아야만 하고, 과거가 아닌 현재에 살아야 한다. 우리는 열반 즉, 슬픔없는 둑카레스(dukkhaless) 상태로 삶의 흐름을 바꿀 수 있도록 힘써 노력해야 한다. 삶이 짧기 때문에 우리는 오직 중요한 것들을 배우기 위해 노력해야 하며 시간을 낭비해서는 안된다. 인간은 100세 정도 사는데 이것은 몇 가지 이상을 연구할 만큼 충분한 시간이 못된다. 도서관은 수많은 흥미있는 책들을 보관하고 있지만, 우리는 가장 유용한 주제들을 선택해서 그들을 전공해야 한다. 형이상학적인 추측에 바칠 시간은 없다. 단순한 논쟁을 위해 그러한 문제를 제

---

34) S.II. 178-93ff., III, 149-51, v.226, 441;Nd, ii, 273;Kvu.29.

기하는 사람은 그들 자신의 목적을 그르치는 것이다.

어떤 사람은 생은 시작이 있고 유한한 과거를 가지고 있으며 그 제1의 원인은 조물주이신 신이라고 주장할지도 모른다. 그러한 경우에 우리는 누가 그 창조자를 창조했는가라고 묻지 못할 이유는 없다. 다시 말하면, 어떠한 최초의 원인도 발견될 수 없다. 과학은 단순히 그러한 시도가 인간의 지식의 발전에 직접적으로 방해가 되기 때문에 제1의 원인을 조사하는 데 신경쓰지 않는다. 연기설 또한 이를 조사하지 않는다. 제1의 원인이라는 개념 그 자체가 지식의 진보에 완전한 장애이기 때문이다.

### 戒(Sīla), 定(Samādhi), 慧(paññā)

붓다의 가르침들은 다음의 세 가지로 설명되는 것이 통례로 되어 있다.

즉 계, 정, 혜가 그것이다. 나중에 해탈(vimutti)[35]이 추가됐지만 이 세 가지가 그 기본으로 되어 있다. 이 三學의 특징을 이해하기 위해서는 '은자의 삶의 결실(Sāmaññaphala Sutta)'[36]에 나오는 대화를 생각해볼 필요가 있다. 그것은 비록 빔비사라 왕의 아들인 마가다 국의 아자타삿투 왕에게 바쳐진 책에서 언급되었지만 원래는 훨씬 더 앞시대에 쓰여졌음이 틀림없다.

현대 연대학에 따르면 아자타삿투는 부처님이 입적하기 약 7년 전에 그의 아버지의 왕위를 계승했는데, 반면 '은자의……'에 있는 설법이 여러 번 인용되었다. 이중 붓다가 설법을 시작한 초

35) D.II. 122.
36) *Ibid.* I. 47-86.

기까지 거슬러 올라가는 것도 있다. 이는 붓다가 충분히 인용하고 그런 다음에 특별한 점을 강조하거나 명확히 하기 위해 참고한 기본적인 설법이다. 게다가 長部(Dīgha Nikaya)에 있는 경전의 배열순서를 통해 주장한다면, 그리고 적어도 이중 처음 13經 또는 처음 16經이 우리에게 전수된 설법 중의 최초의 것이라면, 이는 부처님의 가르침을 집대성하는 과정에서 그 편집자들에 의해 배열된 것처럼 보인다. 그 16經 중 처음에는 브라마자라(Brahmajāla ; 브라마의 그물)가 있는데 여기에 당대의 견해에 대한 긴 설명을 담고 있으며, 그 다음에 사만냐팔라(Sāmaññaphala)로서 부처님의 가르침에 대한 설명을 담고 있다. 한편 다른 것들, 가령 예를 들면 佛道修行(Stages of the Path), 歸依(Enunciation of the Goal), 緣起, 진정한 희생과 고행의 성격 등등이 다음 16經에 계속 나오고 있으며, 16번째는 『대반열반경(Mahāparinibbāna Suttanta)』이다. 한편 사만냐팔라는 한 은둔자가 출가를 결심했던 때부터 사성제를 실현할 때까지의 그의 발전을 기술하고 있다. 리스 데이빗은 자신의 경전 번역서 서문에서 지적하기를, 비록 언급된 '결실'이 오로지 불자 자신을 포함할지라도, 그러나 생략된 것들과 이들 모두를 하나로 통합시키는 것, 그리고 관념들이 배열되는 순서와 그 관념들이 '아라한의 열반'이라는 최고 목적지까지 이르는 사다리의 층계로서 여겨지는 방법 등 모두는 오직 불자의 것이다.[37] 실제 '사성제' 말고 다른 결실들이 기초단계부터 발전된 단계에 이르기까지 다양하게 이미

37) *Dialogues of the Buddha*, Part I, translated by T.W.Rhys Davids from Pali (*Dīgha Nikāya, I.*), London, reprint, 1956, p. 59.

브라만 사상에 존재하고 있었다. 따라서 전반적인 열거는 어느 것을 설명하는가에 따라 그 이념적 근거를 형성한다. 그 16번째 經에는 범처(Brahmavihāra)[38]가 소개되나, 이 역시 그 이전에 브라만 사상에도 알려져 있었다. 그리고 보다 중요한 것은 거의 慧(Paññā) 부분의 전체가 개작되었다는 점이다.[39] 그렇지만 지금은 사만냐팔라 대화론은 그 이름으로 수록된 경전에 나온 것으로 간주한다.

여기에는 먼저 한 아라한이 현세로 등장하여, 평범한 사람들이 그의 가르침을 경청하고 방랑생활을 하려고 결심하는 과정이 나온다. 다음에 계(Sīla) 또는 지계(Morality)에 대한 부분이 나오는데, 이는 붓다에 대한 일반 대중의 평가를 통해 기술되어 있다. 이 경전은 그러한 일반 사람이 다음과 같이 말하고 있음을 적고 있다.

"살생을 그만두고 끊임없이 자제하면서 사문 고타마는 막대기와 칼을 놓고 수치심을 느끼면서, 모든 존재들에게 친절을 베풀고 있으며 그의 친구들을 살리고 있다. 주어지지 않은 것을 취하지 않고 거기로부터 끊임없이 자제하면서, 오직 주어진 것만을 취하는 사문 고타마는 그 대가를 기다리고 있다. 어떠한 절도도

---

38) Four sublime states of mental development, i.e. (i) lovingkindness*(mettā)*, (ii) compassion *(karuṇā)*, (iii) sympathetic joy *(muditā)*, (iv) equanimity*(upekkhā)* are called *Brahmavihāra or* boundless states *(appamaññā)*. *Brahmavihāra*:Brahma-like*(Brahmasamo)* abodes *(Vihāra)*. See D.I.254; *The Path of Purification (Visuddhimagga)* translated by Bhikkhu Ñāṇmoli, Lake House, Colombo, 1956, Ch. IX; *The Path to Deliverance* by Nyāṇatiloka, Lake House, Colombo, pp. 97–118.

39) See D. I. 215, 233.

하지 않으면서 순수한 존재로서 살고 있다.

세상을 버리고 종교적인 삶을 따르면서 사문 고타마는 세상과 떨어져 살며 성적인 관계를 멀리하고 있다. 거짓을 말하지 않고 그것을 끊임없이 자제하는 사문 고타마는 진리를 말한다. 진리를 말함으로써 믿을 수 있고 신뢰할 수 있으며 결코 세상에서 그의 말은 파괴되지 않는다. 남을 비방하지 않고 그것을 끊임없이 자제하는 사문 고타마는 한 장소에서 어떤 말을 듣고 다른 장소에서 그것을 말하지 않음으로써 그곳에 사는 사람들에게 불화를 일으키지 않는다. 따라서 그는 분열된 사람들에게는 조정자이며 단합된 사람들에게는 그 단결을 더욱 공고하게 해주는 사람이다.

그는 평화 속에서 즐거움을 찾고 그의 말은 평화를 만든다. 심한 말 하는 것을 피하고 그것을 끝없이 자제하는 사람, 사문 고타마는 그런 사람이다. 어떠한 말이든지 순수하고 들어서 위안이 되는, 친절하고 마음에 와닿으며, 부드럽고, 사람들에게 자비로운 것이 그의 말이다. 사소한 대화를 하지 않고 그것을 끊임없이 자제하는 사문 고타마의 말은 시기적절하며 진리에 따르며 법과 승단의 율을 담고 있다. 그의 말은 숨겨진 보물 같으며 방편시설로써 집약적으로 답변한다.[40]

이와 다른, 다소 사소한 지계 사항들이 열거되고 있는데, 이것은 거의 은둔에 관한 것이며, 지계에 정통하게 된 비구는 다음 定(Samādhi)[41]으로 나간다. 여기서는 五根의 관문을 막는 것에 관해 언급하고 있으며, 비구는 자신을 억제하며 그래서 그는 더

40) See D. I, 63 f.
41) *Ibid.* I, 70－6

이상 탐욕과 슬픔과 악한 일을 경험하지 않으며 그의 마음속에서 방해받지 않는 편안함을 경험한다. 定은 또한 다음과 같은 것도 포함하고 있다. 思念과 覺, 단순한 만족, 정신적인 발전과 시각에 대한 다섯 가지 장애(五障 : Five Hindrance)의 滅,[42] 그는 이제 禪 상태로 들어가지만 이 經에서는 단지 色界 禪定만을 언급하고 있다.

세번째 慧(Paññā) 부분은 다음의 인식에서 시작한다(Rūpā vacara Jhāna). 이것이 나의 육체이다. 이는 물질적 속성을 갖고 있고 네 가지 요소로 형성되었으며 어머니와 아버지에 의해 만들어지고, 살과 피의 축적이며 원래가 유한하고 약하고 소멸하는 것이며, 완전한 소멸을 하는 것이다. 그리고 이것이 육체에 묶이는 종속적인 나의 의식이다.[43] 그런 다음 집중자는 마음이 만든 육체를 만들어내기 위해 마음을 집중시키며 바위를 꿰뚫고, 물 위를 걷는 등의 정신력을 얻는데, 초인적인 청각을 얻고, 다른 사람의 생각을 알고 자신의 전생을 돌아보며 다른 사람의 전생을 아는 데 마음을 집중한다. 마지막은 혜안(Celestial Eye)의 순수성을 얻는 것이다. 여기서부터 그는 번뇌와 사성제의 실현[44]으로 나간다. 이러한 용어들이 붓다가 종종 자신의 가르침을 설법할 때 사용한 것들이다. 이미 언급된 수정 내용 梵處를 선의 상태로 대신한 것, 定(Samādhi)이라는 용어가 여기에서 보다 더 광범위하게 사용되고 있다는 점, 그리고 慧, 부의 재구성 문제 등등은

---

42) See *pañca nivaraṇa*, Ch. I, p. 24.
43) D.I.76.
44) *Ibid*, I. 83.

앞으로 궁극의 목적과 연관되어 설명될 것이다. 다시 계와 정 그리고 혜로 3분시킨 소이로 돌아가 그에 의거한다면, 초기 『디가 숫타(Dīgha sutta)』의 「수바 숫타(Subha sutta)」 十經에 다음과 같은 사건이 기록되어 있음을 볼 수 있다.

붓다가 입적한 직후, 지금은 네팔의 영토로 되어있는 사밧티 근처 투디(Tudi) 마을 출신의 한 젊은이 수바가 아난다 존자에게 다가가 "아난다여, 당신은 존귀하신 고타마를 오랫동안 시중들었으며 그와 친했고 언제나 그의 곁에 있었으므로 붓다가 사람들을 깨우치고 바로잡아 주었던 그 가르침을 아시지요? 그 가르침은 무엇인가요?"[45]라고 물었다. 이에 아난다 존자는 "존자가 설법한 가르침은 세 가지이다. 먼저 戒와 관련된 것, 定에 관한 것이며, 慧에 관한 것이다."라고 대답했다. 또한 아난다 존자는 다음과 같이 결론내리며 계를 인용했다. "그리고 그후에도 확실히 행해져야 될 것이 많다."[46] 그는 그런 다음 같은 말로 결론을 내리며 정을 설명한다. 그러나 혜 부분을 설명한 후에, 그는 말하기를 "이제 정말로 더 행해져야 될 것은 아무것도 없다."[47]라고 했다.

붓다의 가르침의 첫 부분으로서 계가 나오고 있는데, 만일 불교의 핵심인 마음의 수양으로 나아가려 한다면 이는 우연한 것이 아니라 중요한 의미를 지닌다. 붓다의 경전을 보면, 종종 계의 실천을 통하지 않고 정신집중 상태를 경험하려는 것은 극히 위험하다고 경고하고 있다. 정신집중 연습을 시작하기 전에 계의 실천

45) D.I.206.
46) *Ibid.* I. 206, 208.
47) *Ibid.* I. 209.

을 주장하지 않는 모든 가르침(최근 이에 대한 많은 것이 있었다)은 재난이 따르며 비난받게 될 것이며 또 실제로 그렇게 되어왔다. 동시에 만일 계가 점차로 계속 지켜지면 그런 다음에 정과 혜의 수양이 필요하다. 붓다가 (지계는 혜로 혜는 지계로 씻겨지고[48] 이 두 가지는 세상의 정수리이다)라는 취지에서 설법한 소나단다(Soṇadaṇḍa)[49]의 말씀은 발전될 수 없다. 따라서 지계나 혜가 서로 독립적으로 존재한다라고는 주장할 수 없다.

그렇지만, 『사만냐팔라 숫타(Sāmaññaphala Sutta)』에 나오는 위의 설법 가운데는 평신도에게 너무나 진보적인 것으로 여겨질 내용도 많다. 『법구경』에서는, "어떤 사람이 法에 얼마나 정통하고 있는가의 정도는 그가 외우는 경전의 양에 의해서 측정되지 않는다. 만일 그가 별로 듣지 못했지만 心身(지성)을 통해 정말로 법을 깨닫는다면, 정말로 이 법을 무시하지 않는 그는 다르마에 정통한 것이다."[50] 라고 하고 있다. 따라서 진실로 중요한 것은 우리는 우리가 듣고 있는 것을 이해해야 하며 그것을 실천해야 한다는 점이다. 더욱이 경전들이 특히 강조하는 바, 수행해야 할 속성은 힘(力은 意志)과 精進이다.

"네 자신의 思考를 지켜라. 정진 속에서 즐거움을 찾아라. 코끼리가 진흙 구덩이에서 빠져나오듯이 너 자신을 빠져나와라."[51]

---

48) Dīghānikāya. I. 124.

49) D. I. 124;*Silaparidhotā hi paññā paññā paridhotā hi silaṃ*. Cf. *Viśeṣāvaśyakabhāṣya* on *Āvaśyakaniryukti*, ed. D. Malvania, Lalbhai Dalpatbhai Series, Ahmadabad, 1966. vv. 1127, 1155, 1156, 1162.

50) Dh. v. 259;Uv. Ⅳ. 21.

51) *Ibid.* v. 327;*ibid.*Ⅳ.v.27.

어떤 이는 “정진은 죽음 없는 상태에 이르는 길이며 나태는 죽음에 이르는 길이다. 정진하는 자는 죽지 않으며 나태한 자는 이미 죽은 것이다.”라는 어구를 인용할 수도 있다.[52)]

## 팔정도 (Eightfold Path)

『전법륜경(Dhammacakkappavattana Sutta, 가르침의 수레를 굴리는 대화법)』으로서 알려진 실천적 설교에서 –사실 그 설교는 베나레스 근처의 이시파타나에서 붓다께서 행하신 최초의 설법이다– 붓다께서는 “순수한 삶에 이르고저 하는 사람은 享樂의 생활(kāmasukhallikānuyoga)과 지나친 苦行[53)](attakilamathānuyoga)의 두 극단을 피해야 한다.”고 말씀하셨다. 붓다께서 말씀하시기를 “享樂은 저속하며 비천하고, 무지하고 해로우며, 지나친 고행은 고통스럽고 무지하며 해로운 것이다. 이 둘은 모두 이롭지 못하다.”[54)] 라고 하셨다. 실제로 전자는 사람의 정신적 발전을 퇴보시키며 후자는 사람의 지능을 약화시킨다.

이러한 극단의 가르침들은 실제로 그 당시 두 종교집단들에 의해 주장된 것으로, 하나는 유물론적 쾌락주의(Cārvāka)이고, 다른 하나는 초월적인 자아 또는 영혼이 물질적 육체에 예속되었음을 주장하며 “참된 자아를 그러한 육체로부터 해방시키려면, 엄격한 금욕을 실천함으로써만이 가능하다.”라고 믿는 집단이다. 붓다는 깨달음에 이르기 전에 몸소 이 두가지 극단을 경험한 바

52) Dh. v. 21;Uv. Ⅳ. I;cf. Ācārāṅga Sūtra(in Su. Vol. I, 1953) I. 3. I. 165;I.5.2. 277;*Sūyagaḍa*, I. 8. 3;*Uttarajjhayana* (in Su. Vol. II.), Ch. Ⅳ.6, Ch. Ⅺ.

53) Vin. I. 10. ff. S. v. 420 ff.

54) *Ibid.* I. 10 ff. S.V. 420ff.

있다.

첫번째 것은 세상을 단념하기 전 붓다가 아버지의 궁전에서 온갖 것을 향유할 수 있었던 왕자였을 때이고, 두번째 것은 깨우침에 앞서, 우루벨라 숲에서 고행자로서 가지가지 고행을 함으로써 이 두 극단을 경험했다. 그는 두 극단의 무익함을 깨닫고 단지 중도를 통한 자기완성만이 궁극적인 목적, 즉 열반에 이르는 것임을 깨달았다.

따라서 양 극단을 피하면서 붓다는 제자들의 눈을 뜨게 하고 이해시키고 마음의 평화요, 지혜요, 완전한 깨달음[55]으로 이끄는 중도(majjhimāpaṭipadā)를 취하도록 하였다. 사실 사성제에 따르면, 1) 生은 苦이며 2) 苦는 무명으로(dukkha) 생기며 애착이 된다(集, samudaya). 3) 苦는 애욕을 멸하여 벗어날 수 있으며(nirodha, 滅) 4) 애욕을 멸하는 道(magga)가 있다. 따라서 불자는 삶의 철학인 중도를 택하여 따름으로써 고를 멸할 수 있다. 궁극적인 목적에 이르는 자기완성의 중도는 여덟 가지이다. 즉 1) 바른 견해(正見) 2) 바른 생각(正思惟) 3) 바른 말(正語) 4) 바른 행위(正業) 5) 바른 직업(正命) 6) 바른 노력(正精進) 7) 바른 결심(正念) 8) 바른 정신통일(正定)이 그것이다.

1) 정견(Sammā-diṭṭhi) : 팔정도를 실천하기 위해서는 무상(anicca), 고(dukkha) 무아(anattā)의 三法印에 따라 生을 그 자체로 보아야 한다. 또는 우리는 존재와 도덕률과, 윤회 또는 조건화된 界를 이루는 요인과 구성요소(dhamma)들에 대하여

55) Vin. I. 10; *ibid.* v. 240.

올바른 견해를 가져야 한다. 간단히 말해 우리는 12연기, 인연, 그리고 사성제에 대하여 바르게 아는 지혜를 가져야 한다. 따라서 우리는 위와 같은 가르침에 따라 生을 받아들이는 자세를 갖게 된다.

2) 정사유(Sammā-saṅkappa):이것은 마음이 탐욕(rāga)과 악의(vyāpāda), 잔인(vihiṃsā) 등등을 떠난 순수한 것이 되어야 한다는 것을 의미한다. 동시에 기꺼이 앞으로의 정진을 가로막는 모든 것을 단념해야 하고, 비이기적으로 有情(Sentient Being)들에게 공덕을 베풀어주어야 한다. 여기에 다른 세 가지 단계와 합쳐져 실천되어야 하는데, 정견, 정정진, 정념 등이 그것이다.

3) 정어(Sammā-vācā):거짓말(musāvādā), 중상모략(pisunāvācā), 험구(pharusāvācā), 이롭지 않은 말(samphappalāpā)을 하지 않음으로써 우리는 사고와 행동을 일치시킬 수 있다. 따라서 지혜와 친절이 있게 된다. 정어는 부적절하게 커서도 자극적이어서도 안되며, 그 말에 홀리게 하거나 악의나 이기적인 흥미가 있어서도 안되며, 독단적인 주장이나 차별이 없어야 하고, 마지막으로 분노를 불러 일으키는 것이어서도 안된다. 정견, 정정진, 정념은 정사유에서처럼 정어에도 수반된다.

4) 정업(Sammā-kammanta):이는 일반적으로 부정적이고 동시에 긍정적으로도 볼 수 있는 5계를 지키는 것이다. ① 죽이지 않고 모두에게 해롭지 않게 하며 사랑을 하는 것. ② 주어지지 않은 것을 취하지 않고 자비롭고 관대한 것 ③ 不情을 저지르지 않고 순결하며 자기를 억제하는 것 ④ 거짓말을 하지 않고 성실하며 정직하게 말하는 것 ⑤ 분별력을 잃게 하는

해독한 술이나 약을 마시지 않고 자제하며 사유하는 것이다.

여기서 중요한 것은 '성적 부정(kāmesu micchācāra)'이 많은 경우, 간통으로 잘못 번역되어 왔다는 점이다. 그러나 사실은 원래 복수로 쓰이는 '카메수(kāmesu)'란 비정상적이거나 또는 불법적인 행위를 나타내는 것으로, 이외에 또 감각을 지나치게 자극하는 어떤 다른 행위를 피해야 한다는 의미이다. 더욱 평신도들이 만일 지고한 삶을 열망하고 있다면 이러한 것을 모두 금해야 한다. 특히 살생, 절도, 사음을 떠나는 것이 정업이며 여기에도 정견, 정정진, 정념이 수반된다.

5) 정명(Sammā-ājīva): 평신도는 다른 사람들을 부당히 침해하거나 해를 끼치는 직업을 가져서는 안된다. 기만과 변절, 아첨, 사기, 고리대금을 행하는 것을 금해야 한다. 평신도에게 금지된 전통적인 장사는 ①무기거래 ②사람(인신매매) ③고기 ④독한 술 그리고 ⑤독약 등이다.

그는 탐욕을 부리지 않고 어떠한 종류이든 삿된 돈벌이를 멀리하여야 하며, 그외에 모든 종류의 매음을 해서는 안되며, 봉사와 의무감으로 살아야 한다. 출가생활이 이상적인 상태로 지향될 때, 비록 가정과 일에 대한 책임으로 휩싸여 있더라도 자신의 욕구를 단순화하고 보다 더 많은 시간을 禪定으로 보낼 수 있다. 정견, 정정진, 정념이 그 실행에서 정업과 함께한다.

6) 정정진(Sammā-vāyāma): 자기 완성은, 좋은 것은 얻고 배양하며, 해로운 것은 피하고 버림으로써 도달할 수 있다. 이는 다음의 사정근으로 세분된다.

①아직 존재하지 않은 악을 일어나지 않도록 막는 노력,

②이미 존재하는 악을 제거시키려는 노력,

③아직 존재하지 않은 선을 얻으려는 노력,

④이미 존재하는 선을 증대시키려는 노력[56] 등이 그것이다.

의식적으로 이 네 가지를 행함으로써 평신도는 보다 쉽게 '십바라밀(Dasapāramitā)'이라 알려진 다음의 최고 완전의 상태가 될 수 있다.

①보시 ②지계 ③인욕 ④정진 ⑤선정 ⑥지혜 ⑦방편 ⑧願 ⑨力(viriya) ⑩智

7) 정념(Sammā-sati) : 이는 ① 身 ② 受 ③ 心 그리고 ④ 그 속에 일어나는 想 등에 대한 끊임없는 유념의 상태를 의미하며 사실상 부가적인 의미를 갖고 있다. 이러한 형태의 유념은 수행자들이 잘못된 견해로 빗나가는 것을 막는 데 필요하다. 따라서 그것은 사물을 있는 그대로 보는 직접적인 통찰력, 즉 '위빠싸나(法觀)'라고 하는 직관적인 과정과 연결되는 지적인 과정의 절정이다. 이러한 단계는 사물들이 그 각각이 나타내는 서로 다른 특징들로서만 알려질 때보다, 한 단계 진보된 것이다. 왜냐하면, 여기서는 모든 그러한 차이들이 무시되고 있기 때문이다. 비록 사물들이 좋건 나쁘건, 옳건 그르건, 유형적으로 보일지라도, 이와 같은 태도들은 마음이 어떻게 불완전한 기반 위에서 사물을 관찰하는가를 입증하기 위한 것이다.

사유과정은 이성이 마음으로 하여금, 그러한 차이를 나타내주는 것들이 먼저 인식되었을 때 진리를 보다 명백하게 볼 수 있도록 하기 위한 유일한 방편이다. 그럼으로 해서 우리는 만일 더욱더 복잡한 모든 사물의 진정한 의미와 관계를 인식하려

---

56) A, Ⅳ. 14.

면 이성적인 마음을 초월해야 한다. 위에서 말한 4념처를 수행하면, 다음의 칠각지(bojjhaṅga)의 수행으로 진행한다. 여기서 칠각지란 ①염각지(sati) ②택법각지(dhammavicaya) ③정진각지(viriya) ④희각지(pīti) ⑤경안각지(passaddhi) ⑥정각지(samādhi) ⑦사각지(upekkhā) 등이 그것이다.

8) 正定(Sammā-Samādhi) : 마지막 단계로 우리는 한 대상을 향해 집중된 정신통일(ekaggatā)을 그 목표로 한다. 욕구, 갈애로 인해 모든 악의 뿌리인 업(kamma)이 쌓이고 윤회를 벗어날 수 없다. 이러한 과정을 극복하기 위해 우리는 모든 것이 무상하며, 고이며, 무아임을 깨달아야 한다. 이러한 정신통일은 선정을 통해 얻어지며 여기에는 두 가지 측면이 있다. 하나는 적극적인 실행이며, 다른 하나는 소극적인 진리의 인식이다.

이러한 팔정도에서 처음 두 가지는 혜를 구성하고, 다음 세 가지는 계를, 그리고 마지막 셋은 정에 속한다.

팔정도는 일련의 연속적인 단계로서 설명될 수 없으며, 계·정·혜의 순서에 따라 계에 속하는 정어, 정업, 정명을 먼저 행한다 할지라도 이들은 정견이 없이는 거의 불가능할 것이다. 따라서 팔정도의 하나하나는 서로 상섭의 관계에 있으며, 팔정도를 통해 '지계'가 그 자체 목적이 아니라고 하는 붓다의 가르침에 이를 수 있다. 팔정도는 설명할 수 없을 정도로 서로 상호 협조하고 있으며, 이로써 마지막 고통으로부터 해탈에까지 이르는 '도'가 되고 있는 것이다. 그러면 어느 정도까지 이를 연구하고 발전시키는 것이 필요한 것일까?

이것이 中道라 하는 붓다의 인생철학이며, 이를 통해 우리는 겸허하고 초연하게 살며, 발전하는 것이다. 일단 고통으로부터 해탈하여 자유가 느껴지면, 이를 한때 경험한 사람들은 결코 이 상태를 잊을 수 없다. 모든 실체의 제1의 원칙은 시작을 가진 것이면 반드시 그 끝이 있어야 한다는 것이다. 붓다께서 말씀하시기를, "시작이 있는 것은 무엇이든지 반드시 그 끝이 있게 된다(Yaṃ Kiñci Samudayadhammaṃ sabbaṃ taṃ nirodhadhammaṃ)[57]"

苦도 이 법칙의 예외일 수 없다.

## 三藏

붓다의 가르침들은 전통적으로 '三藏'이라 알려진 세 개의 바구니(piṭaka)에 모아진다. 즉, 팔리어로는 Vinaya, Sutta, Abhidhamma이고, 산스크리트어로는 Vinaya, Sūtra, Abhidharma라고 한다. 금세기 초까지는 팔리 경전이 유일한 경전인 것으로 추측되었다.

왜냐하면 비록 1830년과 1840년에 네팔에서 Hodgson MSS가 발견됨으로써 산스크리트 경전을 찾아냈지만, 19세기 말에서 20세기 초가 되어서야 비로소 한때 산스크리트 경전이 존재했다는 것이 명백해졌기 때문이다. 비록 그렇다 할지라도, Nanjio Catalogue[58]는 『아함경(Āgama)』을 포함하여 781경 이외에도, 960년과 1280년 사이까지 거슬러 올라가는 299개의 다른 경장, 그

---

57) D.I.110, 180;M.III.280;S.IV. 47, 107, v. 4, 23 *passim.*

58) *A Catalogue of the Chinese Translation of the Buddhist Tripitaka*, compiled by Bunyiu Nanjio, Oxford, 1882.

리고 85律藏, 그리고 131개의 논장을 수록하고 있으며, 잡경(Miscellaneous)으로 분류되는 또 다른 342部 역시 포함하고 있다. 이러한 수치들은 Nanjio가 주로 중국판 번역을 다루었기 때문에 팔리어 경전을 포함하지 않은 수치이다. 그러나 비록 팔리 경전 가운데 몇 가지는 중국어로 번역된 산스크리트 경전과 일치하고 있어 문제가 되는 경전이 같은 출처[59]에서 나왔음이 명백하더라도, 마찬가지로 산스크리트 경전이 팔리 경전과 제목은 유사할지라도 이와 무관하게 발전되어 왔다는 증거도 있는 것이다.[60]

산스크리트 경전의 상당수가 단지 중국이나 티벳 경전으로 오랫동안 알려져 왔다. 그러나 최근 고고학적인 연구와 전문적인 검토를 통하여, 예를 들면 '설일체유부(Sarvāstivāda Vinaya)'[61]와 해탈(vimutti)에 관한 우파팃사 주석(Vimokṣamārgaśāstra)[62]과 같은 경전들의 내용이 밝혀졌다. 그렇지만 팔리 경전과 비교해볼 때, 산스크리트 경전은 그 자료가 거의 없기 때문에 팔리 테라바다나 스티비라바다가 아닌 다른 불교학파들의 경전들을 다

---

59) Examples of the common origin occur in the cases of the Āgamas and *Dharmapadas.*

60) *Brahmajāla Sutta*, for example, is *Dīgha Nikāya* I in the Pali, *Dīrghāgama 21 in the Āgamas*, but is also a Sanskrit Vinaya text. The last was trn. into French by J. J. M. de Groot:'*Le Code du Mahayana en Chine*. Publ. Johannes Nuker, Amsterdam, 1893.

61) See *Sarvāstivāda Literature*. A. C. Banerjee, Publ. D. Banerjee, Calcutta, 1957.

62) This is a Pali work entitled *Vimuttimagga* written by Arahant Upatissa. See *Vimuttimagga* and *Visuddhimagga*, P.V. Bapat, Poona, 1937, p.66. *Vimuttimagga*, trn, from Chinese by Rev. N. R. M. Ehara, Soma Thera and Kheminda Thera, Colombo, 1961. The original Pali work was discovered recently in Ceylon, ed. Siri Ratanajoti and Siri Ratanapāla, publ. Department of Cultural Affairs, Government of Ceylon, Colombo. 1963.

루면서, 기록이 많은 팔리 경전을 자세히 검토한다.

### 律藏(Vinaya Piṭaka)

율장은 비구와 비구니의 지계에 관계되는 수행 규칙들에 관한 것으로, 이는 대개 세 부분으로 나누어지는데, 경분별(Suttavibhaṅga), 건도부(Khandhaka) 그리고 부수(Parivāra)이다.

경분별은 원래 비구와 비구니들의 수계를 다루고 있으며, 여기서 비구계는 8개의 계조에 227계로 되어 있다. 그중 네 가지는 승단으로부터의 파문당하는 것으로 婬, 盜, 살인, 대망어이다. 다른 4류를 범할 때에는 적절한 참회로써 용서를 받는다. 비구니계는 비구니가 지켜야 할 계이며 비구계보다 약간 더 많다. 건도부는 대품(Mahāvagga)과 소품(Cullavagga)으로 나뉜다. 대품은 출가 수계 및 戒經(Pātimokkha)[63]을 암송하는 布薩(uposatha), 우계안거(vassa)와 안거 마지막에 행하는 自恣(pavārana), 의식주에 관한 여러 규정, 승단을 통한 행정절차 및 승단 분열시 조정방법을 수록하고 있다. 소품은 승단에서 비행을 처리하는 계[64] 및 비구의 재출가, 그리고 저절로 생기는 의문점을 다루는 계, 목욕과 의복에 관한 잡다한 계 등등… 주거와 가구, 음식과 약, 의복의 배급(kaṭhina), 병이 난 비구를 위한 계, 숙박 등등, 분파, 비구의 등급과 스승과 새신도(sāmaṇera)의 의무, 그리고 戒經의 암송으로부터의 제외, 비구들에 대한 수계 및 규정 그리고 라자

---

63) On the 15th day of the half-month(*Patimokkha*) bhikkhus are assembled to recite the Code of Rules for the purpose of purge.

64) These occupy the first two sub-sections of the *Cullavagga*.

가하에서 제1차 결집[65], 베살리에서 제2차 결집[66]에 대한 설명을 담고 있다. 附隨(Parivāra)는 가르침과 시험을 위한 일종의 교리 문답으로서 율장에서의 계율을 요약, 분류하고 있다.

## 經藏(Sutta Piṭaka)

팔리 경전과 산스크리트의 『아함경』은 출처가 같다고 지적될 정도로 서로 닮아 보인다.

그리고 어디서 그 경들이 따로 편집되었든지 간에, 붓다가 마가다 국에서 행하신 설법 가운데 중요한 것들은 팔리 경전 못지 않게 『아함경』에도 실려 있다. 『아함경』 또는 팔리 경전에만 나와 있는 설법은 몇 가지 안되며, 그 차이가 있다면 설법의 배열 순서에 있다. 팔리 경전의 장부에는 당대의 견해와 붓다 자신의 가르침으로부터 16경에서 다시 설명된 반열반(Parinibbāna)으로 구성되어 있으며, 나머지 17에서 34경까지는 다양한 문제들을 다루고 있다. 그리고 산스크리트 장부는 『인연경(Nidāna Sutra)』과 『대반열반경(Mahāparinirvāṇa Sūtra)』으로 시작되지만, 팔리 경전의 처음 13부에 해당하는 제목들이 (6, 7, 10부가 그 예외로 나타나 있지 않지만) 산스크리트 경전에서는 마지막 부분에 나와 있다. 그러나 편집자의 견해로 볼 때 분명한 것은 산스크리트 편

---

65) The First Council at Rājagaha was convened by Maha-Kasspapa with the assistance of King Ajatasattu shortly after the *Parinibbana* of the Buddha. It consisted of five hundred of the Buddha's foremost disciples and at it were recited Discourses of the Buddha and the Rules of Discipline.

66) The Second Council was held at Vesāli, some one hundred years after the Buddha's *Parinibbana*, with a view to reconciling differences of opinion regarding Vinaya rules.

집에서 나타나듯이, 상좌부가 아닌 대승불교로 볼 수 있는 불교가 자연스럽게 제시된 점이다. 그렇지만 그러한 견해는 경전의 배열순서를 근거로 제시된 것이며, 게재된 문제들이 변화하였다고 하는 것은 결코 아닌 것이다.[67]

남아 있는 경 가운데 중부(Majjhima, Medium Length), 증지부(Aṅguttara, the Gradual Discourse), 그리고 상응부(Saṃyutta, Kindred Discourse)는 각각 마드야마가마(Madhyamāgama), 그리고 에콧타라가마(Ekottarāgama)와 상윳타가마(Saṃyuttāgama)와 비교된다. 소부(Khuddaka Nikāya)는 여러 규정을 모은 것으로 『아함경』에는 없다. 건도부 경전 가운데 『법구경』에는 '꽃'에 관한 章이 있으며, "과연 누가 신들의 왕국과 더불어 死王(Yama)의 왕국과 이 세상을 정복할 것인가?"라는 질문이 있다.

"능숙한 사람이 좋은 꽃을 고르듯, 잘 설법된 『법구경』의 구절들을 누가 모을 것인가?"라는 질문에 대한 대답은 "수도 중인 한 제자(Sekho)가 그렇게 정복할 것이다."[68]였다.

이 경전이 『법구경』 또는 이와 비슷한 제목을 가지고 있기 때문에, 그리고 『법구경』이라는 말을 언급하고 있는 유일한 게송이 있기 때문에, 꽃을 고르는 직유는 『법구경』이 붓다의 윤리적인 가르침을 담고 있는 진정한 선집임을 제시하기 위한 것이다. 『법구경』 경전의 가치는[69] 측정할 수 없다.

소부의 다른 구성 부분들은 많은 경우에 매우 오래되고 무척

---

67) *Mahāli*, *Jāliya* and *Subha Suttas* respectively.

68) Dh. vv. 44, 45;Uv. XⅧ. vv. I, 2;Gāndharı Dharmapada, op. cit., vv. 301, 302.

69) Dh. vv, 44, 45;Uv. XVIII.vv.I, 2;*Gāndhārī Dharmapada*, *op. cit.*, vv. 301, 302.

흥미롭지만, 건도부보다 가치는 떨어진다고 할 수 있다.

그들은 소송경, 자설경, 여시어경, 경집, 천궁사, 아귀사, 장로게, 장로니게, 본생경, 무애해도, 비유경, 불종성경, 행장경 등으로 구성되어 있다.[70)]

## 論藏(Abhidhamma Piṭaka)

논장은 분석적으로 불교의 철학을 담고 있다. 논장은 붓다의 가르침에 근거하고 있는데 그중의 많은 부분이 철학적인 면을 다루고 있다.

예를 들면 폿타파다 숫타(Poṭṭhapāda Sutta)[71)], 대인연경(Mahānidāna Sutta)[72)] 또는 상기티 숫타(Saṅgiti Sutta)[73)], 그리고 많은 다른 경들도 여기에 속한다고 할 수 있다. 그러나 그 자체가 완전한 철학적인 체계로 이루어질 필요는 없었다. 그 체계 중의 몇몇 세부 사항들은 이미, 인식할 수 있는 상태(dharma)와 연관되어 설명한 바 있다. 그러나 대략 근본적인 차이는 만물은 존재한다는 설일체유부(Sarvāstivāda)의 가정, 그 어느것도 마음과는 떨어져서 존재하지 않는다는 비냐나바다(Vijñānavāda), 그리고

---

70) These are described respectively as:Nine short texts for neophytes;A series of stories with maxims;A collection of pieces, many very old;Narratives in verse showing the working of karma(applying to both Vatthus); Poems by Bhikkhus;Poems by Bhikkhuṇis;Tales of former existences of the Buddha; Commentary on part of Sutta Nipāta;Scholastic notes on the Path of Sacred Knowledge;Biographies and Legends; Versified narrative of previous births of the Buddha.

71) D.I. 178-203.

72) *Ibid*, II, 55-71.

73) *Ibid*, III, 207-71.

어떤 것은 존재하고 어떤 것은 존재하지 않는다는 팔리 아비담마에 있다고 볼 수 있다. 정확한 '존재'의 의미는 세 경우에서 모두 같지 않다. 그러나 그들 간의 차이가 무엇이든 간에, 그들 모두는 불교철학으로서 세 가지 특징인 무상, 고, 그리고 무아를 벗어나지 못한다. 철학적 문헌들은 서로가 완전히 독립적으로 모아졌으며, 따라서 비냐나바다의 시기는 이미 확실한 것이므로, 이러한 문헌은 부파분열 다음 시기에 속한다는 것이 명백하다. 팔리 논장은 칠론으로 되어 있으며, 일반적으로 論(Pakaraṇa)으로 알려져 있다. 즉 법집론(法을 열거한 것), 분별론(법집론의 보충판), 人施設論(法의 관계), 論事(개인의 형태), 界設論(팔리 논장의 歪曲을 금하는 論), 雙論(응용 論理에 관한 論), 發趣論(이는 총 6권으로 앞의 七論에서부터 관계(Relation)에 대한 불교철학에 이르기까지를 다루고 있다) 칠론 가운데 '논사'와 '계설론'은 다소 다른 것으로서 칠론의 본류에 속한다고 할 수 없다.

칠론 가운데 첫번째에 관한 주석서인 法集論註(Atthasālinī)의 인연담(Nidānakathā)에 따르면, 붓다는 논장을 가르치기 위해 그의 어머니가 지켜보는 가운데 三十三天(Tāvatiṃsa;도리천)으로 올라갔다. 그러나 경전에는 이 방문에 관해서는 전혀 언급이 없으며 아비담마의 고도의 전문적인 스타일은 간단 명료한 경전의 스타일과는 비교가 되지 않는다. 더욱이 제1차 결집회의를 구성하고 있는 5백 명의 아라한들에게 마하가섭은 다음과 같이 말하고 있다. "자, 친구들! 法 아닌 것이(Anti-dharma) 앞장서서 法을 방해하기 전에 법을 외웁시다. 그리고 율도 그렇게 합시다."[74] 여기서 흥미로운 것은 보통사람을 가르치기 위한 법을 승가에만 해당하는 율장보다 앞서 외우도록 했다는 점이다.

## 3. 제3보 : 승가(Saṅgha)

세번째 귀의처는 승가이다. 붓다가 깨달은 후 처음 얼마간은 승가가 형성되기 이전이므로 불보와 법보에 귀의하는 것만이 가능했다. 불보와 법보에 귀의하고 맹세하는 선언은 타팟수(Tapassu)와 발루카(Bhalluka)라는 두 명의 상인에 의해 최초로 행해졌으며 상황은 다음과 같다.

붓다는 깨달은 지 일곱 주 동안 열반의 열락을 경험하면서 보리수 나무의 근처에 은거하고 있었다. 일곱 주가 끝날 때쯤, 그가 라자야타나(Rājāyatana) 나무 아래 앉아 있을 때, 욱카라(Ukkala) 출신의 두 명의 상인이 지나가고 있었다. 그때 신이 나타나 붓다가 앉아있는 나무를 가리키면서 저분이 최근에 깨달음을 얻었으며, 그에게 존경의 표시로 쌀죽과 꿀을 바치라고 말했다. 붓다는 음식을 받으셨고, 붓다가 그릇에서 손을 떼었을 때 그들은 "우리는 축복받은 분에게, 그리고 그의 법에 귀의하겠습니다. 우리를 우바새(upāsaka)로서 받아주십시오. 우리의 목숨이 다할 때까지 귀의하겠습니다."[75] 라고 말했다.

---

74) Vin, II 285; *handa mayam avuso dhammaṃ ca vinayaṃ ca saṅgayama pure adhammo dippati dhammo paṭibahiyati avinayo dippati vinayo paṭibahiyati.*

75) Vin. I. 4.

타팟수와 발루카는 최초로 불보와 법보에 귀의한 붓다의 제자였다. 그들은 단지 두 가지에 귀의를 하였으므로 二寶에 귀의한 이들(dvevācika upāsakas)[76]로서 알려져 있다. 최초의 승가는 붓다가 녹야원에서 예전에 붓다와 함께 수행했던 5명의 은둔자[77]들에게 처음으로 법을 설한 뒤에 이루어졌다. 그러나 삼귀의(tevācika)[78]라는 말은 팔리 문헌에서 처음으로 베나레스의 야사 장로의 부모를 언급할 때 사용되었다. 붓다가 그 도시에 머무르는 동안, 많은 사람들이 자신들의 근원에 대한 붓다의 설법에 매료되어 있었다.

어느날 저녁, 부유한 조합장의 아들인 야사가 붓다를 방문했다. 부와 끊임없는 향락에 지친 야사가 붓다가 머물고 있는 녹야원에 왔을 때, 붓다는 해탈의 길을 알려주며 세속적인 욕망에 따르는 그 무상함에 관해 설법해주었다. 아들이 없어진 것을 안, 야사의 아버지는 발자국을 따라 아들을 찾으러 나섰다가 붓다에게 온다. 붓다는 야사의 아버지를 위로하고 그에게도 또한 설법을 하였다. 그후에 그는 삼보에 귀의하여 최초로 삼보에 귀의한 이(tevācika upāsaka)'가 되었다. 붓다가 야사의 아버지에게 설하는 가르침을 듣는 동안 야사는 아라한이 되었다. 야사가 모든 집착으로부터 자유로워지고, 그러므로 세속적인 삶으로 되돌아갈 수 없었을 때 그는 7번째 승가의 일원이 되었다. 우바이(upāsika)가 된 최초의 여자는 야사의 어머니와 아내였고 그들 모두는 삼보에

---

76) *dvevācika*, one who teaches of recites the two-word formula.
77) 'the group of five bhikkhus' (*pañca vaggiye bhikkhū*). They are: Aññākoṇḍañña, Bhaddiya, Vappa, Mahānāma, Assaji. See Vin. I. IO;S.v. 420 ff.
78) Three-word formula.

귀의했다.[79] 승가라는 말은 Saṃ과 hṛ에서 유래하였고, 글자 그대로 '모으다'를 의미한다. 실제로 그 말은 '다수'나 '모임'을 의미하기도 하지만, 불교용어로서의 승가는 단지 한 개의 모임 즉, 인종과 국적과 계층과 나이의 구별이 없는 비구와 비구니의 승단이다. 승가 내에서의 유일한 구별은 드리야상가(driyasaṅgha) 또는 아리야푸갈라(ariyapuggala), '존자'와 삼무티상가(Sammutisaṅgha)의 구별이다.

전자는 때때로 '성자'라 언급되는데 그러나 정확히는 '흐름에 들어간(預流 ; Sotāpatti)' 사람들을 의미하거나 또는 초세속적인 단계에 이른 사람[80]을 의미한다. 아리야상가는 전통적으로 삼무티상가에 의해 나타나지만, 불자가 귀의하는 것은 아리야상가이다. 왜냐하면, 그는 진리를 터득하고 자신의 경험을 통해 진리를 가르칠 수 있는 사람이기 때문이다. 그렇지만 여기서 어느 정도 변칙이 있다. 평신도들도 '흐름속으로 들어간 사람(예류)' 즉, 앞에 언급한 四雙八輩[81]에 포함될 수도 있다. 그러므로 그러한 평신도들은 삼무티상가의 일원이 아니라, 아리야상가의 구성원이 될 수 있다. 이는 원시불교에서 평신도의 위치를 평가하는 데 아주 중요하다. 동시에 "승가는 평신도와 스님들을 포함하나, 평신도는 가르침을 따르는 것이고 스님은 전도자이다."[82] 라다크리쉬난(Radhakrishnan) 박사의 근거 없는 주장은 정당화될 수 없다.

---

79) Vin. I. 15－18.

80) Those who have attained to the four supramundane paths(*magga*) and fruitions (*phala*). See also p.55, note 2.

81) See p. 55, note 2.

82) *Indian Philosophy*, Radhakrishnan, London, 1923, Vol. I, p.437.

삼무티상가의 의미에서는 승가를 칭할 때 비구와 비구니만이며 우바새와 우바이를 포함하지 않는다.

'파리사(Parisa)'라는 말은 '일행' '회중' '회합'을 의미하는데, 이러한 네 가지 형태의 신도들을 모두 포함한다. 그러나 '파리사'와 '상가'라는 말은 서로 혼용될 수 없다. 캉카비타라니(Kaṅkhā-vitaraṇī)에서는 적어도 4명의 비구 모임이 상가로 불릴 수 있다고 범주적으로 설명하고 있다.[83] 실제로는, 평신도들과 스님들－후자는 비구로 부르는 것이 올바르다－은 가르침에 따르는 것이며, 法을 설법하는 것이 비구에게는 부수적인 행동일지 몰라도 한 종교에서 다른 종교로 개종시키는 일에 관계하지 않으므로 현대적인 의미에서의 전도자는 아니다.

비구에 대해 여러 가지 다양한 정의가 있었다. 산스크리트어 비구는 bhikṣ '걸사'로부터 나온 말이고, 붓다 이전부터 오랫동안 'bhikṣu'는 파립바자카, 아지바카와 다른 여타의 학파[84]와 같이 많은 형태의 고행자들 가운데 하나를 가리키는 말이었다. 그러나 지금은 '비구'와 bhikṣu는 완전히 불교 용어이며, 비구와 bhikṣus는 '거지들'을 의미하지 않는다. 비록 그들이 부모나 가까운 친지들에게 무의식적으로 청을 할지라도, 이전에 그들이 원하는 무엇인가를 청하도록 한 후원자에게 어떠한 요구를 할지라도, 비구의 규칙은 비록 옷, 보시, 거주처 및 의약품과 같은 4가지 필수품은 받을 수 있더라도, 어느 사람에게든지 어떤 것을 요구하는 것은 금하고 있다. 비구를 스님(monk)이라 하는 것 역시 그가

83) Kkvt. p. 2 f.

84) See Ch. I.(BUDDHIST ETHICS)

어떤 맹세에 묶여 있지 않기 때문에 바른 언급이 아니다. 아마도 그는 언제든지 그가 원하면 승단을 떠날 수도 있다. 때때로 오역되는 것이 있는데 그중에 가장 중요한 것은 비구는 '성직자(priest)'가 아니라는 점이다. 불교에서는 어떠한 신(神)도 인정하지 않기 때문에 비구가 중재인으로서(숭배라든지, 의식을 수행한다든지 축복을 기원한다든지 또는 다른 이유로) 다른 이를 도울 수 있는 것은 없다. 더욱이 악행에 대한 용서를 구하는 것과 같은 중재는 가능치 않은 일이다. 왜냐하면 자동적으로 사람은 스스로 자신이 지은 행동의 결과를 누리거나 겪어야 하기 때문이다.

아마 비구에 가장 접근할 번역은, 비록 단지 보시로 살아간다는 의미로 쓰일 수 있지만 탁발승(mendicant)이라 하는 것이 좋을 듯하다. 한번은 릿차비가 붓다에게 선정의 수도를 위해, 비구가 붓다 밑에서 종교생활을 해야 하는지를 물었다. 붓다는 "그렇지 않다. 그러나 비구들이 그렇게 하는 데는 보다 높고 뛰어난[85] 다른 이유들이 있다."라고 대답했다. 이와 같이 붓다가 그들에 대해 묘사하기 시작한 형태를 보면, 비록 다른 경전[86]에 기술된 것보다는 간단할지라도, 붓다의 가르침의 도덕적인 측면과, 속박에서부터 벗어나 출세간(lokuttara)의 상태에 도달하기 위해 필요한 조건들 간에 서로 분명한 연속성이 제시되고 있다. 이는 다음과 같다.[87]

---

85) D.I. 156.

86) D.III. 234 ; M.I.432;S.v.61;A. I. 63f., IV. 459 ; v.16f. ; Vbh. 377, 391.

87) D. I. 156. There are 10 fetters *(dasa saṃyojanas) by which beings are bound to the continuity of existence(saṃsāra):* (i) belief in personality*(sakkāyadiṭṭi)*, (ii) doubt, uncertainty of judgement *(vicikicchā)*, (iii) belief in the efficacy of ceremonial observances *(silabbataparāmāsạ)*, (iv) sensual lust *(kāmaraga)*,

첫째, 세 가지 장애[88]를 벗어나 비구는 일어나는 모든 고통을 이기고 궁극에 가서는 자유를 얻는 수다원(Sotāpanna)이 되어야 한다. 비구여, 더 나아가 세 가지 장애로부터, 그리고 육욕과 악의의 어리석음으로부터 벗어나 이 세상에 한번 더 나타나 苦를 멸하는 사람 사다함(Sakadāgāmī)이 되어야 한다.

더 나아가 비구는, '欲界'에 속한 다섯 가지의 장애에서 벗어나 (앞에서 언급한 5가지) 다시는 재출생의 윤회(opapātika)가 없는 궁극적인 해탈을 성취하는 사람이 되어야 한다.

더 나아가 말리는, '들어오는 것(influxes)' 이입(āsava)[89]을 완전히 멸하여, 비구는 완전한 깨달음에 이르며, 마음과 통찰력을 벗어나 스스로 현세의 사물들을 경험하게 되며, 이렇게 됨으로써 그 가운데에 계속 머무는 경지에 이르게 된다. 이것이 바로

---

(v) ill-will*(paṭigha)*, (vi) greed for fine material existence*(rūparāga)* (vii) greed for immaterial existence *(arūparāga)*, (viii) conceit(māna). (ix) restlessness and worry *(uddhacca-kukkucca)*, (x) ignorance *(avijjā)*

88) The three mentioned here are ( I ) ( II ) and ( III ).

89) *āsava* ; The term has been translated 'deadly flood', 'intoxicants', 'bias', 'depravity', 'evil', etc. Skt. *āsrava* which derives from ā plus *sru*, meaning 'that which flows', 'discharge from a sore', According to the Majjhima Commentary (*Papañcasūdanī*, Part I. p. 61 : *Ciraparivāsikaṭṭhena madirādayo āsavā viya ti pi āsavā.*) the meaning extends to 'intoxicants', and, it is used in a psychological sense, hence 'influxes' is reasonable. Since, However, these terms do not convey entirely the idea of a constant flow, it is better to retain, without translation, the Pali or Skt. term which suggests the basic misconceptions of the nature of life to which all the suffering of mankind is due. The āsavas are ; sense-desire *(kāmāsava)*, desire for the process of life *(bhavāsava)* and lack of higher knowledge or ignorance *(avijjāsava)*. A fourth is sometimes included, namely *āsava* of views *(diṭṭhāsava)*, but this is generally considered to be covered by *avijjāsava.* Lack of 'higher knowledge' is here to be taken as lack of understanding of the truth, as contrasted with a lack of empirical knowledge.

보다 높고 뛰어난 일이며, 이것을 경험하기 위해 비구는 내 밑에서 종교적인 삶을 영위해야 한다.[90]

과연 이러한 일들을 체험할 수 있는 정진의 방법이 있는가? 하고 말리가 계속 묻자, 붓다가 대답하기를 "길이 있다. 그것이 팔정도이다."[91]라고 하며 그 구성요소들(이 책 앞에서 언급 된)을 열거하였다.

초세속적인 단계에 이른 존재, 즉 預流者와 그리고 훨씬 더 높은 단계에 이른 존재들 가운데, 목표에 이른 사람들은 정등각자(Sammāsam Buddha), 독각불 아라한(Pacceka Buddha) 등일 수도 있다. 정등각자는 어떤 다른 사람의 도움 없이 자신의 직관에 의해 진리를 깨달은 완전한 각자이며, 다른 사람들에게 진리를 말하고 이해시킬 수 있는 사람이다. 독각불 역시 자신의 직관에 의해 진리를 깨닫지만 다른 사람들에게 설법할 수 없다. 아라한은 다른 사람으로부터 진리를 처음 들은 순간 진리를 깨달은 사람이고 다른 사람에게 설법해서 다른 사람이 법을 깨닫게 할 수 있다.

붓다, 정등각자, 독각불은 승가의 구성원이 아니며, 아라한과 이보다 낮은 三乘에 해당하는 사람들은 아리야상가를 구성한다. 삼무티상가의 비구들은 아리야상가에 이르기 위하여 종교적인 삶을 영위하는데, 처음에는 '흐름에 들어가는 자' 즉 예류자가 되는 것이고, 그 다음에는 더 높은 단계로 오르는 것이다.

그들은 스스로 모범적으로 계를 통해 대가를 바라지 않고 사람

---

90) D. I. 156.
91) *Ibid.* I. 156 f. See also p. 69 ff.

들을 가르친다. 순수함과 자발적인 공핍, 자비 그리고 봉사가 그들의 특징이다. 승단으로 들어가는 데에 대한 규칙은 까다롭지 않다. 승려가 됨에 있어 인종과 피부색, 계급과 사회적 신분은 중요치 않으며, 승단내에서 인정되는 유일한 계급은 출가 기간에 의한 것이다. 불구자들과 나병환자와 결핵환자 그리고 채무자와 직업군인, 속세에 뜻을 버리지 못한 사람들은 출가를 할 수 없다. 승려가 되고자 할 때 나이는 관계없다. 따라서 까마귀를 피할 정도의 소년도 출가할 수 있다. 12살 아래의 출가자들을 사미(Sȧmanera)라 하며, 그들은 나중에 비구가 된다.

한편 사미들은 10계를 지켜야 하고 우파삼파다(upasampada)로 알려진 더 높은 계를 준비한다. 만일 그들이 20세가 되어 필요한 자격을 갖추면, 그들은 비구 승단에 들어갈 수 있게 된다. 승단에서 5년 이상 수도하여, 충분한 자격을 갖춘 비구는 사미가 되려는 사람을 '사미'로 임명할 권한이 부여된다. 하지만 어떠한 일이 있어도 자기를 임명하는 것은 허용되지 않는다. 비구가 보다 높은 승단으로 오르기 위해서는 적어도 5명의 장로(Thera)가 있어야 한다.

새로 임명된 비구는 적어도 5년 동안 스승이 제자가 혼자서도 수도할 수 있다고 생각할 때까지 스승 밑에서 법을 공부하며 실천을 해야 한다. 스승의 성품에 따라 비구는 학습과정(gantha-dhura)이나 또는 선정과정(vipassanādhura)을 선택할 수도 있다. 전자를 택한 사람들은 우기를 제외한 한 해 동안 내내 다른 사람들에게 가르침을 설법하면서 여기저기 떠돌아다닌다. 후자를 선택한 사람들은 고립된 장소에서 참선을 할 것이다.

그들은 세속적인 모든 것을 버리고, 어떠한 재산도 주장하지 않으며, 자신들의 과거를 후회하지도 않고, 미래를 걱정하지도 않는다. 왜냐하면 그들은 세상의 구속과 책임으로부터 벗어나서 살기 때문이다. 그들은 어떠한 거처에도 집착하지 않고, 모든 변화 속에서도 균형된 마음을 유지한다. 그들 모든 노력은 보편적인 행복을 위한 행동에 집중된다.

비구들 스스로가 정한 자신들의 임무는 결코 쉬운 것이 아니다. 왜냐하면 그들은 자신의 주장을 받아들여 주거나, 그들이 도움을 청할 수 있는 통치기구 형태의 어떠한 중앙집권적인 권위를 갖고 있지 않기 때문이다. 약 2,500여 년 동안 유지되어온 승가의 전통이 여러 나라에서 중요시될지 모르지만 근본적으로 비구는 자기 자신의 삶을 본보기로 하여 다른 사람들을 위한 善을 행해야 한다.

# 제4장 도덕적 행위의 제재 : 계

## 1. 오 계(pañca Sīla)

三寶를 받드는 평신도들은 그들 스스로 계를 受持한다.

첫단계에서는 오계(戒)이나, 어떤 특별한 경우에서는 팔계, 혹은 십계로 넓혀지기도 한다.

오계는 다음과 같다.

1) pāṇātipātā veramaṇī sikkhāpadaṃ samādiyāmi : 나는 생명을 죽이지 말라는 계율을 지킨다.

2) adinnādānā veramaṇī sikkhāpadaṃ samādiyāmi : 나는 주어지지 않는 것을 취하지 말라는 계율을 지킨다.

3) kāmesu micchācarā veramaṇī sikkhāpadaṃ samādiyāmi : 나는 불륜의 행위를 하지 말라는 계율을 지킨다.

4) musāvādā veramaṇī sikkhāpadaṃ samādiyāmi : 나는 거짓말을 하지 말라는 계율을 지킨다.

5) surā-meraya-majja-pamādaṭṭhānā veramaṇī sikkhāpadaṃ samādiyāmi : 나는 취기와 나태의 원인이 되는 음주를 하지 말라는 계율을 지킨다.

## 제1계 : 不殺生

불자는 살생, 살생의 원인이 되는 행위, 또는 생명체의 살생을 인정하는 행위를 금하여야 한다. '생명체'란 곤충에서 사람에 이르기까지 살아있는 모든 것을 의미한다. 이 계율을 따름으로써 불자는 모든 살아있는 것들과의 관계 즉, 어떤 생명체에 대한 가해는 필연적으로 자신에 대한 가해임을 인식한다. 붓다는 인간의 생명과 다른 생명체들을 동등하게 여기도록 가르치셨다.

"모든 사람은 폭력을 싫어하며, 살고 싶어한다. 따라서 결코 살해하거나 살해되지 않게 해야 할 다른 생명들과 너 자신을 비교하라."[1)]

그러나 '파나(Pāṇa ; 산스크리트어로는 prāṇa)'는 전통적인 의미에서 볼 때 유정(a sentient being)을 의미한다. 그러나 궁극적인 의미에서는 단지 영혼의 생명이나 활력을 의미한다. 존재를 없애는 것은 생명을 빼앗는, 즉 살생인 것이다.

계율은, 그 크기에 상관없이 모든 생물에 적용된다. 그것은 베다의 제물(yajña)로서 동물을 죽이는 행위나, 다른 몇몇 종교의 계율에서 허용하는 여타의 살생도 그 예외가 될 수 없다. 따라서 불자는 신을 위한 경배를 드리거나 먹기 위해 살아있는 생명체를 희생하는 것이 아니라, 자신의 이기적인 마음을 희생하는 것이다. 인도에서 붓다는 소를 도살하거나 피묻은 제물을 바치는 것을 금하였다. 한번은 유명한 브라만인 쿠타단타(Kūṭadanta)가 붓다에게 축복에 대한 고마움의 표현으로 적당한 제물을 바치는

---

1) Dh. 130 ; Uv, v. 19 ; cf. Acaraṅga, Sutra, op. cit., 1. 2. 3. 92, 93 ; Suyagaḍa, op. cit., I, II, 9, 10.

절차에 대하여 질문을 했다.[2] 붓다는 그러한 제물을 준비하는 가운데 일어나는 잔인성과 고통을 언급하면서, 고마워하는 마음을 표현할 수 있는 보다 좋은 방법을 제시하였다. 붓다가 말하기를 "비구와 비구니들의 생계유지는 물론, 거처를 제공하는 등의 끊임없는 보시, 그리고 공개적인 공양과 같은 방법들이 있다. 그러나 보다 많은 결실과 유익함이 따르는 것은 신심을 가지고, 오계를 스스로 지키는 것이다."[3]라고 하였다.

살생 행위에 있어, 도덕적인 죄의 크기는 살해된 피해자의 육체적, 정신적 발전 상태와, 그 범죄 행위가 저질러진 환경에 달려있다. 어른과 어린아이를 살인하는 행위의 업보는 살해된 두 사람의 육체적, 정신적 발전 상태에 비례하여 서로 다르다. 부모 살해자, 선량한 양민을 살해한 자, 그리고 상당히 우수한 사람을 살해한 자들은, 따라서 죄의 업보를 받는다. 따라서 가벼운 죄(appasāvajja)와 무거운 죄(mahāsāvajja)의 구분이 있게 된다. 이에 대한 특별한 명령적 지시가 있는데 다음과 같다. "살아 있는 것을 죽이지 말라. 다른 사람을 살생하지도 말고 다른 사람의 살생 행위도 용서치 말라. 그동안 폭력을 금해온 너희는 강한 자나 약한 자를 막론하고 모든 이에 대하여 폭력을 사용치 말지니라."[4]

살생이라는 비도덕적 행위를 이루고 있는 다섯 가지 조건이 있다.

1) 인간이건 동물이건 살아 있는 것이 존재한다.

---

2) See D. I. 128 f.

3) *Ibid.* I. 143－6.

4) Sn. 394.

5) Dhs. A. 129;Sdhp. v. 58;Kkut. 50;UJ. 62;cf. *Suyagaḍa*, *op. cit.*, I. I. 2. 24－9.

2) 그것이 살아 있음을 안다.

3) 살생 의도나 그렇게 하려고 결심한다.

4) 적절한 수단에 의한 살생 행위

5) 결과로서의 죽음[5)]

이들 중에 어느 한 가지라도 빠진다면 그 행위로 인해 죽음이 따른다 할지라도 살생 행위라 하지 못할 것이다.

따라서 우연한 사고로 여겨질 것이며 그 가해자에 대한 어떠한 나쁜 결과를 기대할 수 없다.

살생 행위에는 여섯 가지 방법이 있다.

1) 자신의 손으로 직접 살생(sāḥatthika)

2) 교살(āṇattika)

3) 총 또는 투석, 매질 등에 의한 살생(nissaggiya)

4) 함정을 파서 빠뜨려 죽이는 살생(thāvara)

5) 비경의 힘(神通 ; iddhi)을 통한 살생(iddhimaya)

6) 비경의 진언(mantra) 등에 의한 살생(vijjāmaya)[6)]

어떠한 방법이 사용되든지간에 有情의 정신적 생명을 빼앗은 자는 파나티파타 캄마 파타(pāṇātipāta-kamma-patha)라는 악행을 저지르는 것이다.

살생 행위가 제삼자의 명령에 따라 행해질 수 있기 때문에 이러한 업(Kamma)은 말을 통해서 일어날 수도 있다. 불교 문헌에 기록되어 있듯이 한 사람이 한 생명에 가해를 함으로써 자신에게 오는 업보 가운데, 오랫동안 죄의식으로 받는 고통과 보다 열등한 형태로의 재출생이 언급되고 있다. 만약 그러한 사람이 인간

---

6) Dhs. A, 129 ; Kkvt. 30.

으로 환생한다면, 그는 연약하고, 추하고, 소외당하고, 용기없고, 친구도 하나 없이 항상 낙담과 슬픔 속에 잠기게 되고, 존경받는 사람들로부터 버림받게 되고, 장수할 수 없는 비참한 사람이 될 것이다.

경전에는 이에 관한 많은 언급이 있다. 테라카타하가타(Telakaṭāhagāthā)는 다음과 같이 기록하고 있다. "고하귀천을 막론하고 생명이 있는 것을 죽이는 자는 내세에, 마치 아도니스(Adonis)[7)]처럼 삶과 부귀와 아름다움의 모든 즐거움을 소유하게 될지라도 인생의 황금기인 어느날 갑자기 죽음을 맞이하게 될 수도 있다.

不害(ahiṃsā)는 또한 그 적극적인 역할도 갖는다. 즉 가해 행위의 금지뿐 아니라 모두에게 자비를 베풀어야 한다는 것이다. 스스로 내면에 이러한 힘을 갖고 싶은 사람, 다시 말해서 자비에 대해서 깊이 선정하고 싶은 사람은, 먼저 자신의 평화로운 분위기를 해치는 방해물을 없애버려야 한다. 그리고 나서 방해받지 않고 한적하게 선정에 전념할 수 있는 은둔 장소와 적절한 시간을 택해야 한다. 그 다음으로 증오에 대한 위험성을 인식하고, 동시에 인내심을 지닐 때 얻게 되는 이점을 깨달아야 한다. 그것은 선정이 나아감에 따라 증오심을 버리고 인내심을 키워야 하기 때

---

7) Tkg. v. 78 ; *Sabbopabhogadhanadhaññavisesalābhi*
*rūpena bho sa makaraddhajasannibho pi*
*yo yobbane pi maraṇaṃ labhate akāmaṃ*
*kāmaṃ parattha parapāṇaharo naro hi.*

'*Makaraddhaja*' mentioned in the second line of the stanza is the Sanskrit equivalent of the Greek Adonis, in the sense that he possesses youth, beauty, grace, and all the good things of life.

문이다. 증오심에서 생기는 위험들을 가능한 한 모든 방법으로 깨달아야 하며, 그 효과적인 방법은 부처님의 가르침을 따르는 것이다.

그 다음으로, 수행자들은 마음에서 증오를 제거하고 인내심을 얻기 위해 자비심(mettā)을 쌓는 수행에 착수하여야 한다. 그러나 자비심을 모든 사람들에게 베푸는 것은 아니다. 특정의 몇몇 부류의 사람들은 여기서 제외된다. 즉, 다음의 여섯 종류의 사람들을 제외하는 이유는 그들에게 자비를 실천하는 것이 위험할 뿐만 아니라, 매우 어리석은 짓이 되기 때문이다.

1) 반대자 2) 사랑하는 사람 3) 중립자 4) 적대자 5) 죽은 자 6) 異性

초기 단계에 이와 같은 여섯 부류의 사람들에게 자비가 베풀어져서는 안되는 이유는 무엇인가? 반대자, 연인, 중립자에 대하여 자비를 베풀려는 것은 정신적으로 고된 일이며, 연인의 경우는 감정적 개입이 예상되기 때문이다. 적대자의 경우에는 증오심이 있게 될 것이다. 고인의 경우 '몰입(appanā)'도 '접근(upacāra)'도 가능치 않을 것이다. 자비가 이성을 향해 베풀어진다면, 육욕이 생길 것이다.

한 젊은 승려에 관한 이야기가 있다. 그는 자비를 쌓는 수행을 시작하였으나 별로 진전이 없어 대장로(mahāthera)에게 찾아가 말하였다.

"존자시여, 저는 자비를 통하여 몰입〔禪定〕에 매우 익숙해 있습니다만은 그 단계에 이를 수 없음은 무슨 일일까요?"

대장로는 "친구여, 선정의 대상인 표식을 찾으시오."라고 대답했다. 그 젊은 승려가 그리하였을 때, 그는 자비의 대상으로 하고 있었던 그 스승이 이미 죽었음을 알게 되었다. 그 후에 그는 또 다른 대상을 설정하여 자비를 쌓는 수행을 계속하여 완전한 몰입(appanā) 단계에 도달하였다. 따라서 이와 같은 연유에서, 자비가 고인들을 향해 발전되어서는 안되는 것이다.

성공적인 선정을 하기 위해, 수행자는 가능한 한 혼란으로부터 벗어난 평화로운 상태에 있어야 한다. 선정을 시작하기 위해 수행자는 편안한 자세를 취해야 한다. 편안한 자세란 눕거나 걷거나 앉는 자세이다. 불편하지 않다면 이상적인 자세는 가부좌인데, 등과 얼굴을 곧게 하고 두 눈을 반쯤 감으며 두 손을 무릎에 놓는 자세를 말한다.

첫번째 단계 : 이러한 선정에 참여하는 초보자는 자비심이 우선적으로 자신에게 향하여 있어야 하는데, 이때 팔리어라든가 모국어로, 다음 경구나 의미상 유사한 다른 경구를 암송하는 것을 병행하는 것이 좋다.

'Ahaṃ avero homi(원컨대 나를 증오로부터 벗어나게 하소서)
abbyāpajjho homi(원컨대 나를 악으로부터 벗어나게 하소서)
anīgho homi(원컨대 나를 번뇌로부터 벗어나게 하소서)
sukhī attānaṃ pariharāmi'(원컨대 나에게 행복을 주소서)

그러나 이는 『法經』의 내용과 상반되는 것이 아닌가? 왜냐하면 "비구가 마음이 자비심으로 가득차서 어떻게 마음을 돌아다니며 자비심을 베푸는가?"[8]라는 물음을 기록하고 있는 비방가(Vibhaṅga)에서 나타나듯이 『법경』에는 자신을 향한 자비를 쌓는 것에 대한 언급이 없기 때문이다. 파티삼비다(Paṭisambhidā)

8) Vbh. 272.

에서는 다음과 같이 기록하고 있다. "어떠한 다섯 가지 방법으로 자비심에 대한 전심이 특별히 명시되지 않고도 실천되는가?" "모든 중생들이 증오, 고뇌, 근심에서 벗어나 행복하게 살기를… 숨쉬는 모든 것, 존재하는 모든 것들이 증오, 고뇌, 근심에서 벗어나 행복하게 살기를…."[9)]

『자비경(Metta sutta)』에서 우리는 다음의 경구를 대하게 된다.

> "모든 존재자들이 행복하게 안전하게 하소서.
> 그들의 마음이 건강하게 하소서.
> 살아있는 것 모두와 그들이 – 약하든 강하든, 크든지 작든지 간에, 또는 그 중간이든 간에,
> 작고 약하거나 크거나 간에, 모두 예외없이 –.
> 눈에 보이거나 보이지 않거나
> 멀리 혹은 가까이 있는 것이거나
> 이미 태어났거나, 혹은 태어나려 하는 것이거나,
> 모든 존재하는 것들로 하여금 행복하게 하소서.[10)]

이 경구가 경전의 내용과 상반되지 않는 이유는, 경전은 몰입(appanā)[11)]만을 지시하고 단지 예로써만 제시되는 마음속의 자비의 초기 발전을 지시하지 않고 있기 때문이다. "원컨대 나를 증오로부터 벗어나게 하소서." 따위를 암송하는 식으로 수백년 혹은 수천년 동안 그렇게 자비심을 쌓아왔다 하여도 여기서 몰입

9) PS. II. 130.
10) Sn. v. 145.
11) Fixing of thought on the object, especially of the attainment of absorption.

은 결코 일어나지 않는다. 먼저 자신을 시험의 대상으로 삼는 이는 다음에 다른 사람의 행복으로 그 소원을 확대하여 갈 때 거기에서 하나의 행복이 있게 된다. 따라서 그 일례로서, 수행자는 먼저 자신에게 자비를 행해야 한다.

두번째 단계 : 쉽게 나아가기 위해서 수행자는 선물, 자애로운 어구들을 모아야 하는데, 이것은 스승, 계율자 또는 자기 동료에 대해 존경심이 생기게 하는 덕, 학식 등등의 자비심과 자애심을 불러 일으키는 것이다. '이 착한 사람이 악의가 없어지기를' 하고 생각하면서, 자신에 대한 자비심을 쌓을 수 있다. 그러한 사람을 생각함으로써 수행자는 몰입에 이를 수도 있다.

세번째 단계 : 그러나 선정 수도를 하는 수행자가 더욱 미묘한 영적인 장애요소(sīmāsambheda)들을 제거하기 위해 보다 깊은 수행을 원한다면, 매우 절친한 친구를 향해 자비심을 발전시키도록 수행해야 한다.

네번째 단계 : 이 단계에서, 수행자는 자신의 친구를 대하는 것과 똑같은 방법으로, '이해 관계가 없는 사람'에 대하여 자비심을 발전시켜야 한다.

다섯번째 단계 : 마지막으로 수행자는 적대자에 대하여 '이해관계가 없는 사람'으로 생각하여 적대자에 대한 자비심을 발전시켜야 한다.

이렇게 함으로써, 그의 마음은 각각의 경우에 대해 유연하게 대처할 수 있게 되어 다음 단계로 나아간다. 반면에 자신에게 해를 끼쳤다 할지라도 그를 적으로 생각하지 않는 수행자는 이것이 전혀 문제가 되지 않을 것이다.

실제로 자신에게 적이 있다고 생각하는 수행자만이 적대자를

'이해관계가 없는 사람'으로 생각하여 그를 향한 자비심을 발전시켜야 할 것이다.

## 증오를 극복하는 법(Overcoming Resentment)

첫번째 방법 : 과거에 자신에게 비행을 저지른 기억 때문에 한 적대자에게 마음의 동요가 일어난다면, 이때는 자비심을 그 사람에게 향한 채, 몰입 상태에 계속적으로 이름으로써 이러한 감정을 극복해야 한다. 따라서 그러한 증오심이 일어날 때마다 적대자에게 자신의 호의를 베풀어야 한다.

두번째 방법 : 자신의 노력에도 불구하고 증오심이 계속된다면, 수행자는 계속 노력하여 증오를 떨쳐버려야 한다. 수행자는 다음과 같이 다르마(dharma)의 내용을 새기면서, 스스로를 타일러야 한다. "나는 왜 화를 내야 하는가? 붓다께서는 이렇게 말씀하지 않으셨던가? '승려들이여, 도적들이 잔인하게 톱으로 팔다리를 갈기갈기 절단한다 해서, 수행자가 가슴속에 증오의 마음을 품는다면, 그는 내 가르침을 수행하는 사람이 되지 못할 것이다.' "[12)]

더 나아가서 『법구경』 중에 나오는 시구 속에 들어 있는 붓다의 가르침을 생각하여 스스로를 타일러야 한다.

" '그는 나를 학대했다. 그는 나를 폭행했다. 그는 나를 억압했다. 그는 나를 강탈하였다.' 이 같은 생각을 품은 사람들에게 증오심은 결코 없어지지 않는다."(v.3)

"그러한 생각을 품지 않는 사람은 증오가 사라질 것이다."(v.4)

"현세에서 증오는 증오 때문에 사라지지 않으며, 오직 증오심

12) M. I. 129

을 버림으로써 사라지며 이는 오랜 法이다."(v.5)

"몇몇 사람들은 여기에 있는 우리 모두가 어느날 갑자기 죽게 될 것이라고는 생각치 않는다. 그러나 그들이 그렇게 생각하면 그들의 불화는 일시에 사라질 것이다."(v.6)

"수행자는 화를 내지 말며 자존심을 버려야 한다."(v.221)

"인간이여, 자비로써 화를 극복하고 선으로 악을 제하고, 관용으로 불행을 극복하고 진실로써 거짓을 이겨라."(v.223)

"수행자여, 진실을 이야기할지니 화에 굴복하지 말라."(v.224)

"허물없는 사람은 세상에 하나도 없다."(v.227)

"수행자여, 말로써 생긴 실수를 변명하지 말지니, 언행을 조심할 것이며 온 마음으로 미덕을 실천할지니라."(v. 232)

"육체와 말과 정신을 자제하는 현자들은 진실로 훌륭하게 자제하고 있다."(v. 234)

"승려들이여, 괴로움을 제거하는 다음의 다섯 가지 방법이 있는데 이 다섯 가지를 통하여, 승려는 그의 마음속에서 괴로움이 생길 때마다, 그 괴로움을 완전히 물리칠 수 있었다.

① 당신을 괴롭혔던 사람에 대한 자비심. ② 大悲 ③ 태연한 捨心 ④ 괴롭힌 사람에 대한 망각 ⑤ 괴롭힌 사람이 지은 행위의 결과는 다음과 같이 요약될 수 있다.

'이 선량한 백성은 그의 행위의 주인이요, 그의 행위의 계승자이다. 그의 행위는 그의 새로운 탄생의 모태이며, 그의 행위는 그가 책임져야 할 친족이며, 그의 행위는 그의 보호처이며, 그는 그의 행위가 선하든지 악하든지 간에 자신이 지은 행위의 계승자이다.' 이는 또한 그가 갖고 있는 증오가 없어지는 방법이다."[13]

세번째 방법 : 위의 방법을 따라 증오가 없어지면 다행이나, 그렇지 못한 경우에 수행자는 자기에게 괴로움을 준 사람이 갖고 있는 몇몇 절제되어 있고 순수하면서도 즐거움을 주는 속성들을 생각하여 자신의 화를 제거해야 한다.

### 자신을 타이름(Admonition to oneself)

네번째 방법 : 그러나 자신의 노력에도 불구하고 혐오의 마음이 계속된다면 다음의 시를 생각한다.

그의 것으로
적이 그대를 해롭게 했다고 가정하자.
어찌하여 그대마저 그대 마음을 해치려 하는가?
그대의 마음은 그의 것이 아니다.

그대가 품은 노여움이
그대가 지키려는 모든 미덕의
뿌리 끝까지 갉아먹고 있다.
거기엔 당신과 같은 바보가 있다!

누군가 저지른 비행인 것을…
그대는 그토록 노여워하는가? 어찌 그렇게?
그가 저지른 것.

---

13) A. Ⅲ. 185.

그대 또한 따르려 하는가?

누군가 화가 나서 그대에게
미운 짓으로 짜증나게 할 때,
끓어오르는 노여움 참지 못하고
그대 또한 누군가에게 되돌려주려 하는가?

그대가 화날 때, 아마도
그에게 고통을 줄지는 모르지만,
화가 고통으로,
그대, 정말 벌을 받고 있다.

분노에 눈먼 원수들
비탄의 길을 떠나려 할 때,
그대 또한 노하여,
그 길을 따르려 하는가?

그대가 노하였으므로
원수가 그대를 해롭게 하면,
화를 없애라, 어찌하여
필요없이 고통을 받으려 하는가?

노여움은 순간인 것을
잘못을 범한 사람들,
모두 사라지고,

그대는 누구를 향해 노여워하는가?

그가 없을 때, 다른 이를 해치려 하는 어느 누구를,
또 그가 해치려 하는가?
그대가 있음이 그 원인일진대,
그대는 무슨 일로 그에게 노여워할 수 있겠는가?[14)]

### 행위 주체의 재고(Reviewing of Ownership of Deeds)

다섯번째 방법 : 그러나 수행자가 이와 같이 스스로를 자제했음에도 불구하고 증오가 가라앉지 않으면, 그것은 자신은 물론, 다른 사람들도 그들 자신이 업(Kamma)의 주인공이라는 사실을 기억해야 한다.

따라서 수행자는 '무엇 때문에 화를 내는가? 그 근원으로서 화가 따르는 업이 나 자신을 해롭게 하지 않을까? 왜냐하면 나는 나의 근본으로서의 업, 나의 친족으로서의 업, 나의 귀의로서의 업을 지닌 내 업의 주인이요, 내 업의 계승자이기 때문이며, 나는 내가 행하는 모든 업의 계승자가 될 것이기 때문이다.'라고 반성해야 한다.[15)] 그것은 깨달음이나 심지어 현세에서 알맞는 환생이 아니라, 몰락과 비탄으로 여러 가지 고통을 초래할지 모르는 업으로 보는 게 오히려 타당하다.

'화를 냄으로써 나는 누군가를 때리고 싶어하며, 불덩이나 오

14) Vism. 308; Trn. adapted from the *Path of Purification* by Bhikkhu Ñāṇamoli, Colombo, 1956, p. 326.
15) Aṅguttaranikāya, III. 186.

물을 손으로 줍는 사람과 같이 되며, 또 그렇게 함으로써 스스로를 태우거나 더럽히게 된다.' 자신의 업을 이와 같은 방법으로 관찰했다면, 수행자는 또한 타인의 업에 대해서 똑같은 방식으로 관찰해야 한다. 그가 내게 화를 내게 되는 것은 무엇인가? 그 화가 그 자신의 화를 초래하지 않을까? 그는 그의 업의 주인이요, 그의 업의 계승자이기 때문이요, 그는 그가 행한 모든 업의 계승자가 될 것이기 때문이다. 그 업들은 그를 깨닫게 하거나 높은 사회적 지위를 가져다 줄 수 있는 것도 아니며, 오히려 자신의 몰락이나 비참한 상태 속에서 느끼는 여러 고통들을 초래할 것이다. 화를 내는 수행자는 맞바람을 향해 먼지를 날려 자신의 얼굴을 더럽히는 사람과 다를 게 없다.

여섯째 방법 : 업의 주인공이라는 관계를 재검토한 후에도 화가 없어지지 않으면 수행자는 붓다의 행적을 생각할 필요가 있다. 왜냐하면 붓다는 보살 시절 완전한 깨달음을 터득하기에 앞서 '보살도(Perfection)'를 수행하면서 번번이 적들이 자신을 해하려 할 때 그는 자신의 마음을 해치는 증오의 마음을 품지 않았다. 출생 설화(Birth Story)의 많은 일례들은 자기 절제에 관한 이야기들이다. 그러므로 전지전능하고 그 인내심에 있어서 어느 누구도 따를 수 없는 붓다에 필적하려면, 수행자는 증오심을 버려야 한다.

### 경전의 재음미(Reviewing the sutta)

일곱번째 방법 : 오랫동안 오욕의 노예가 되어 붓다의 행적을 재음미하여도 증오가 여전히 남아 있으면 수행자는 생사의 끝없는 윤회를 다루고 있는 경전을 읽어야 한다.

상응부(Saṃyutta Nikāya)에는 다음과 같은 어구가 나온다. "비구여, 전생에서 당신의 어머니 혹은 당신의 아버지, 당신의 형제 자매, 혹은 당신의 자녀였던 중생을 찾는 일은 어려운 일이 아니다."[16)]

## 자비의 이점(利點)을 재음미하는 것(Reviewing the Advantages of Mattā)

여덟번째 방법 : 위와 같은 방법으로도 여전히 화를 진정할 수 없다면 수행자는 자비가 지니는 이로운 점들을 재고해야 한다. "존자가 이렇게 말하지 않았는가? 비구여, 자비의 '전심(mind-deliverance)'이 수양되고 진작되어 충분히 수행하면, 이로 인해 자비의 전달방법이 있게 된다. 그리고 그 기초가 이루어져 계속해서 구체화되고 견고히 되어 적절하게 수행할 때, 열한 가지 공덕이 있게 된다.

1) 편하게 수면을 취한다(One sleeps in comfort).

2) 편하게 잠에서 깨어난다(One awakens in comfort).

3) 악몽을 꾸지 않는다(One doesn't have bad dreams).

4) 사람들의 사랑을 받는다(One is dear to human beings).

5) 사람이 아닌 것들에도 사랑을 받는다(One is dear to non-human beings).

6) 신들이 수호한다(Devas guard one).

7) 불, 독, 무기 따위의 재난의 해를 받지 않는다(Fire, Poison and weapons do not affect one).

---

16) Saṃyuttanikāya. II. 189.

8) 정신집중이 쉽게 이루어진다(One's mind is easilg concentrated).

9) 안색이 명랑하다(One's mien is serene)

10) 혼미하지 않고 운명한다(One dies unconfused).

11) 깨치지 않더라도 적어도 범천계에 태어난다(If one penetrates no higher, one will be reborn in the world of Brahma).

만일 수행자가 화를 진정시키지 못하면 이러한 공덕들을 잃게 될 것이다.

## 요소에로의 해결(Resolution into Elements)

아홉번째 방법 : 여전히 화를 억제할 수 없다면 수행자는 '요소를 통한 해결'을 시도해야 한다. 화는 어떻게 이루어지는가? 누군가에게 화가 날 때 다음처럼 스스로 물어본다. "내가 화를 내는 대상은 무엇인가? 머리털인가? 地 요소나 水 요소인가? 혹은 火 요소나 風 요소인가? 아니면 五蘊이나 12處나 18界와 관련된 것인가? 내가 화를 내는 대상은 色인가? 아니면 受, 想, 行, 識 가운데 어느 것인가? 내가 화를 내는 대상이 12처 중 어느 것인가? 眼處인가? 耳處인가? 아니면 鼻處나 舌處인가? 身處나 意處인가?"

"또는 내가 화내는 대상이 眼根인가, 色境인가, 또는 眼識界인가? 耳根인가, 聲境인가, 아니면 耳識界인가? 鼻根인가, 香境인가, 鼻識界인가? 또는 舌根인가, 味境인가, 아니면 舌識界인가? 아니면 身, 觸境, 身識界인가?'"

"또는 내가 화를 내는 대상이 意處인가, 法處인가, 意識界인가?"

왜냐하면 수행자가 요소를 통한 해결을 시도할 때 그의 분노는 마치 송곳 끝에 놓인 겨자씨나 허공에 그려진 그림처럼 어떠한 근거도 찾을 수 없다.

### 선물 증여 (Giving of a Gift)

열번째 방법 : 그러나 요소를 통한 해결을 할 수 없으면 수행자는 선물 증여를 시도해야 한다. 이 선물은 수행자가 타인에게 증여하는 것일 수도 있고 타인이 수행자에게 선사하는 것일 수도 있다. 예를 들어, 비구의 경우, 필수품이 부족할 때 수행자가 선물을 증여하면 그에 대한 화가 전적으로 가라앉을 것이다.

### 장애 요인들의 제거 (Breaking Down of the Barriers)

기연(The sign) : 적대자에 대한 수행자의 증오심이 누그러지면 그때 수행자는 좋아하는 사람, 친구, 이해관계가 없는 사람에 대한 경우와 마찬가지로 자비심으로 가득찬 마음을 상대에게 베풀 수 있게 된다. 그리고나서 자비를 실천함으로써 수행자는 자신과 그들을 단절시키는 장애 요인들을 제거하려는 노력을 그치지 않아야 한다. 그리하여 수행자는 다음 네 가지 종류의 사람들을 향한 정신적으로 편견이 없는 공평성을 얻게 된다. 그 네 가지 종류의 사람들이란 자신, 좋아하는 사람이나 친구, 이해관계가 없는 사람, 적대자를 말한다.

편견없이 공평한 마음으로 실천하는 특징들은 다음과 같다. 좋아하는 사람, 이해관계가 없는 사람, 적대자, 수행자 자신 등 네 사람이 한자리에 앉아 있다고 가정하자. 그 다음 산적무리들이 선정 중에 있는 네 사람 가운데 한 사람에게 다가와,

"존경하는 선생님, 당신들 중 한 사람을 우리가 죽일 것이오." 라고 말했다. 그 이유에 대해 되묻자, 그들은 "우리는 그를 죽여 그의 목에서 흐르는 피를 제물로 사용하려 하오."라고 대답했다.

이때 선정자가 다른 사람들 가운데 한 사람을 희생시키는 것을 생각한다면 그는 장애 요인들을 제거하지 못하는 것이다. 그가 자신을 희생시킬 것을 생각한다면 이 또한 방해 요인들을 제거하지 못하는 것이다. 왜냐하면 그는 단지 나머지 세 사람의 안전만을 생각하고 있기 때문이다. 그러나 자신과 다른 세 사람에 대해 공정을 기함으로써, 그들 중 누가 산적들에게 희생되어야 할지 그 적임자를 찾을 수 없을 때만이 장애 요소들을 제거하였다고 할 수 있다.

따라서 이러한 사람이 장애 요소들을 제거함과 동시에 기연(sign and access)을 얻게 된다. 이것을 완수했을 때, 그는 같은 기연을 촉진하고 발전시켜 반복적으로 수행함으로써 어려움 없이 몰입상태에 이르게 된다.

이때에 수행자는 무엇보다도 자비가 따르는 첫번째 선정에 이르게 된다. 다음에 수행자는 기연을 촉진 발전시켜 반복적으로 실천하여 계속하여 두번째, 세번째 선정에 도달하여야 한다. 수행자는 이러한 선을 통하여 자비로 가득찬 마음으로 첫번째, 두번째, 세번째, 네번째 단계로 나아가며 또한 위로나 아래로나 주변에서나 그리고 모든 곳에서 동등하게 살면서 풍부하고 숭고하며 그리고 헤아릴 수 없으며 증오심도, 고뇌도 없는 자비심을 세상에 베푸는 것이다.[17]

---

17) D.I. 250;Vbh. 272.

## 제2계 : 不偸盜

선행의 제2계, 즉 아딘나다나 베라마니(adinnādānā veramaṇī)는 불자들에게 주어지지 않은 것들을 취하지 않도록 하고 있다. 『브라마자라 숫타(Brahmajāla sutta)』에 따르면 "사문 고타마는 施與(dinnādayī)[18]를 고대한다."라고 쓰여 있다. 자비를 실천하며 살아가는 비구와 비구니들은 필수품(paccaya)들이 주어졌을 때만 받는다. 평신도들은 正命(Sammā-ājiva)에 따라 정직한 생활을 해야 한다. 설령 자신의 목숨을 무릅쓴 것이라 할지라도 도둑질을 해서는 안된다고 붓다는 설법하였다. 도둑질은 어떤 형태이든지 간에 －직접 절도와 간접 절도－ 두 가지 형태가 있다. 직접 절도는 주인의 동의를 구하지 않고 물건을 훔치는 경우이며, 간접 절도는 기만과 사기를 이용하여 도둑질하는 경우이다.

이 두 가지 도둑질에 관해서 붓다고사(Buddhaghosa)는 다음과 같이 말하고 있다. "이러한 도둑질은 상황에 따라 갖은 수단, 방법, 무력, 은혜, 음모, 또는 위조에 의한 절도의 형태로 수행될 것이다. 이것이 도둑질에 관한 개요이다."[19]

간략히 말해서 주택, 말, 소 또는 다른 생활용품 등의 판매에 어떠한 음모나 책략이 있게 되면 제2계인 아딘나다나 베라마니의 계율을 위반하는 것이다. 이러한 경우에 구매자는 물건의 값어치가 지불했던 액수보다 떨어진다는 사실을 알아채지 못하기 때문이다. 따라서 제2계는 모든 '부정적인 거래'[20]에 대한 경고인 것

18) D.I. 4.
19) Dhammasaṅgani Aṭṭhakathā＝Atthasālini, ed. E. Müller, 1897, PTS. p.130
20) For details see, Kkvt. 26－30. Kaṅkhāvitarani, ed. D.A.L.Maskell(née Stede), 1956.

이다. "사람은 그것이 무엇이건, 어디 있건 간에 주어지지 않는 것을 절대로 취하지 않는다. 제2계를 아는 불자는 훔치지도 않으며 도둑질을 용서하지도 않는다. 주어지지 않는 모든 것을 불자는 피한다."[21)]

이 제2계는 10바라밀(dasa paramita) 가운데 첫번째인 다나(dāna) 즉, 자유로운 보시에 대해 상반되는 것으로 생각할 수 있다. 이러한 것들은 『붓다방사(Buddhavaṃsa)』와 『카리야 피타카(Cariyā piṭaka)』[22)]에서 열거되고 있다. 그것들은 『법구경』의 「비구품(Bhikkhuvagga)」에서 광범위하게 다루어진다. 그리고 「계품(Sīlavagga)」의 우다나바가(Udānavarga)에서도 이들을 다루고 있는데, 여기에는 다음 두 가지 주목할 만한 어구들이 기록되어 있다. "持戒를 확고하게 지키는 비구는 그의 정신과 지혜를 더욱 배양하게 될 것이다. 또한 열정적이며 신중한 그는 영원히 고통이 멸하는 경지에 이를 것이다."[23)] "순수하고 도덕적이며 매사에 유념하는 사람들은 올바른 통찰력으로 자유롭게 되고 악마(Māra)는 그들의 길을 알지 못한다."[24)] 첫번째 어구는 『법구경』에 나오지는 않지만 상응부 Ⅰ. 13[25)]과 유사하다. 그리고 두번째 어구는 『법구경』 57부와[26)] 비교된다.

『법구경』은 246, 247부에서 5계에 관련된 지계를 언급하고

21) Sn. v. 395.
22) See Ch. 2, p. 72(Buddhist Ethics-H.saddhatissa, M.A., ph.D)
23) Uv. Ⅵ. v. 8.
24) *Ibid.* Ⅵ. v. 19.
25) S.I. 13.
26) Dh. v. 57.

있다. “현세에서 생명을 살생하는 자, 거짓을 말하는 자, 주어지지 않는 것을 취하는 자, 남의 아내를 탐하는 자, 음주를 심히 하는 자는 현세에서 자신의 근원을 파괴하는 자이다.”[27] 그렇지만 보시(dāna)를 지키기 위해서는 불투도계의 엄격한 준수가 필요하다. 그 이유는 보시와 불투도(adinnādānā)의 실천으로 생멸변화하는 것들에 대한 집착에서 벗어나는 정신상태가 배양될 수 있기 때문이다. 그리고 윤회의 수레로부터 벗어나려면 색욕과 갈애로부터 정화되어야 한다.

아딘나(Adinna)는 주어지지 않는 것을 의미하며 아다나(ādāna;취하는 것)는 남의 소유물을 취하려는 비도덕적 의지이며, 도둑질이라는 비도덕적 행위(adinnādāna-akusala-kamma)로 알려진다. 도둑질이라는 비도덕적 행위를 구성하는 다섯 가지 요인이 있는데 1) 남의 소유 2) 취하려는 것이 남의 것이라는 사실의 인식 3) 도둑질 하려는 비도덕적 의지 4) 훔치기 위한 특정 수단의 이용 5) 실제로 남의 소유를 앗아가는 행위 자체[28]이다. 어떠한 수단이 이용되든지간에 소유주의 동의 없이 그것을 취하는 한, 뒤따르는 것은 응보적 업보(adinnādāna-kamma-patha)뿐이다. 도둑질이라는 행위가 제3자의 지시에 의해 수행될 수도 있기 때문에 이러한 업은 말을 통해서도 일어날 수 있다.

도둑질의 결과로 얻어지는 업보 중에는 다음과 같은 것이 있다. 오랫동안 불안한 상태로 인한 고통, 또는 다른 선업으로 인간

---

27) *Ibid.* vv. 146. 147.

28) Dhs. A. 130 ; Sdhp. v. 61 ; see UJ. 60. f. (Dhammasanganı, ed. E. Müller, 1897, PTS.)

으로 다시 태어난다 할지라도 그는 이 새로운 세상에서 가난할 것이다. 그는 부를 얻지 못할 것이며 만약 그가 부자가 된다 하더라도 그 부를 지킬 수 없을 것이다. 제왕으로부터 살인자, 홍수, 화재 등으로 인한 위험 속에 처하게 될 것이다. 그는 쾌락을 즐기지 못할 것이며 사람들이 경멸하고 그에게 불평할 것이다. 『테라카타하가타(Telakaṭāhagathā)』에 따르면, "자신의 복만을 위하는 자가 남의 것을 훔친 죄가 있으면 내세에서 그는 더러운 걸레와 같은 옷을 걸친 천대받는 거지가 된다고 한다. 또한, 깨진 깡통을 들고 다니는 걸인이 되어 원수의 집 앞에서 온갖 모욕과 학대를 받으면서 하루의 양식을 구걸하게 될 것이다."[29]라고 하고 있다.

### 제3계 : 不邪淫

선행의 제3계(kāmesu micchācārā veramaṇī)는 '카메수(kāmesu)가 전통적으로 단수형태로 해석되어 불자들이 단지 불법적인 성관계만을 금하는 것으로 여겨지고 있다. 이러한 제한된 의미가 일반적으로 받아들여지기 때문에 우리는 광범위한 의미에서보다는 현재 '카마(kāma)'가 단수로 표현되었다는 가정하에 추론될 수 있는 것을 생각해보기로 한다.

'카마'는 남성이나 여성에 대한 성적 집착을, 그리고 '밋차카라'는 악행을 의미한다. 不淨의 비도덕적 행위(kāma-micchācārā-akusala-kamma)는 여성에 대한 남성의, 남성에 대한 여성

29) Tkg. v, 79;Sdhp. v. 78.
30) Sn. v. 396.

의 의지 또는 욕망이다. 붓다가 말하길, "현자는 부정을 마치 불구덩이와 같은 것으로 여겨 피해야 한다. 독신으로 살아갈 자신이 없는 자는, 최소한 남의 아내의 정조를 깨뜨려서는 안된다."[30] 라고 했다.

성욕이 모든 생물의 가장 강한 본능이라는 사실은 널리 인정되고 있다. 동물세계에서는 성적 충동이 주기적이고 계절적인 반면, 인간의 경우는 지속적인 것이므로 인간은 다른 생물보다 더욱 성적 자극에 민감하다. 정신적 발전으로 성욕을 절제할 수 있는 힘이 늘어나는 것은 당연한 귀결처럼 보인다. 그렇지만 성욕이 또한 보편적 생활관으로서 적게 해야 한다고 생각하는 것 역시 당연한 것처럼 보일 것이며, 그 가능성들은 가치에 있어 높은 평가를 받는다. 순결한 사람(brahmacariya)의 경우에 그의 종교관이 무엇이든지, 그 종교생활이 무엇이든지간에 이것은 확실히 진실이다.

인간 형태의 최고 발전된 경우와 거의 발전이 없는 경우 사이의 중간단계에서는 성욕이 여전히 제일의 본능이며 다음은 식욕 본능이고 세번째는 종교적 사고에 대한 종교 본능이다. 인간의 정신적 발전은 육체적 본능의 끊임없는 유혹과 도전을 받고 있다는 견해, 즉 일반적으로 '본성'이라 불리는 것이 쇠약과 있음직한 고통과는 상관없이 질적 세계가 아닌 양적 세계로 구성되어 있다는 견해가 받아들여질 수도 있겠다. 그러나 육체적 또는 물리적 세계가 인간의 정신세계와는 온전히 독립적으로 존재한다는 가정을 부정한다면 사람은 성욕이나 또 다른 본능의 궁극적인 원인을 찾기 위해 인간의 정신세계를 탐구하게 된다.

여기에 두 가지 요인이 있다. 삼라만상의 무상함(anicca)을 깨닫는 두려움, 그리고 힘의 과시이다. 전자는 미래에 자신의 행복을 위하여 어떤 초월적 존재를 기쁘게 하든 말든, 자신의 주변에서 자신의 자녀와 손자들이 성장하는 모습을 지켜보고 싶어하는 보편적인 욕망으로 이 세계를 영원한 것으로 만들고 싶어하는 욕구에 반영된다. 간단히 말해서, 가족 본능은 '인간은 결코 혼자되지 않을 것'이라는 막연한 생각을 하게 할 뿐만 아니라 현재의 고독을 몰아내고 우정을 키워나가려는 경향이 있다. 어쨌든 어딘가에 인간이 돌아갈 수 있는 어떤 친숙한 것이 존재할 것이라고 느낀다. 가족 생활은 모든 인간의 열망을 나타낸 것이며, 결코 비난받아야 할 성질의 것은 아니다.

대조적으로 혹자는 가족은 가족 본능을 통해 인간의 몇몇 최상의 자질들이 발전되어가는 수단이라고 할 수 있다. 왜냐하면 가족은 그 구성원들이 가족에 제한되거나 도시나 국가사회로 나아가거나에 관계없이 단체사회에 관심을 갖게 하기 때문이다. 그러나 이 네번째 계율은 일방적 행위라기보다는 성관계의 비행과 오용에 관해서 언급하고 있기 때문에 우리는 일반적 행위에 관해서는 다음 장에서 고찰할 것이며, 그때 평신도의 위치에 관해서 전체적으로 살펴볼 것이다. 그럼에도 불구하고 성의 전반적 문제에 관련이 있는 몇 가지를 여기에 언급하기로 한다.

인생의 가장 고귀한 행위가 종교적 독신생활이라고 때때로 생각되어 왔지만 여전히 대부분의 세상사람들은 독신을 선택하고 싶어 하지 않았거나 할 수 없었다. 따라서 결혼은 잡혼을 피한 경우라면 존경할 만하고 명예로운 것으로 인식되었음에 틀림이 없다. 초기 기독교에서 독신은 모든 기독교인들에 대한 규율이었다. 그러나 당대에 번영했던 光神敎(Mithraism)의 견해로 보았을 때 독신은 실현 불가능한 것이었다. 光神教는 독신생활을 강요하지 않은 점을 제외하고는 기독교와 거의 동일한 교리를 지니고 있었다. 기독교의 평신도에 대한 결혼 반대는 철회되었고 결혼을 성스러운 의식으로 기념하게 되었다.

붓다를 포함한 고대 인도인들은 종교적 독신생활을 인생에서 가장 고귀한 형태의 행위로 생각했다. 그러나 붓다는 "그 어느때에도 결혼 의식이나 결혼 상태를 종교적으로 지배하려는 시도는 없었다."고 평신도들에게 많은 충고를 하였다. 오히려 이는 한 집안의 가장이 된다는 것이 현재의 위치에서 최선의 가능한 결과들을 성취하여 자신의 의지로서 미래의 종교생활을 선택할 만큼 충분히 깨닫게 된다는 것이다.

두번째 요인은 초인적 힘을 소유한 신들의 개념, 그리고 보다 특별하게는 창조신의 개념과 전적으로 무관하지 않은 것 같다. 브라마차리야(Brahmacariya)에 이르고자 노력하면서 독신생활을 거부하려는 주변의 수많은 사람들과 겨루어야 한다면 그는 또한 창조자를 이상화시켜 모방하려는 그들의 의도와도 맞서야 한다. 독신생활의 반대는 창조 본능의 유물화를 의미하지만 창조 욕구는 또한 경쟁과 시기심을 낳고, 사람들과 국가들을 전쟁에 끌어들이는 힘을 추구하는 원인이 된다. 과잉 인구 해결책을 위한 필요성은 고통과 투쟁의 일차적 원인이라기보다는 부차적 요인이라 생각한다.

앞에 말한 것은 인간의 성행위를 감각적 차원이라기보다는 정신적 차원에서 보고 있다. 감각적 차원을 뛰어넘으려는 노력에서 그는 육체적 수련에 전념하여 육체를 통제하게 되고 따라서 정신적 제어까지도 가능하게 된다는 점은 주목할 만하다. 고전적인 예는 그리스인들인데 그들의 성에 대한 혐오와 신체건강에 대한 애착은 당시 샘족의 호화로운 생활과 매우 커다란 대조를 이루었다.

반면에 지금 우리는 신체건강에 있어 그리고 정신적 사고에 있어, 획기적 발전을 보았으며 사람들은 실외운동에 관심을 기울이고 있다. 이러한 것들이 상업적이거나 또는 비슷한 이유로 종종 이용되고 있는 것은 물론 애석한 일이지만, 정신집중을 위한 처음 단계는 육체의 통제에서 이루어진다는 것은 분명하고 본질적인 것이다. 비정상적인 성욕(과도한 성욕)을 근절하기 위해서는 그러한 생각이 나타나는 즉시 버려야 한다. "엉성한 지붕에 비가 스며드는 것처럼 욕망도 온전치 못한 마음을 뚫어버린다. 잘 지어진 지붕에 비가 스며들지 못하는 것처럼 욕망도 잘 발전된 정신을 뚫지 못한다."[31]

선행의 제3계율을 엄숙하게 준수하려는 자는 다음을 잘 기억하면서 행위가 흘러나오는 근원 즉 '그의 생각'을 정화시켜야 한다. "원수가 원수에게 또는 적이 적에게 행하는 해도 잘못 지향된 정신이 스스로에게 가한 해에 미치지는 못한다."[32]

그러나 다른 사람(실제로 그의 죄는 물건을 훔친 사람 못지 않다)의 부추김에 의해 절도를 범한 사람의 경우처럼 다른 사람에게 비행을 교사하는 사람 또한 죄가 크다. 세계문학의 주요 작품들조차도 기본 주제로 성을 다루고 있다. 동시에 도시의 거리를 메운 감각적 광고들 역시 우리의 생활공간 전반에 그 모습들을 침투시키고 있다. 이렇기 때문에 성에 관한 문제의 심각성은 애

---

31) Dh. vv. 13, 14;Uv. XXXI, vv, II, 17;Thag. 133, 134.
32) *Ibid.* v. 42;XXXI. v. 9.

초에 생각한 것보다 그 해결이 쉽지 않다. 여기에서 타인으로 하여금 악의 구렁텅이에 빠지게 한 자는 전적으로 비난받아야 마땅하다. 그 이유는 음란한 생각에 빠진다든가 음란한 행위를 보여주는 감각적 광고를 목격함으로써 성은 인간을 완전히 파멸시키는 악마가 되기 때문이다. 이 세번째 계율을 요약하면, 부정한 성행위에로의 탐닉은 당사자는 물론 사회 전반에 수많은 악을 불러일으키게 된다.

감각적 사고가 일어나는 사람은 유념을 통해 자신을 자제하는 법을 배워야 한다. 『사티팟타나 숫타(Satipaṭṭhāna Sutta)』는 "여기에 모인 승려들이여, 승려는 마음속에 관능적 욕망이 있을 때, 자신의 내부에 관능적 욕망이 존재한다는 것을 안다. 또한 자신의 내부에 관능적 욕망이 없을 때 관능적 욕망이 없음을 안다 …. 그는 일어나지 않는 관능적 욕망이 어떻게 일어나며 관능적 욕망의 거부는 어떻게 오는가, 그리고 거부한 관능적 욕망이 미래에 어떻게 또다시 생기지 않는가를 알고 있다."[33] 라고 적고 있다.

부정한 성교에서 나오는 사악한 결과들 가운데는 다음의 것들이 있게 될 것이다. 장기간의 불행한 상태에서 받는 고통, 전생에서 쌓은 공덕으로 인간으로 환생했다면 그는 보다 비천한 인간이 될 것이다. 그러한 사람은 수많은 원수를 얻게 될 것이며 그의 생은 화와 분노로 충만하게 될 것이다.[34]

이제 우리는 카메수(kāmesu)의 처소격 복수형태 카마(kāma)로서 본 계율을 해석해보기로 하자. 이러한 형태에서 본 계율은

---

33) D.II. 300;M. I. 60.
34) See Sdhp. v. 79;Tkg. v. 80.

오감과 관계하는 다섯 대상 즉, 시각적 대상, 청각적 대상, 후각적 대상, 미각적 대상 그리고 몸의 느낌, 즉 촉각적 대상에 대한 탐닉의 금지를 의미한다. 따라서 카메수 밋차카라(Kāmesu micchācāra)는 다섯 가지 감각기관과 관계된 부정하고 사악한 행위이다. 팔리 문헌 가운데 여러 곳에서 카마의 다섯번째 요소, 즉 몸의 느낌은 '부정한 성관계'로서 해석되었다. 이 다섯번째 요소야말로 다섯 카마들 가운데 가장 비난받는 요소일 것이다. 단지 성교와 관련있는 것으로서 카메수 밋차카라를 표현할 때 카마의 문법적 형태 - 단수냐 복수냐? - 는 무시되었다. 따라서 본 계율을 완벽하게 실천하기 위해서는 사람들은 다섯 가지 형태의 탐닉을 직접 간접으로 멀리하여야 한다.

## 제4계 : 不妄語

선행의 제4계 즉 불망어(musāvādā veramaṇī)는 거짓말의 금지와 관계하고 있다.

이것은 거짓을 말하는 행위, 즉 거짓을 진실이라고 다른 사람에게 확신시키는 것과 같은 진실의 은폐, 과장된 언어의 사용, 간략히 말해서 어떠한 의미에서든지 사실의 과장되지 않은 표현으로부터 벗어나는 것 모두를 포함하고 있다. 다소 분명치는 않지만, 그럼에도 불구하고 강조되어야 할 점은, 망어가 자신의 마음속에서 거짓인 것을 참인 것으로 받아들이는 것, 한 명제의 진리를 밝히려는 노력의 부족, 현재 자신의 이해력과 지능으로 최고 진리를 탐구할 수 있는 능력은 있으나 정확성의 부족 등을 의미한다는 점이다.

먼저 분명한 특징을 살펴보면 거짓말은 속이려는 자의 측면에서 볼 때, 말로써 다른 사람들의 善을 파괴하려는 노력이다. "다른 사람들을 기만하려는 의도로 상대를 속이려는 말과 행의 의지이다."[35] 진실을 없애려고 하거나 은폐할 필요가 없기 때문에, 진실되게 말하는 습성에서 신뢰가 싹튼다.

더욱이 진실을 말하는 자는 타인들의 마음속에 신뢰감을 불러일으켜 그들이 묵시적으로 그의 말을 믿고 있음을 알게 된다. "현자의 말은 그의 진실한 사고를 표현하는 것으로 가득차 있다. 어리석은 자들은 언어가 조잡하고 입술을 여는 데에만 급급하다. 따라서 그들은 현자가 아니다."[36] 다시 말해서 "진실은 불멸의 언어이며, 이는 가장 원초적인 법이다. 성자는 진실과 복 그리고 계율 속에서 탄생되는 것이다."[37] 바꿔 말하면, 상습적으로 거짓을 이야기하는 자들과 연합하는 것은 이롭지 못하며 거짓말은 심각한 결과를 가져올 수 있다. 여기에는 4가지 요소가 있다. 1) 거짓 자체 2) 기만 의도 3) 이에 수반되는 노력 그리고 4) 거짓을 전달하는 행위이다.[38] 거짓말이 다른 사람들에 의해 진실로서 여겨질 때, 이러한 행위는 업보가 되어버린다. 그것들을 다른 사람들이 믿지 않으면 나쁜 결과만이 나타난다. 업보(kammapatha)는 업생과 현생에서 그 결과를 얻는다. 이와 같은 비도덕적 행위는 저술이나 손을 통한 전달형태로써 행해질 수도 있으며, 신체의 문(kāyadvārena)[39]을 통해서 행해지는 것으로 알려지고

35) Dhs. A. 130.
36) Vin. I. 349;Ud, 61;cf. Uv. XV, v. 9.
37) S.I. 189;Sn. v. 458;Thag. 1229 ; cf. Uv. VIII. v. 14.
38) Dhs. A. 131 ; Sdhp. v. 65 ; See UJ. 61.
39) See Kkvt. 16 ; cf. Upāsakadaśāṅga, ed. Kanhaiyalal, Rajkot, 1961, I. 46 : writing false statements(kūṭalekhakaraṇa).

있다.

사건을 정확히 설명하려는 시도는 정확하게 무엇이 발생했는가에 대한 마음속의 태도가 분명해야 하기 때문에 진실을 말하는 습성은 정확하게 사고하는 습성에 달려 있다. 이와 같은 경우에, 망어(musāvādā)는 '잘못된 오해'일 수 있으며, 비행에 물들어 사실을 부인하거나 처벌의 두려움 때문에 변명하기에 급급한 자가 하는 '의도적인 거짓말'이 아닐 수 있다. 이야기가 그럴싸하게 들리도록 하기 위해 말하는 자가 생각하는 사고의 순서는, 후에 그의 사고방식 내지는 형태에 전체적인 영향을 미친다. 정확히 생각하고 정확하게 말하려는 지속적인 노력과 더불어 진실을 끈기있게 말하려는 자는 거짓을 대할 때마다 그것이 어느 정도 가려져 있다 해도 거짓을 밝혀낼 수 있는 능력을 얻게 된다.

상습적 기만자에게 가해지는 형벌은 진실을 알 수 있는 능력의 완전한 상실이다. 또한 이것은 변덕이 심하거나 피상적인 생각을 하는 이에게도 마찬가지이다. 三寶의 첫번째 보배인 붓다는 분별력의 배양을 강조하였다. 그러나 진실과 거짓이 자동적으로 혼동되면 분별력의 가능성은 없게 되며 거짓에 익숙한 자는 '법왕(Dharmarājā)' 즉, 붓다의 가르침을 전혀 이해하지 못할 것이다. 반면에 모든 언행에서 진실을 추구하는 법왕의 추종자는 正覺에 도달할 자격이 있다. 그는 또한 스스로 의심(vicikiccha)에 빠지지 않도록 꾸준히 분별력을 길러내야 할 것이다. 의심은 정신적 발전과 觀을 막는 다섯 가지 장애 중의 하나이며, 또한 인간을 윤회의 사슬(saṃsāra)에 얽매이게 하는 결악(saṃyojana) 가운데 하나이다.

망어(musāvāda)에 관계된 계율을 가장 높이 평가할 때, 사람들은 흔쾌히 다음과 같은 『법구경(Dhammapada)』의 한 구절을 인용할 것이다. "진실을 말하라, 노하지 말라, 너에게 요구하거든, 조금일지라도 있는 대로 주어라. 그러한 세 가지 조건을 이룸으로써 사람들은 신에 가까워질 것이다."[40)]

정확히 말하고 생각하는 일에 익숙한 자는 분노를 느끼지 않으며 어떤 사람이 보시를 필요로 하는 경우에 이를 지나치지 않는 매우 분명한 觀을 지닌 사람이다. 이때 사람이 신에 가까이 가기를 희망한다면 즉, 다른 말로 인간 상태를 초월하고 싶으면 진실되게 생각하고 말하는 것을 기르는 일이 최상의 방법이며, 실제로 그것이야말로 불교의 바탕인 것이다.

### 제5계 : 不飮酒

제5계는 음주에 대한 금지를 말한다. "불자는 음주를 해서는 안된다. 이러한 가르침을 따르는 사람은 남에게 술을 권해서도 안되며 음주를 용서하지도 말아야 한다. 왜냐하면 음주는 광기를 불러 일으키게 하기 때문이다. 어리석은 자들은 취기로 악을 행하며 다른 어리석은 자들마저 악을 행하게 한다. 악, 광기, 유혹 따위의 어리석은 자들에게 기쁨이 되는 것을 피하라."[41)]

오늘날 알콜을 함유하는 몇 가지 약물들이 질병치료에 효력이 있다 하더라도 정상적인 상태에 있는 사람에게 필요한 것은 아니다. 주류와 그러한 약물들에 대한 기본적인 반대 이유는 그것들

---

40) Dh. v. 224;Uv. XX, v. 16;cf. *Dasaveyāliya*, in Su. Ch, Ⅳ. p.950, Ch. VII. vv, II. 54.
41) Sn. vv. 398, 399.

이 잠시나마 정신적 시야를 왜곡시키기 때문이다. 그러한 경우에 불자는 자신이 지켜야 할 분별력과 경계심을 잃을 수도 있다. 다소 가벼운 것이라 해도, 아마도 이러한 왜곡현상을 가장 적절하게 설명해줄 수 있는 예는 '취중 운전자'의 경우이다.

주류와 약물을 자주 그리고 다량으로 복용하면, 그 자신에게 가해지는 해는 물론 매우 위험한 것이며, 그가 일시적으로 얻게 될 쾌락이 무엇이든 간에 머리가 점점 혼미해지는 경험을 하고 어리석게 행동했다는 기억이 남아 그에게나 친구에게나 만족이 있을 수 없다.

현재 몇 가지 오해되고 있는 것은 소위 '보다 높은' 선정 상태에 도달할 목적으로 환각제를 사용하고 있는 점이다. 이는 매우 위험한 것이며 제5계율의 위반임이 분명하게 언급되어야 할 것이다. 이러한 맥락에서 태국의 전 대상좌였던 왕자 바지라냐나 바로라사(Vajirañāṇa-varorasa)의 마리화나에 관한 언급을 인용할 수 있다.

인도 대마초. 또 다른 마취제는 대마초 또는 인도 대마초(Cannabis Sativa)라 불린다. 이것은 소량으로 신경마취를 위한 의학적 목적으로 사용된다. 그것은 또한 습관성 약물이며, 환각작용을 갖고 있다. 중독자들은 대개 이것을 피우는 형태로 사용하고 있다. 그것은 주로 신경계에 반응하여 시각적, 청각적 환각을 동시에 일으킨다. 따라서 대마초 복용자가 보고 듣는 것은 왜곡되거나 과장된 현상들이다. 예를 들면, 밧줄이 뱀으로 보이고 북소리는 천둥이나 포성으로 들린다. 계속해서 이러한 현상은 병적인 공포를 유발하여 결국 정신착란과 광기로 끝나게 되는 억제할 수

없는 홍분을 일으킨다.[42)]

불교경전에서는 음주의 문제에 대해서는 대체로 개략적으로만 언급하고 있다. 훨씬 중요한 것은 그 원인들이기 때문이다. 일반적으로 생각해볼 때, 이러한 원인들은 일종의 상쾌한 기분을 얻기 위한 시도에 있다. 전자는 일시적이며 거짓된 행복감과 관계하고 후자는 슬픔을 가라앉히기 위함이다. 이러한 상태에 빠진 중독자들에게 마구 비난을 가하는 것보다는 그러한 상대들을 정확하게 이해하고 구제될 수 있는 방법을 일러주는 것이 보다 이로울 것이다. 정신상태에 관한 그러한 이해심은 불교 가르침의 본질적인 요소이다.

## 2. 팔계(Aṭṭhaṅga Sīla)

전술한 삼보와 5계는 스스로를 부처님의 제자가 되고 싶었던 평신도들에 의해 설정된 것이다. 평신도들은 삼보와 5계를 언제나 도덕과 관계하는 요소들로 여겼을 것이 틀림이 없다. 오계에 세 가지의 계율을 추가함으로써 팔계(aṭṭha-sīla)가 이루어지며, 우포사타(Uposatha) 시대에 시행되었기 때문에 우포사타 실라(Upo-satha Sīla)라고 불리기도 한다.[43)] 추가된 세 가지 계율은

---

42) *Pañcasīlapañcadhamma*, published in commemoration of the Third Cycle of the Birthday Anniversary of H.M. King Bhumibol Adulyadej by the Mahāmakuta Educational council, the Buddhist University, Thailand, December 2506(1963).

43) Uposatha : Vedic upavasatha, the eve of the Soma sacrifice during which day it is prepared. With the advent of Buddhism the word had come to mean the

6) Vikā-labhojanā veramaṇī sikkhāpadaṃ samādiyāmi(나는 무절제한 식사를 금한다)[44] 7) Nacca-gīta-vādita-visūkada-ssana-mālāgandha-vilepana-dhāraṇa-maṇḍana vibhūsa-naṭṭnānā vermaṇī sikkhāpadam samādiyami(나는 춤추는 것, 노래하는 것, 음악, 기묘한 연극을 보지 않고 화관, 향수, 화장품, 개인 장신구 등을 사용지 않는다.) 8) Uccāsayana-mahā sayanā veramaṇī si-kkhāpedaṃ samādiyami(나는 높은 자리에 앉지 않는다)이다.

팔계(aṭṭha sīla)가 지켜지던 시대에 제6계는, 평신도는 정오에 식사를 하고 그날 더이상 음식을 먹지 않는 것이다. 제7계는 자명한 것이며 더 이상의 설명이 필요치 않다. 여덟번째 계율은 높은 침대나 의자를 사용할 경우, 높은 지위나 개인적 중요성과 관계될 수도 있다는 점에서 그 저의가 있다. 물론 침대나 의자가 마룻바닥이나 그 지면의 높이보다 낮아야 함을 의미하지 않는다. 그러나 때때로 팔계를 지키는 평신도에게 있어 '사회생활을 회피하라'는 제언은 분명 최우선 과제이다.

팔계가 지켜지는 동안의 시간적인 면을 보면 그 계를 지키는 것이 주기적이기 때문에, 주기적 공덕이 되지만 붓다고사는 다음과 같이 말하고 있다. "다섯번째 이원일위(dyad)에서 '주기적 공덕'은 시간 제한을 정한 뒤에 지키는 것이며, '평생지계(āpāṇa

four stages of lunar month's waxing and waning, namely, Ist, 8th, 15th and 23rd. The Buddhists adopted this day as their weekly sacred day(equivalent to Sabbath).

44) See Vin. I. 83. IV. 274 : D. I. 5 ; A. I. 212. II. 209 ; Sn., V.400 ; cf. Dasaveyā liya, op. cit., Ch. IV., p. 950, Ch VIII, p. 28.

koṭi-ka sīla)는 살아있는 날까지 수행하는 것을 제외하면 위와 똑같은 방법으로 행해지는 것이다. 따라서 팔계는 '주기적인 것과 평생지계'의 두 가지 종류가 있다.[45] 우포사타 실라의 커다란 진보는 독신의 실천에 있다. 매일 매일 오계를 준수하여 가족생활을 보호하고 부정한 감각적 행위에 탐닉하지 않음은 물론, 팔계를 준수하여 완전한 독신생활을 실천해야 한다. 팔계를 엄격히 수행하고자 하는 평신도의 생활형태는 명상과 거처(Vihāra), 숲이나 여타의 격리된 장소에서의 다른 종교적 행위에 제한된다. 그리고 수행하는 기간에는 몸을 가릴 정도의 가장 소박한 옷을 입는다. 그러나 본질적으로 팔계를 지키는 동안 그는 그의 가족에 대해 집착해서는 안된다. 그 수행은 일종의 잠정적 절제를 동반하기 때문이다.

## 3. 십계(Dasa Sīla)

십계는 사문과 가족에 집착하지 않을 수 있는 보다 경건한 평신도를 위하여 붓다가 설한 계이다. 그들은 일정 기간 동안, 또는 평생동안 이를 지킬 수 있다.

십계에서는 팔계(Uposatha Sīla)의 제 7단계가 둘로 갈라지는데 하나는 춤, 노래, 음악, 그리고 기괴한 무언극을 멀리하는 계를 지킨다. 다른 하나는 '화환, 향수, 사적인 장식을 멀리하는 계를 지킨다'인데 이는 제8계에 해당한다. 붓다는 가능한 한 평생

---

45) Vism. 12.

동안 길게 모든 쾌락에서 멀리하는 것이 중요하다고 강조한 것이다.

제9단계는 8단계에서와 마찬가지로 높은 자리에 앉지 말도록 하는 것이고 제10단계는 십계에만 있는 것으로 다음과 같다. Jāta-rūpa-rajata-paṭiggahanā veramaṇī sikkhāpadam Samādiyāmi(나는 금, 은을 받아들이는 것을 금하는 계를 지킨다).

# 제5장 도덕의 기본 이념

## 1. 삼보와 계율과의 관계

앞서 삼보와 계율의 본질에 대해 각각 고찰하였다. 이제 이들이 연관되었을 때 그 의미를 생각해보기로 하자. 이러한 접속은 다음 두 가지 측면에서 제시될 수 있다. 하나는 삼보와 계율의 관계이며 다른 하나는 인생관에 대한 그 영향이다. 여기서 우리는 이 두 가지가 각자 개별적인 것이라 해도 '붓다'와 '법'에 관한 개별적 연구보다는 '붓다－법'을 연구하게 된다.

첫번째 측면에서 만약 우리가 붓다만을 고찰하면, 우리는 그렇게 하는 것에 대한 필요한 지식과 장비도 없이, 어떤 초월적인 상태를 주장하게 되는 것이다. 결과는 단순히 '종교'일 것이고 계율은 단지 임의적인 것으로 나타날 것이다. 그러나 불교의 계율은 '붓다'에서 비롯된 것이다. 우리는 붓다를 이 세상에서 젊은 시절을 보낸 사람으로, 이 세상에서 깨달음을 이룬 사람으로 생각할 수 있다. 따라서 계율은 그 자체로 끝나지만 세속에만 국한되는 것이 결코 아니다. 계율은 최상의 상태에 이를 수 있는 영원한 동반자이며 필수적인 준비사항일 것이다.

붓다는 자신에 관해 "나는 모든 것을 극복했고 모든 것을 터득했다. 나는 모든 것에 집착을 하지 않으며 모든 것을 버렸다. 갈애를 멸하여 나는 자유롭다. 홀로 지고한 깨달음이 있으니 누가 나의 선생인가?[1]"라고 말했다. 이 구절은 경전에 흔히 나타나지만 다음의 구절이 나오는 「우다나품(Udānavarga)」의 「여래품(Tathāgatavarga)」에서 그 완전한 문맥이 형성된다. "나는 베나레스에 가야만 한다. 나는 영원한 세계의 북을 쳐야 한다. 이 세상에서 아직 한번도 돌아본 적이 없는 法輪을 돌려야 한다."[2] 법륜을 돌린 후, 붓다는 "여기에 들었으니 너는 '苦'가 끝나게 될 것이다. 화살의 제거를 깨달았을 때 그 길은 열렸도다."[3]

'화살', '투창', '가시' 등을 의미하는 살라(sallā) 또는 샬야(śalya)와 '슬픔의 화살' 또는 '가시'를 의미하는 소카샬야(sokaśalya)는 인도문헌에 빈번이 등장하고 있다. 『랄리타비스타라(Lalitavistara)』는 붓다를 마하살야하르타(mahāśalyahartā) '위대한 화살의 제거자'로 묘사했다. '화살들'은 육욕(rāga), 증오(dosa), 우치(moha), 자만(māna), 사견(diṭṭhi), 슬픔(soka), 우유부단(kathaṃkathā)[4] 가운데 있다. 이것들은 사람들을 윤회하도록[5] 만드는 '장애요소(結)'와 다름없다. 이와 같이 비할 데 없는 깨달음을 이룬 붓다는 아직까지도 단지 윤리학과 관련되어 세인에게 알려져 있다.[6]

---

1) Dh. v. 353;Sn. v. 211 ; M. I. 171 ; S. II, 284 ; Vin. 1. 8 ; Uv, XXI. v.I, etc.
2) Uv. XXI, v, 6;cf. Vin, I. 8;Mtn. 327 ; Lal. 406.
3) Dh. v. 275 ; Ndi. 59.
4) See Ndi, 59;cf. *Samavāya*, in Su. Vol. I. 318.
5) See p.82, note 4.(B·E).
6) See p.67, note I.(B·E).

두번째는 삼보와 계율이 함께 결속된 경우로서 그 이후의 전반적인 인생관을 그냥 두고 '붓다-법'이 어찌 구성되며 제시되어야 하는가 하는 전체적인 문제를 제시한다. 신도는 기본적인 지도를 받아야 하고, 비구들도 더 높은 차원의 지도를 받아야 한다고 가정할 수 있으나 항상 그렇지는 않다. 지계를 실천하는 것과 연기설을 깨닫는 것 사이에 그을 수 있는 분명한 선이 없으며, 비구의 지적 능력과 신도의 지적 능력 간에 어떠한 장애물도 없는 것이다. 따라서 여기서 쟁점은 항상 마음과 직관에서 벗어나는 것이었다. 그리고 신도보다 비구가 더 빨리 이러한 일을 할 수 있다고 하더라도, 그 신분에 관계없이 이를 이해할 수 있는 사람에게 그 가르침을 하지 말아야 할 이유는 없다.

승가가 형성되기 이전인 二寶에 귀의한 드베바시카(dvevacika) 시대를 생각해보자. 비파시불(즉, 이 책 제1장에서 언급된 7불 가운데 첫번째 불)의 경우에는, 그가 출가했을 때부터 그 주변에 항상 그의 제자들이 따라다녔다. 결국 그가 깨닫게 되는 한적한 곳으로 물러감에 따라, 어쩔 수 없이 그는 그 제자들을 버려둘 수밖에 없었다. 비파시불은 깨달은 후 전법을 도울 수 있는 잘 교육받은 사람들을 모으기 위해 고향 반두마티(Bandhumatī)에 있는 두 명의 옛 친구들에게 갔다. 그들은 비파시불이 알기에 매우 지식이 많고 도덕적인 친구들이었다.

고타마 붓다 역시 깨달은 후 자신의 다섯 친구들을 찾아갔다. 그들은 모두 철학에 상당한 학식을 갖고 있었다. 당시에 다섯 친구들 말고 그를 따르는 자는 없었다. 그는 베나레스에 가서 다른 설법자들이 한 것처럼 모인 사람들에게 설법을 했고 상당한 성과를 거두었다. 야사와 그의 부모님에 대한 이야기는 이미 앞에서 상세히 설명했고[7] 승가는 그때 7명이었으며 야사의 아버지, 어머니 그리고 처 등 3명의 신도가 가세했다. 따라서 우바새와 우바이로 알려진 재가 신도들은 삼무티이건 아리야 상가이건 승가가 형성된 후에 바로 나타난 것이 분명하다. 그러나 야사와 그의 가족과는 별도로, 고타마 붓다의 가르침은 곧바로 마가다 국에서 소동을 일으킬 만큼 충분한 관심을 불러 일으켰다. 즉, "사문 고타마는 가족들이 아들 없이 지내고, 여자들이 과부가 되고 혈통을 끊는 방법을 가르치고 있는 것이다."[8]라는 말이 인구에 화자되고 있었다.

동시에 장래의 은둔자들은, "가정생활은 속박이다. 이는 먼지로 가득찬 길이다. 가정을 떠나는 것이 대기 속으로 나가는 것이다. 집에 묶여서는 조개처럼 닦인 그 완전한 정화상태의 지고한 삶을 살기란 쉽지 않다. 틀림없이 나는 머리와 수염을 깎고 노란 가사를 입고 집을 떠나 출가해야 할 것이다."라고 말하고 있다.[9]

## 2. 원시불교에서 평신도의 위치

불경에 여러 번 나타나고 있는 위의 어구로부터 붓다가 은둔자, 지금 은둔자는 아닐지라도 장래의 은둔자들에게 설법했다고 주장할 수도 있다. 이것은 결코 그렇지 않다. 만일 그러한 주장을

---

7) See p. 80, note 5.

8) Vin. I. 43 : *aputtakāya paṭipanno samaṇo Gotamo vedhavyāya paṭipanno samaṇo Gotamo kulūpacchedāya paṭipanno samaṇo Gotamo*

9) D.I. 63.

하려면 붓다 시절, 인도에서는 많은 은둔자들이 있었음을 염두해 두어야 한다. 그 전례는 바이카나사스(Vaikhānasas)[10] 시절까지 거슬러 올라간다. 당시, 어떤 스승에게도 적어도 자신의 가르침을 연구하는 동안 제자들이 은둔자가 되었다는 것은 그다지 특별한 일이 아니었다. 사실 그것은 제자들이 할 수 있는 최소한의 행동이었다. 한 집단의 사문들은 비록 그들이 특별한 가르침을 꼭 따를 필요는 없더라도 그들은 영원히 은둔자이다. 어떠한 스승의 탁월성은 자신의 특별한 가르침으로 얼마나 많은 사람들이 은둔자가 되는가에 달려 있다.

위에 인용한 율장에 따르면 이는, 마가다 국에서 붓다로 인해 일어난 현상이다. 그러나 이러한 상황에서 알 수 있는 것은 붓다가 다른 설법자들보다 더 성공적이었다는 점이다. 그는 자기 과장이나 자기 선전이라는 값싼 이유로 그들을 가정에서 나오도록 유혹하지 않았다. 생활필수품이 필요한 경우, 가장들은 은둔자에게 편익을 제공했고 자신들의 종교와 관계없이 음식과 옷을 제공해주었다. 불교의 출가자들은 어느 다른 은둔자들과 마찬가지로 가장에게 의지할 수 있었다.

붓다의 가르침을 따르는 추종자의 수가 늘어나고, 점차 비구에 대한 순서적인 정진이 필요하게 되자, 당연히 평신도와의 접촉도 늘게 되었다. 우기 동안에[11] 마음이 착한 가장들은 특별히 비구들에게 모자라는 것과, 음식을 공양하여, 음식을 구하기 위해 돌

10) See Ch. I. p. 30(Buddhist Ethics)

11) This is called 'sojourn of rainy season' *(vassāvāsa)* similar to keeping Lent. See Vin. III. 10. ; Mtn. 16. 8.

아다닐 필요가 없었다. 이런 관습은 3개월간의 우기가 없는 나라에서까지 계속되고 있다. 우기가 끝날 즈음, 가장은 비구에게 의복을 만들어준다. 기대한 대로 가장들은 비구를 존경하고 좋아하였으며 포살일(Uposatha)에 관한 비구들의 설법을 듣고 흔히 자신을 '우바새' 또는 '우바이'라고 칭하였다. 그러나 다른 종교와 마찬가지로 평신도가 할 수 있는 것도 있었다. 불교의 가르침은 어떤 의식을 포함하지 않았으며 의식과 행사의 효능을 믿는 것이 재출생의 윤회로 가는 또 하나의 장애 요소라고 주장했다. 동시에 어떠한 평신도도 청중으로서가 아닌 베다나 바라문 의식에의 참석이 허용되지는 않았을 것이다. '희생의 국자(sacrificial ladle)[12]를 잡는' 단순한 행동조차 함축적인 의미를 가지며, 이전에 상당한 연구를 했음을 암시하는 것이다.

불교와는 달리 초기 인도종교에서는 찬송하는 것은 성직자의 특권이었다. 훨씬 나중에 생긴 종교에서조차 성전의 낭독은 미리 정해진 막간이면 몰라도 평신도에게는 거의 맡겨지지 않았다. 불교 평신도가 기여한 것이 있다면, 다른 종교의 경우에서나 또는 국교나 국가의 보조 없는 생활에서처럼 가르침을 연구하고 계율을 지키고 비구나 비슷한 사람들을 후원한 것이라 할 수 있다. 그러한 것은 신도들이 자신의 돈을 할당하는 방식을 설명하고 있는 본 장의 뒷부분에 언급되기 때문에 여기서는 더 이상 언급하지 않겠다.

---

12) D.I.120 : Soṇadaṇḍa brahman, having enumerated the qualities of a true brahman as those of high birth, high scholarship, commanding physical appearance and high morality, concludes : 'He is a wise man and a sage, the first or the second to hold up the sacrificial ladle.'

우바새나 우바이 말고 『니카야(Nikāya)』에는 붓다의 설법을 듣는 대중(parisā)[13]들에 관해 설명하고 있다. 대중의 범위는 승려계급(Samana-parisā)과 神衆을 포함하며 반면에 세속의 신도들은 3가지 계급으로 분류된다. 즉 왕족(Khattiya-parisā), 바라문(Brāhmana-parisā), 그리고 평민계급(Gahapati-parisā)[14]이다. 이 경우에 衆(parisā)대신 마하살라(mahāsāla) 혹은 판디타(pandita)라는 말로도 쓰이고 있다. 왕족과 바라문과 더불어 거사 계급을 따로 분류한 것을 보면, 거사라는 용어가 여기서는 '상류층의 가장' 즉 전문인이나 기업가 그리고 공인을 지시하려고 했던 것 같다. 카스트 제도의 전조로서 생각되는 4가지 계급 가운데, 유일한 다른 하나는 숫다(Sudda) 혹은 '하인 계급'으로 여기에서는 언급되지 않았다. 그러나 그러한 계급이 붓다의 가르침에서 제외되었다고는 할 수 없다. 사실 우리는 처음에 다음과 같이 시작하고 있는 『사만냐팔라 숫타(Sāmaññaphala sutta)』에서 그 설법을 찾을 수 있다. "가장 또는 가장의 아들 또는 어느 다른 부족 중 하나가 여기에 법을 들으러 온다. 법을 들은 후, 그는 여래에게 확신을 얻는다."[15] 그 세 가지 무리 가운데 왕족은 가장 적은 수의 추종자, 그리고 거사들은 가장 많은 추종자를 갖는 계급이었다. 그러나 붓다가 열반에 들기에 가장 적당한 장소로서 붓다에게 특별히 제안된 도시, 즉 참파(Campā), 라자가하(Rājagaha), 사밧티(Sāvatthi), 사케타(Sāketa), 코삼비(Kosambi), 베

---

13) *parisā* : lit. company, association, assembly.

14) *khattiyas* : the warrior class; *brāhmaṇas* : the brahman or priestly class; *gahapatis*: the householders.

15) D.I. 62. f.

나레스(Banaras) 등에는 수없이 많은 3계층의 모든 마하살라들이 있었다.[16)]

『니카야』에서 「바라문품(Brāhmaṇavagga)」과 「거사품(Gahapativagga)」이라는 칭호를 갖는 많은 품 가운데, 바라문이란 말은 일반적으로 브라만 카스트의 구성원을 언급하지는 않는다. '바라문'은 그 칭호로 이상적인 부류를 나타내기 위한 것이다. 「거사품」은 변함없이 전문인, 공인과 관계하고 있다. 가파티에게 주어지는 교육의 정도는 설법을 듣는 사람들의 깨닫는 능력에 따라 그 차이가 있다. 예를 들면, 『상윳타 니카야(Saṃyutta Nikāya)』의 두 가지 「거사품」에서 한 거사가 5계를 지키고 3보, 즉 불·법·승가에 귀의하고 사성제를 포함한 인연법을 깨닫게 되었다고 한다.

『상윳타 니카야』는 가장의 의무에 대해 다음과 같이 열거하였다. 1) 부모에게 봉양하고 2) 가정의 연장자를 공경하며 3) 고운 언어를 사용하고 4) 욕설을 금지하고 5) 인색하지 않고 6) 관대한 행동을 하며 7) 진리를 말해야 하며 8) 화를 내지 않는 것 등이다.

『앙윳타라 니카야(Aṅguttara Nikāya)』의 「거사품」에서는 가장의 특별한 미덕을 다음과 같이 열거하고 있다. 삼보에 대한 확신, 자선과 관대, 종교적 설법에의 흥미, 영적인 진보에 있어 자만심을 버릴 것, 사견·의심·규칙과 의식의 효능을 믿음, 색·욕·악의 등의 五結을 제거할 것, 가장은 또한 확신(saddhā), 도덕(sīla), 겸손(hiri), 부끄러움(ottappa), 많은 학식(bahussuta),

16) D. II. 146.

자선(cāga), 지혜(paññā) 등의 미덕을 갖고 있는 것으로 기대되었다.

그러나 이러한 것들은 어느 정도의 깨달음이 있어야 하며, 적어도 불교철학에 관한 학식을 포함하고 있다. 보다 엄격한 윤리적 가르침은 『디가 니카야』를 참고한다. 지금 이것은 『대반열반경(Mahāparinibbāna Suttanta)』에서 가장 간결히 언급되었는데, 여기서 파탈리가마(pāṭaligāma)의 '우바새'들이 붓다에게 마지막 여행은 자신들의 휴양지를 방문하는 게 어떻겠는가하고 물어보았다.[17] 붓다는 그렇게 했고 그들에게 행한 설법에서 그들을 '거사(Gahapati)'로서 소개했다. 붓다는 계율을 위반한 이들이 받는 5가지 나쁜 결과에 대해 설하였다.

(1) 게을렀음으로 빈곤하며 (2) 악평을 들으며 (3) 군인이건, 브라만이건, 거사이건, 사문이건, 그곳으로 나아갈 때 확신의 결여 (4) 죽음의 두려움 (5) 고의 상태에서 재출생함을 선함과 동시에 계율을 지킨 것에 대한 5가지 선한 결과도 역시 똑같이 설하였다.

전생에 붓다가 행한 훌륭한 행동을 묘사하고 『디가 니카야』의 락카나 숫타(Lakkhaṇa Sutta)[18]는 그러한 행동의 윤리적인 면에서 선행, 신체, 언어 생각에서의 자제, 자비로운 행동, 계(Sīla)와 포살일(Uposatha) 때의 계율, 부모, 사문, 브라만에 대한 보살핌, 다른 사람의 선행을 진작시키는 것 등을 지적하고 있다. 가장의 의무를 명백하게 명시하고 있는 『시갈로바다 숫타(Sigālovā

17) *Ibid.* II. 85.
18) D. III. 142-79.

da Sutta)』[19]에서는 살생, 거짓말, 투도, 성적인 폭행을 멀리하여 충동, 미움, 망상 또는 두려움에서 저질러지는 공격을 하지 않는다. 음주와 도락을 멀리하며, 성시에 가지 않으며, 나쁜 친구와 사귀지 않는다. 나태하지 않으며, 친구들로 가장한 적을 피한다. 부모, 스승, 자식, 부인, 조언자, 하인, 노동자, 사문, 브라만을 모두 보살핀다.

가장의 목적은 神界에 다시 태어나는 데 있으나 이러한 개념은 불교 이전의 것이며 업을 주장하는 모든 의견들이 이를 뒷받침하고 있다. 『니카야』에서는 신으로 다시 태어난 많은 선한 가장들을 소개하고 있다. 마지막 여행길에 오른 아난다 존자에게 행한 설법에서 붓다는 "나의 우바새 추종자들 가운데 가장 뛰어난 자들은 대개 아나함(anāgāmi), 사다함(sakadāgāmi) 그리고 수다원(sotāpanna)으로 다시 태어났으며, 3보를 따르고 계를 지킨 자들은 카마바차라(Kāmāvacara)의 신으로 다시 태어났다. 그러나 뛰어난 우바새는 이곳이 아무리 좋을지라도 어떤 세간(loka)이나 경계(āvacara)에 다시 태어나길 바라지 않을 것이다. 왜냐하면 그곳은 생과 사가 모든 것을 지배하기 때문이다."라고 말했다.

"과연 거사가 이승에서 아라한이 될 수 있는가? 그래서 재출생을 피할 수 있는가."에 대한 물음은 매우 논쟁의 여지가 많고 계속 논쟁의 주제가 되어왔다. 거사가 아라한에 이를 수 없다는 견해는 초기 경전에서 그 근거를 찾기 어렵다. 따라서 이는 불교학파의 가설일 수 있다.

아라한은 비구, 비구니, 우바새 혹은 우바이를 뛰어넘은 초월

---

19) *Ibid.* III. 180-93.

적 상태이다. 경전에 따르면 많은 가장들은 열반에 도달했다. 아난다(Ananda K. Coomaraswamy)가 명확하게 말하기를, "신도 아라한이 불교에 알려지지 않은 것은 아니다〔『앙굿타라 니카야(Aṅguttara Nikāya)』, iii. 451에 21명이 언급되었고 고타마의 부친인 숫도다나(Suddhodana) 왕 역시 특별히 언급되었다〕. 그러나 세속적인 임무를 완수하는 것이 곧 해탈방법이라고 하지는 않았다."[20]

『밀린다팡하(Milindapañha)』에서는 아라한이 된 거사는 승단에 들어와야 하며 그렇지 않으면 죽는다고 하고 있다.[21] 이러한 견해 역시 초기경전과 일치하지 않는다. 그것은 저자에 의해 자신의 작품속에 투영된 '현대 인도 신앙'일지 모른다. 아라한이 된 뒤에 거사가 그의 가정이나 가족에 애착을 느끼지 않는다는 것은 명백하다.

『법구경』과 『디가 니카야』 전반부와 같은 가장 오래된 경전들은 모두 번뇌(āsava)를 강조하고 있다. 이것은 사성제의 실현과 일치하는 번뇌의 멸을 제시하고 있는 것이다. 『법구경』은 일반적 의미의 속박은 제외하고, 결속(saṃyojana)을 언급하고 있다. 뛰어난 우바새 우바이가 수다원(sotāpanna), 사다함(sakadāgāmi), 아나함(anāgāmi)로 다시 태어났다고 하는 위의 인용문을 떠올리며 그들은 우바새 우바이로서 현세에서 번뇌를 멸하고 아라한이 되는 것을 기대할 것이다. 번뇌라는 말의 완전한 함축적인 의미

---

20) *Buddha and the Gospel of Buddhism* by Ananda K. Coomaraswamy, Harper & Row, New York, 1964, p. 212. Jains also accepted the liberation*(siddhi or mokkha)* of householder. See *Paṇṇavaṇā*, in Su., *op. cit.*, Vol. II. 272.

21) Miln. 264 ff.

를 생각하면, 우리는 그것이 절대적인 실체로서 브라만에 관계하고 있는지 일상적인 경험의 대상인 名色에 관계하는가에 따라, 깨달음이 '높다(parāvidya)' '낮다(aparāvidyā)'하는 전통적인 인도사상을 알게 된다. 파라비드야는 특별한 것들의 세부사항을 채우는 것들이 아니라 有識(an insight into the principle of being)이며, 높은 깨달음을 이룬 사람에게 낮은 깨달음은 결코 깨달음이 아니라 단지 무명의 형태인 것이다. 따라서 아비쟈(avijjā, skt. avidya)를 至高한 깨달음의 결여 또는 '무명'으로 번역하였던 것이다. 그러나 지고한 깨달음의 결여를 완전히 멸한다는 것이 사성제와 일치하고 있기 때문에, 그리고 붓다는 이것을 자신의 문하에서 비구가 종교적인 생활을 하는 궁극적인 이유라고 설명하기 때문에 마치 거사가 현세에서 아라한에 이르는 것이 어려운 것처럼 보이게 한다.

한편 출가생활을 하는 사람들만이 현세에서 이상에 도달할 수 있다고 주장하는 것 역시 정당화될 수 없다. 아자타삿투(Ajātasattu)에게 행한 붓다의 설법이 있다. 『사만냐팔라 숫타(Sāmāññaphala Sutta)』에 있는 이 설법에 따르면, 왕이 일어나 가버렸을 때, 붓다는 그의 아버지가 살해되지 않았다면, 그가 거기에 앉아 있더라도 진리의 눈이 생겼을 것이라 말했다.[22] 다시 『법구경』에는 다음과 같이 기술하고 있다. "사람이 옷을 입었다 하더라도 자신이 냉정하게 행동한다면 끊임없이 조용하고 자제하며 정숙한 생활을 하고, 다른 사람을 다루는 데 있어 막대기를 들지

22) D.I. 86.

않는다면 그는 브라만이고 사문이고 비구이다."[23] 다시 "다른 사람으로부터 보시를 구할 때 그는 비구가 아니다. 법의 모든 규칙을 지켰다고 해서 비구가 될 수는 없다. 선악을 초월하여 금욕적인 생활을 하고 세상이 현상인 것처럼 걸어다니는 사람, 그가 비구이다."[24]

이 포괄적인 견해는『법구경』에만 나와 있는 2개의 게송에 가장 간결하게 표현되어 있다.

"허공(空)에는 발자국이 없다. 외적으로 사람은 은둔자가 아니다. 인간은 다양성을 좋아한다. 여래는 어떤 다양한 확장이 없다."[25]

"허공에는 흔적이 없다. 외적으로 사람은 은둔자가 아니다. 조건화된 것은 영원하지 못하며 붓다에게는 불안전성이 없다."[26]

이것과 이와 유사한 인용문으로부터 비구, 브라만, 사문, 거사 또는 세속적인 것 따위의 용어가 실제 정신적 발전 상태와 차이가 없다고 말하고 싶으면 '자아'의 본질에 관한 긴 대화 마지막에 붓다가 한 설법이 그 뒷받침을 해야 한다. 붓다는 "이것들은 단지 명칭이고, 미사여구이고, 표현이고, 개념이다. 이 세계에 속하는 것이다. 그리고 여래는 그것들 중 어느 것에도 묶이거나 집착하지 않고 사용한다."[27]라고 말했다. 그러나 그들은 '세계에 속하고' 붓다가 그의 가르침을 말로 하는 것은 세상사람들의 입장과

23) Dh. v. 142.
24) *Ibid.* Dh. vv. 266. 267;Uv, XXXII vv. 18, 19.
25) *Ibid.* v. 254.
26) *Ibid.* v. 255.
27) D. I. 202.

깨달음에 따르는 것이다. 비구란 말이 세속적인 의미를 갖지 않는다면 왜 종교적인 생활을 지지하는가? 그리고 만일 종교적인 생활을 지지한다면 세상에 남아 있는 사람들에게 생길 수 없는 장점이 있어야 하지 않는가? 그 장점은 현재 생활에서, 특히 출가를 한 사람에게 아라한에 이르도록 해주는 형식성에 있다. 만일 그렇게 출가하지 않은 사람들이 자신들도 아라한이 될 수 있다고 생각하면, 그들이 노력하는 것을 막을 수는 없다.

붓다가 열반에 드신 지 하루만에 계율이 준수되었고, 불교의 성지를 방문, 또는 순례하는 것은 현재 매우 흥미로운 일이다. 성지 또는 靈廟(cetiya)는 붓다 시대보다 훨씬 오래전부터 인도에서 흔한 것이었으며 일반적으로 흔히 신령 또는 악령이 있다고 믿어온 땅이나 나무, 돌 등이었다.[28] 비나야(Vinaya)는 붓다가 머물렀던 두 곳의 영묘를 언급하고 있는 반면에[29] 『파티카 숫탄타(pāṭika Suttanta)』와 『대반열반경(Mahāparinibbāna Suttanta)』에는 베살리(Vesāli) 주변에 있었던 영묘를 언급한 부분이 있다.[30] 숫탄타 후반부는 사란다다(Sārandada)의 영묘, 베살리[31]에 있는 카팔라(Cāpāla), 보가나가라(Bhoganagara)에 있는 아난다 영묘(Ananda-cetiya), 쿠시나가라(Kusinārā)의 말라스에 있

28) See p. 55, note I, and associated text(Buddhist Ethics)

29) Supatiṭṭha-cetiya and Aggālava-cetiya at Ālavi near Rājagaha, Vin, I, 37; II. 172.

30) Udena-cetiya to the east of vesāli, Gotamaka to the south, Sattamba to the west, and Bahuputta-cetiya to the north. D. III. 9; also II. 100.

31) *Ibid*, II, 107. The beauty of Vesāli and its six cetiyas was commented on by the Buddha when, with Venerable Ānanda, he had gone to spend the day at the Cāpāla-cetiya.

는 마쿠타반다나 영묘(Makuṭabandhana-cetiya) 등도 언급하고 있다.[32] 붓다에게 베살리의 영묘는 의심할 바 없이 매력적인 것이었다. 왜냐하면 그곳은 시로부터 멀리 떨어져, 아침에 보시로 모은 음식을 먹은 뒤에, 선정을 하기에 적절한 아주 조용한 곳이었기 때문이다.[33]

사회적 지위나 뛰어난 영적인 성취를 한 사람의 유골에다 작은 구릉을 세우는 것은 고대 인도의 관습이었다. 『대반열반경』에 따르면, 붓다는 스투파(Stupa)가 여래, 연각(Pacceka Buddha), 성문(Tathāgatasāvaka) 그리고 라자 칵카밧티(Rājā Cakkavatti) 등의 성골 위에 세워졌으면 하고 말한 것으로 되어 있다.[34] 같은 경에 따르면, 스투파는 4개의 큰 길이 만나는 곳에 세워져야 하며 방향은 붓다의 유골이 화장되는 방법에 관한 설명에 따라야 한다고 하고 있다.[35]

붓다의 유적지를 방문하는 것에 앞서 순례해야 할 네 장소가 있는데 붓다의 탄생지, 붓다가 깨달은 곳, 처음 설법을 했던 곳, 열반에 드신 곳 등이다. 그런 순례 과정에서 죽은 사람들은 행복한 세계에 다시 태어나게 될 것이다.[36] 그러나 여래의 유물에 경배드리는 일은 왕족(khattiya), 브라만, 거사(gahapatigandita)에게 맡겨진다. 비구는 그들 자신의 영적인 발전을 위해 힘을 비축

---

32) *Ibid.* II. 123 and II. 163 respectively.
33) *Ibid.* I. 71.
34) *Ibid.* II, 142.
35) D.II. 142.
36) *Ibid.* II. 140, 141.

한다.[37)]

이는 다음과 같다. 비구나 비구니, 우바새나 우바이 등, 법에 따라 알고 법에 들어와 법에 따라 올바른 과정을 걷고 있는 그는 여래에게 가장 높은 그리고 최고의 경배를 표시하는 사람이다.[38)] 불교 성역에로의 순례는 오늘날 결코 평신도에게 국한된 것은 아니며, 순례는 전통적인 숭배 의미가 아닌 최고의 존경을 표하는 것이다.

## 3. 持戒에 대한 붓다의 가르침

평신도에게 부여된 지위가 무엇이든 간에, 붓다 당대이건, 아니면 전세기를 통틀어 실현되건 간에, 사성제는 궁극적으로 불교도들이 생활속에서 생각하고 행동해야 할 만한 역할을 결정적으로 제시해주고 있다. 불교철학은 무상, 고, 무아에 있으며 이는 신도가 계율에 따라 살기를 작정할 때부터 염두해두어야 하는 것이다. 그래서 다시 다음의 경구를 언급하고자 한다.

"도덕은 지혜로 모두 씻겨지고 지혜는 도덕으로 모두 씻겨진다. 도덕이 있는 곳에는 지혜가 있고 지혜가 있는 곳에는 도덕이 있다. 계를 준수함으로써 지혜가 오고 지혜를 신용하매 도덕이 온다. 도덕과 지혜는 둘다 세상에서 최고의 덕목이다. 그것은 마치 한 손을 다른 손으로 닦고, 한 발을 다른 발로 닦는 것과 같

---

37) *Ibid.* 141.
38) *Ibid.* II. 138.

다. 그래서 지혜는 도덕을 닦게 하고 도덕은 지혜를 닦게 된다."[39]

다시 "모든 악행을 피하고 선행을 하며 마음을 정화한다. 이것이 붓다의 가르침이다."[40]라는 『법구경』의 구절은 그 논리적 절차를 제공하고 있다. 또한 『법구경』의 "나무 하나만이 아니라 숲을 베어라. 그 숲에서 두려움이 생긴다."[41]라는 구절은 그 숲의 크기와 성질을 깨달아야 할 필요성을 지적하고 있다. 그리하여 그 가르침의 철학적인 의미에 대한 깨달음을 지적하고 있다.

붓다 당시에 철학적인 토론이 성행했고 붓다는 때때로 방법이나 도의 전반적인 문제를 보편적인 지계에서부터 다시 생각하기 위하여 잠시 철학을 배격하는 입장을 취했다. 그런 경우에 있어서, 그는 자신의 행동과 승가의 행동에 대한 그 영향을 지적하면서 불교철학의 우수성을 설하고 있다. 그리고 주목할 만한 예는 벌거벗은 고행자 가섭과의 대화에 잘 나타난다. 그리고 이것은 현재 우리가 다루고 있는 것과 관계가 있는 다른 중요한 문제를 담고 있기 때문에 그 대화를 다음과 같이 길게 인용하였다.[42]

한때 붓다께서 우준냐(Ujuñña)에 있는 녹야원(Kaṇṇakatthala)에 머무르고 있었다. 벌거벗은 수도승 가섭이 붓다에게 다가와 다정하고 예의바르게 인사를 한 후에, 한쪽에 서서 말했다. "제가 듣기에 사문 고타마께서는 모든 고행과 종교적인 금욕생활을

39) D.I. 124.
40) Dh. v. 183.
41) *Ibid.* v.283;Uv XVIII. v. 3.
42) D.I. 159-63.

인정하지 않고 이를 실천하며 고행하는 사람들을 전적으로 비난한다고 하던데, 그렇게 말하는 사람들이 옳게 말한 것인가요? 아니면 잘못 말하고 있는 것인가요? 그들이 당신의 가르침에 따라 그렇게 말하는 것인가요? 아니면 같은 신자가 어떤 나쁜 이유로 당신을 왜곡시키고 있는 것인가요? 저희는 당신이 왜곡되고 있는지 걱정이 됩니다."

"가섭아! 그렇게 말하는 사람들은 나의 말을 올바르게 말하고 있지 않다. 그들은 유념이 없어 나를 잘못 말하고 있다. 천안의 순수함을 가지고 인간의 볼 수 있는 능력을 초월해, 나는 이런 것들을 볼 수 있다. 이 세상에서 스스로 가련한 고행의 삶을 이끄는 사람 가운데 죽어 몸이 멸하여 어떤 자는 고의 상태로, 또 다른 사람은 행복한 하늘의 세계에서 태어난다. 내가 절대진리로서 그러한 고행자들의 오고감을, 현세와 환생을 유리시키는 의식 등을 알게 되었는데, 어떻게 모든 고행을 책망하고 비난하겠는가? 어떻게 내가 그것을 실천하며 고된 삶을 사는 이들을 책망하고 비난하겠는가?

가섭아! 토론에는 현명하고 능숙하며 논쟁에서는 경험이 풍부하고 사소한 것들을 따져 물으며, 말하자면 상대방의 생각을 자신의 지혜로 깨뜨려 조각내는 사문과 바라문이 있다. 그들과 나는 어떤 점에서는 서로 일치하며, 어떤 것에는 일치하지 않는 문제들이 있다.

나는 그들에게 가서 말했다. '친구여! 우리가 일치하지 않는 문제에 대해 현자들에게 질문하도록 하고, 이유를 묻게 하고, 선생과 함께 혹은 제자들과 함께 그 문제를 토론하도록 하자. 나쁜 것이나 또는 나쁘다고 생각된 것, 비난할 만한 혹은 그렇게 받아들여진 것, 존자들이 가까이하기에 바람직하지 못한 것, 어울리지 않는 것, 사악한 것, 또는 그렇게 받아들여진 것에 대하여 누가 이러한 것들이 완전히 멸진되어 존재하는가? 사문 고타마인가? 많은 제자들과 함께하는 다른 스승들인가?'

가섭아! 현자들은 반문을 하고 이유를 묻는 것으로부터, 같이 대화함을 통해서 그들은 이렇게 말한다. '나쁜 것, 나쁜 것으로 받아들여진 것, 비난할 만하고, 그렇게 받아들여진 것, 존자들이 가까이하기에 바람직하지 못하고, 걸맞지 않으며, 사악하거나 그렇게 받아들여진 것, 그것들을 사문 고타마가 남김없이 멸한 것으로 처신한다. 많은 다른 설법자의 경우 이는 그렇지 않다.'

그리고 다시 '선한 것, 비난이 없는 것, 존자가 가까이하기 바람직하며, 일치하는 것, 순수하고 그렇게 생각되는 것, 이들 모두를 누가 완전히 갖고 있는가? 사문 고타마인가, 아니면 많은 제자를 가진 다른 선생들인가?' "[43]

붓다는 토론에서 모든 선생들 가운데 자신만이 그러한 조건들을 모두 취했고 자신의 제자들이 악이라고 생각되는 것을 다른 스승의 제자들보다 훨씬 더 멀리했으며 善에 더욱 가까이했음을 지적했다. 다음 그는 가섭에게 八正道를 설법한다.

이 대화는 다음의 요점들을 명확히 하고 있다. 첫째, 나중 세대들이 붓다의 가르침에 기인하고 있는 엄격한 내핍생활이 그 당시 사람들에 의해 완전히 지지된 것은 결코 아니다. 둘째, 붓다는 단순한 철학적 논의가 어떤 흡족한 결과를 가져올 것 같지 않음을

---

43) D.I. 162 f.

분명히 했다. 셋째, 유익한 결과로 이르는 논의는 그 차이점보다 그 일치점에서 시작하는 것이 더 좋을 것이라 했다. 넷째, 이런 희망찬 출발은 모두 의견에 비추어 명백한 선 또는 악으로서 받아들여진 것을 다룬다. 다른 말로 출발점은 도덕적 가치가 있어야 할 것이다. 다섯번째로, 최고의 도덕적 의견은 가장 건전한 철학적 견해를 갖는 사람의 의견이다.

만일 그렇다면 붓다의 가르침이 재평가를 위해 일반적 도덕성까지 거슬러 올라간다. 좋건 나쁘건 또는 그렇게 받아들여진 것이 재차 참조된다면, 추천된 일반 미덕은 무엇이며, 개인에게 어떤 영향을 주며, 어떻게 그들이 지역사회를 위해 쓰여야 하는가?

## 4. 평신도에 대한 제언

가장에게만 특별히 설법한 것 가운데, 『대반열반경』의 설법은 한 집단에게 행한 것이고 시갈로바다(Sigālovada)의 설법은 한 개인에게 한 것이다. 전자는 이미 앞부분에서 설명했으며, 후자는 대단히 세부적인 것으로 특별한 표제하에 행해져야 한다. 설법의 상황은 다음과 같다.

최근에 죽은 한 장자의 아들 시갈라(Sigāla)는 이전에는 종교에 흥미가 없었으나 그의 아버지가 죽자 아침 목욕을 한 후 즉시 하늘과 땅,[44] 여러 방향에 기도하는 데 동의했다. 그런 상태에서

---

44) 'In the *Satapatha Brāhmaṇa*(Sacred Books of the East, XII, 283;XLIII, 277, 314) five, and also seven *disās* as well as four are mentioned in rites. In the

붓다는 그를 보고 무엇을 하고 있는가? 하고 물어본 다음, 그 방향의 참된 의미와 그리고 그들을 숭배하는 시갈라의 행동의 참된 의미를 설명했다. 여섯 가지 방향인 동, 서, 남, 북, 하늘, 땅은 각각 부모, 선생, 아내, 자식, 친구, 동료, 하인, 일꾼, 종교 지도자, 브라만을 각각 상징하는 것으로 여겨진다(육방예경). 이 설명의 서두로 붓다는 네 가지 동기로부터 일어나는 나쁜 행동과 재산과 부의 손실을 가져오는 여섯 가지 행동을 버려야 한다고 말하고 있다. 붓다는 장자의 아들이 네 가지 불순한 행동을 버리고 사악한 행동의 네 가지 조건, 또는 원인을 행하지 않고, 재산 손실을 초래하는 여섯 가지 행동을 추구하지 않으면 자신의 제자라고 했다.[45] 여기서 네 가지 불순한 행동이란 살생, 투도, 욕애, 망어 등의 계율을 위반한 것들이다. 사람이 행동하지 말아야 할 네 가지 동기가 있는데 충동(절제되지 않은), 편견(chanda), 증오(dosa), 두려움(bhaya), 미혹(moha) 따위가 바로 그것이다.[46]

그러나 경에는, 계율을 위반하여 제멋대로 행동하는 사람은 마치 달이 차면 이지러지듯이 파멸한다고 하면서 나쁜 동기로 추구

---

*Grihya Sūtras* (S.B.E, XXIX, 320, cf. 232;XXX, 171, 194, 213, 278. These *Sūtras* Contain the rules of Vedic domestic ceremonies. *Grihya* means 'houseness') the four quarters are to be worshipped in connection with certain rites. And so much self - anointing or contact with water is enjoined that the lay celebrant may well have had both hair and garments wet as Sigāla had'. *Dialogue of the Buddha*, Part III by T. W. and C. A. F. Rhys Davids, Pali Text Society, London, 1965, p. 170, and also see pp. 168–72. For further information of the quarter–worshippers(*disāpokkhiyas*) see the *Bhagavatī*, in Su., *op. cit.*, Vol. I. *sataka*, II, uddeśaka, 9.

45) D. III. 181.

46) *Ibid.* III. 182.

한 결과에 대해서만 언급하고 있다. 그렇지만 『앙윳타라 니카야』의 여러 경전에서는 이를 자세히 다루고 있다. 자제되지 않는 충동에 대하여, 스스로 억제하는 것을 지지하는 것으로서, 죽음을 두려워하여 그 위안을 얻고자 붓다에게 간 두 명의 늙은 바라문의 이야기를 하려 한다.[47] 그들은 그들이 숭고한 행동이나 칭찬받을만한 일을 하지 않았다고 했다. 붓다는 그들에게 세상을 늙음, 병, 죽음이 휩쓸 것이며, 고통을 치유할 유일한 방법은 몸과 말, 생각을 스스로 자제하는 것이라고 설법하였다. 그러한 자제는 초월자에게 피난처, 보호처, 휴식처를 제공하며 보호를 해줄 것이다.[48] 『법구경』에서 두번째 나쁜 동기인 증오 또는 미움에 대하여, 어떠한 것에도 이득을 주지 못하며 더욱이 그것을 가지고 장난하는 사람은 죽음을 가지고 놀고 있는 것임을 역설하고 있다. 왜냐하면 이는 死界의 부분이기 때문이다.[49]

「臆行品(Uragavagga)」 역시 "어느 사람이든지 그가 이를 좋다, 나쁘다라고 생각하건 간에 화를 낼 수 있다. 일단 화가 사그라들면 그는 마치 불에 데인 것처럼 뜨거움을 느낀다."[50] 그리고 "사람은 화를 내지 않음으로써 화를 다스려야 하고, 선으로 악을 다스리게 하고, 관용으로 탐욕을, 진실로 거짓을 다스려야만 한다.[51] 노여움에 자극되지 않고, 절제되어 있고, 올바르게 살며, 올바른 깨달음으로 자유로워진 사람에게 과연 어디서 노여움이

---

47) A. I. 155.
48) Cf. p. 27, note 6; *Thāna*, in Su., Vol. I. 204.
49) Cf. p. 28, note 2.(Buddhist Ethics) Dh. vv. 5·6; see also Uv.XIV. V. II.
50) Uv. XX., v 4.
51) Dh. v. 223; J. II, 4; Uv, XX, v. 19; cf. *Dasaveyāliya*, *op. cit*, Ch. VII. vv. 38, 39.

생기겠는가? 그 사람에게 노여움은 존재하지 않는다."[52]라는 가르침을 우리에게 주고 있다.

미혹은 3악근(hetu)의 하나로 엄격히 '모하(moha)'로 생각될 수 있다. 다른 두 가지는 탐욕(lobha)과 증오(dosa)이다. 증오는, 어떤 행동도 증오심을 가지고 범해서는 안되며 현재의 네 가지 동기 중에 특별히 언급하고 있다. 그러나 미혹은 종종 무명의 동의어로 간주된다. 그리고 그러한 관계에서 '미혹'보다 더 광범위한 의미를 갖고 있다. 욕망(chanda)과 동의어가 아닌 탐욕의 뜻을 포함하기 위해 보다 광범위한 의미가 필요한 것으로 보인다. 그렇지만 여기서 무명으로 생각하는 것은 『시갈로바다 숫탄타(Sigālovāda Suttanta)』에서 장자의 아들에게 행한 충고 이상이 되므로 탐구심의 부족(ananuricca)과 깨달음의 부족, 즉 꿰뚫어 볼 수 있는 능력의 부족(apariyogāhetrā) 등 깨달음을 성취한 현자와 비교했을 때, 어리석은 사람들에게 나타나는 전형적인 두 가지 속성만을 언급하고자 한다. "탐구를 하고 완전히 꿰뚫어 볼 수 있는 현명한 사람은 꾸중들어야 하는 사람에게 꾸중하고 칭찬받아야 할 사람에게 칭찬을 한다."[53] 이러한 사람은 충분히 생각해서 믿을 만한 판단을 내린다.

다음, 네번째 동기인 두려움 때문에 어떠한 행동도 해서는 안되는 것이다. 두려움은 네 종류로 나뉠 수 있는데, 자책의 두려움(attavādānubhaya), 다른 사람의 책망에 대한 두려움(paravādā nubhaya), 벌에 대한 두려움(daṇḍabhaya), 내세에 나쁜 결과에

52) S.I. 162;Thag, 441;Uv. XX. 20.
53) A.I. 89.

대한 두려움(duggatibhaya)[54]이다. 그런 두려움들은 행동하는 데 장애물이 되기도 한다. 그러나 만일 두려움이 무시된다면, 그리고 그 두려움에도 불구하고 나쁜 행동을 범하게 된다면 그런 행동을 한 자는 두려움에도 불구하고 범행을 범했다기보다는 오히려 두려움 때문에 행동한 것이라고 할 수 있다.

두려움은 도덕적인 부끄러움이나 불안과 유사하며(hiriottappa), 이들은 善識의 형태로 제시되는 2개의 심소이다. 반면에 공포에 대한 인식은 존재의 조건들과 연속성이 두려움과 공포로서 나타난다는 사실을 깨달은 것이다. 존재의 무상함을 깨달은 사람은 '업작용(saṅkhāra)'을 두려움으로 보고 있다. 이는 그 업작용이 죽음까지 이끌기 때문이다. 업작용을 苦로 여기는 사람에게는 '존재의 영속성은 그것이 강압적이다'라는 점에서 두려움으로 나타난다. 업작용을 무아(impersonal)로서 생각하건 간에 이것은 존재의 영속성과 마찬가지로 텅빈 마을이나 또는 신기루와 같이 두려움으로써 나타난다. 그것은 타락이 없고 올바른 과정을 따르고, 慧로써 간주되는 8가지 깨달음 가운데 하나이다.

일반적인 의미에 있어서 慚(hiri)과 愧(ottappa)는 세계를 보호하는 광명의 상태로 여겨지고 있다. 왜냐하면 부끄러움이 없으면 어머니와 이모, 아줌마, 선생의 부인 또는 존경할 만한 사람의 아내 사이에는 차이점이 없기 때문이다. 그렇게 되면 세상은 동물 사이에 존재하는 것과 같은 난잡한 상태가 될 것이다.[55] 참(hiri)은 또한 덕망있는 사람이 숭상하는 그리고 神界로 이끄는 네 가

54) A. II. 121. ff.
55) A. I. 51.

지 선한 자질에 속한다.[56)]

『시갈로바다 숫탄타』는 재산과 부를 잃게 하는 여섯 가지 과정을 언급하고 있다. 음주, 밤늦은 시간에 배회하는 것, 빈번한 오락, 도박, 나쁜 친구와 사귐, 나태 따위이다. 이중 첫번째는 부의 손실뿐만 아니라 싸움을 조장하고, 질병에 걸리기 쉽게 하며, 나쁜 평판을 받고, 좋지 못한 행동과, 명예 손상을 초래한다. 야밤의 배회는 그의 재산을 보호하지 않고 그의 아내와 가족을 홀로 남겨두게 된다. 잦은 오락에 탐닉하는 것은 그의 생각을 끊임없이 그러한 오락에 몰두하게 만든다. 도박은 부의 손실 이외에도 잃어버린 돈을 생각하며 슬퍼하게 되고 돈을 딴 사람을 미워하게 된다. 법정에선 도박자의 말은 신뢰할 수 없다. 도박하는 사람은 친구들에게 경멸받고, 아내를 돌보기에는 적당하지 않기 때문에 그를 결혼할 사람으로 생각할 사람은 아무도 없다. 나쁜 친구와 사귀는 것은 도박꾼, 난봉꾼, 술고래, 사기꾼, 협잡꾼과 사귀는 것을 말한다.

게으른 사람은 너무 더워서, 너무 추워서, 너무 늦어서, 너무 빨라서, 그리고 배가 고프다 또는 과식했다는 등 변명을 하면서 일하지 않는다. 한편, 그가 해야만 할 것은 하지 않은 채 항상 남아 있게 되고, 그가 이미 얻었던 재산은 서서히 사라진다. 그러나 게으름은 『시갈로바다 숫탄타』에서 한 것보다 더 넓은 형태로 나타날 수 있다. 왜냐하면, 게으름은 혼침수면(thīna-middha)과 동의어로서, 정신적 발전과 觀에 대한 五障 가운데 하나를 나타내고 의식의 비도덕적 요소가 되기 때문이다. 이와 관련해서 '게

---

56) *Ibid.* IV. 236; Uv. X. v. I.

으름'은 전혀 아무것도 하지 않는 것이 아니라 어떤 경우에서나 선을 위하여 최대의 노력을 하지 않는 것으로 생각할 수 있다. 게으름을 그 반대말인 유념(조심)과 비교하면서 다음과 같은 특징적인 게송이 나오는 『법구경』의 「不放逸品(Appamāda Vagga)」을 참고해보자.

유념은 '불사'상태에 이르는 길이다. 태만은 죽음에 이르는 길이다. 유념한 사람은 죽지 않으며, 태만한 사람은 이미 죽은 것이나 다름없다.[57] 정진(energy), 유념(vigilance), 자제(control)를 통하여 현자는 홍수로도 어쩔 수 없는 섬을 짓는다.[58] 앞에 나오는 가르침은 명백히 개인과 관계가 있으며, 그의 친지와 관계를 생각하기 전에 우리는 그의 환경에 대한 훌륭한 사람의 영향을 생각해볼 수 있다. 『앙굿타라 니카야』에는 그 직유로서, 그 냄새가 바람 방향으로 그리고 그 반대 방향으로 퍼지는 향수로 표현하고 있다.[59] 여기서 붓다는 은둔자, 브라만, 신들, 그리고 인간이 아닌 것들이 모두 삼보에 귀의하고, 5계를 지키고, 덕이 있고, 자연을 사랑하고, 인색함이 없이 가정에 안주하며, 손을 열어 보시하는 데 기뻐하고, 도움을 청할 수 있는 사람이고, 다른 사람과 함께 선물을 나누며 기뻐하는 사람을 칭찬한다. 그런 미덕의 효과는 나라를 위해 한 왕이 쌓은 국방력[60]에, 그리고 농작물을 기름지게 한 비의 효과에 비유할 수 있다.[61]

---

57) Dh. v. 21;Uv. IV. v. I.
58) *Ibid.* v. 23;*ibid.* IV. v. 3.
59) A.I. 225 f.
60) J. I. 280.
61) J.IV. 244, 245.

# 제6장 사회에 대한 평신도의 의무

## 아이들과 부모

부모에 대한 자식들의 의무는 초기부터 인도에서 강조되었다. 『룩카담마 자타카(Rukkhadhamma Jātaka)』에는 나무와 숲의 직유를 통해 가족의 단결을 강조했다. 숲은 바람의 힘에 견딜 수 있는 반면, 나무 한 그루는 그것이 아무리 크다할지라도 그렇지 않다.[1] 붓다는 세속적인 생활에 그대로 머물기를 결심한 모든 사람들에게 하나의 사회적 단위로서 가족의 명예와 위신과 더불어, 가족의 유대감을 권장하면서 가족 관계를 강조하였다. 아소카 에딕츠(Asoka Edicts)는 자식들의 부모에 대한 의무에 상당한 관심을 보이고 있다. 여기서 우리는 예를 들어 "아버지 어머니에게 순종하는 것은 장한 일이다.[2] 아버지 어머니에게 올바른 행동은 순종이다.[3] 아버지 어머니에게 순종하라.[4] 아버지 어머니에게 귀

---

1) J.I.329 : *Sādhu sambahulā ñāti api rukkhā araññajā, vāto vahati ekaṭṭhaṃ brahantam pi vanaspatiṃ.*

2) Rock Edict, Girnar, III. line 4 : *sādhu mātari ca pitari ca susūsā.*

3) *Ibid.* XI. line 2 : *samyapatipati mātari pitari sādhu sususā.*

4) *Ibid.* XIII, line 3 : māta pitri suṣushā.

를 귀울여라."[5] 등의 경구를 볼 수 있다. 이런 것들은 "아버지를 신으로 생각하고, 어머니를 신으로 생각하라."[6]라는 우파니샤드에 있는 금언이 변한 것이라고 할 수 있다.

『앙윳타라 니카야』에 그 부모가 존경을 받는 가족은 칭찬받게 될 것이라고 기록하고 있다. 붓다가 말하기를, "그런 가족들은 범천(sabrahmakāni)에 속하며, 초기 위대한 스승과 함께 하는 것으로 간주된다 (sapubbacariyakāni). 그들은 '보시를 받을 만한 가치'가 있다(āhuṇeyyā)."[7]라고 했다. 이 말은 붓다가 승가에 관해서 설할 때 사용한 것이기 때문에 커다란 차이를 보이는 표현이다.

붓다는 "부모들도 역시 자식들을 위해 많은 것을 하고, 그들을 양육하고(āpādakā), 그들을 돌보고(posakā), 세상에 대해 많은 것을 가르쳐 주어야 한다."고 하고 있다(lokassa dassetāro).[8] 부모를 봉양하는 의무는 현자가 권장한 세 가지 선행에 포함되어 있으며 다른 두 가지는 자비의 실천, 그리고 출가이다.[9] 부모님에게 진 빚은 갚기가 힘들다. 그것은 자식들이 부모로 하여금 법을 확신케 하며 도덕 속에서 살도록 하며, 관대함으로 소심함을 없애도록 하며, 어리석은 마음을 버리고 지혜 속에서 살도록 해 주는 경우에 부모의 은혜를 갚을 수 있다. 『시갈로바다 숫탄타』

---

5) Pillar Edict, Delhi Topra, VII. line 29 : *matāpitisu sususāyā* (for the above references see *Corpus Inscriptionum Indicarum*, Vol. I. ed. by E. Hultzsch, London, 1925).

6) *Taittiriyopaniṣad*. I. ii.2 : *mātṛ devo bhava pitṛ devo bhava.*

7) A. I. 132 ; It. 109 f.

8) A. I. 62, 132 ; It. 110.

9) *Ibid.* I. 151.

는 자식들이 부모님을 섬기는 다섯 가지 방법을 제시하고 있다.

1) 나는 나를 키워준 부모님을 봉양할 것이다.
2) 나는 부모에게 해야 하는 의무를 다한다.
3) 나는 그 뒤를 확실히 잇는다.
4) 나는 유산의 방법을 따른다.
5) 돌아가신 사람에게 마땅히 선물을 바친다.

이에 대한 답례로 부모는 다음과 같이 자식들에게 사랑을 보여 주어야 한다.

1) 악행으로부터 자식들을 멀리하고
2) 자식들을 덕으로 인도하고
3) 직업을 갖도록 자식들을 교육시키고
4) 자식을 위해 적당한 결혼을 주선하며
5) 마땅히 자식들에게 유산을 물려준다.[10)]

위에 규정된 어떤 의무도 이행하지 않은 아이들이 있었다. 오히려 그들은 리어(Lear) 왕의 자식들이 행한 과정을 따랐다. 그 이야기는 『상윳타 니카야』[11)]에 담겨 있는데, 한때 부자였던 늙은 바라문이 남루한 옷을 입고 지친 채 사밧티(Sāvatthi)에 있는 붓다를 방문한다. 바라문은 자신에게 네 명의 아들이 있는데, 자식들이 그들의 아내와 함께 자신을 쫓아냈다고 말했다. 붓다는 바라문에게 사람들이 마을의 회관에 모였을 때, 다음과 같은 시를 읊도록 했다.

---

10) D.III. 180. See A. I. 61 f;UJ. 270;cf *Ṭhāna* in Su., Vol. I. 260.
11) S.I. 175-7.

나는 그들의 탄생을 기뻐했고
그들을 갖기를 원했다.
그들은 지금 그들의 아내와 함께
나를 돼지 취급하여 나를 물리치고 있다.

나쁘고 사악하도다.
아이들처럼 친하게 말했던 자들이여
나를 돌봐주지 않고
늙고 외로운 내 곁을 떠나는구나.

거친 말에게 음식을 못먹게 하고
거처를 빼앗듯이
그들은 그들의 아버지를 멀리 쫓아내
다른 집에서 구걸하게 하는구나.

못된 자식이 나를 버리는 것보다
차라리 막대기가 더 좋다.
적어도 그것은 황소를 쫓을 수 있고
천한 개를 내몰 수 있다.

그러나 한때 어둠속에서 방황했고
지금 안락한 장소를 얻었으니
은처에 굳게 의지하여
한때 비틀거렸지만 지금 나는 굳건히 서 있도다.

그 늙은 바라문은 붓다의 충고를 따랐으며 그의 아들들은 자신

들의 행동을 바로잡게 되었다.[12]

행동 규칙들을 지킨 데에 대한 보답으로 신의 지배자인 제석천(Sakka)의 경우가 있다. 제석천은 그가 사람이었을 때, 다음의 일곱 가지 조건을 준수했다고 한다.

1) 그는 그의 부모를 봉양했고
2) 가족은 가장을 존경했고
3) 온화한 말씨를 사용했고
4) 욕설을 하지 않았으며
5) 마음은 더러운 행동으로부터 멀리하며, 관대함으로 가족을 돌보았고 남의 청을 기꺼이 들었고 보시하는 일에 기뻐했으며
6) 진실을 말하고
7) 화를 내지 않았다. 만일 화가 나면 그는 재빨리 화를 억눌렀다.

그렇게 살고 행동한 결과로서 도리천(Tāvatiṃsa)신은 그를 '善人(Sappurisa)'이라 불렀으며 그는 당연히 신들의 지배자가 되었다.[13]

## 남편과 아내

가장에게 충고한 것 가운데 남편과 아내의 관계에 대한 것이 많다. 왜냐하면 그들은 그들 자식에 의해 신으로 받들어져야 하

12) S.I. 175-7.
13) S.I.228.

기 때문이다. 나쿠라(Nakula) 부모의 이야기를 예를 들어보면,[14] 나쿠라의 아버지가 편찮아 누워 있는데, 어머니는 아버지에게 고통스런 마음으로 죽는 것은 그 다음 악한 결과가 뒤따르는 것임을 상기시키면서 다음과 같이 남편을 안심시키고 있다.

"솜을 틀고 실을 감아 자식을 부양하고 가정을 이끌고 갈 수 있으며, 부부가 16년 동안 함께 잘 살아왔으므로 재혼하지 않을 것이며, 전보다 더욱 따뜻하게 존자와 승가에 속한 사람들을 환영할 것이며, 어떤 우바이보다 持戒를 충실히 따를 것이며, 마음의 평정을 얻고, 법과 율(dhammavinaya)에 확고하여 의심을 하지 않고, 우유부단하지 않고, 자신감이 있고, 다른 사람에게 의지하지 않으며 붓다의 가르침에 따라 살아갈 것이다."

이러한 그녀의 말은 남편을 충분히 치료할 만했다. 그는 자리에서 일어났고 머지않아 지팡이를 짚고 붓다를 찾아갔다. 붓다는 "나쿠라의 어머니 같은 그러한 인정 많고, 남편의 복을 빌며, 상담자이며 스승인 그러한 부인을 얻게 된 그의 커다란 복에 대해 말씀하시고는 자신이 어떤 여자 제자를 갖는다면 그녀를 선택하리라."고 하였다.

서쪽에 대한 시갈로바다(Sigālovāda)의 동경을 해설하는데, 경에서는 남편이 아내를 만족시키는 다섯 가지 방안을 제시하고 있다.

1) 아내에게 예의 바르고
2) 아내를 멸시하지 않고
3) 아내에게 충실하며

---

14) A. III. 295-8

4) 아내에게 권위를 부여하고

5) 아내에게 필요한 장식품을 주는 것

그 대가로 아내가 남편을 섬기는 방법은,

1) 집안을 잘 정돈하고

2) 친척에게 친절하며

3) 충실하며

4) 그의 재산을 돌보며

5) 근면한 것 등이다.[15)]

『앙윳타라 니카야』에는 자신의 일을 완전히 수행한 부인의 경우를 설명하고 있다. 여기서 붓다는 여자가 이 세상에서 힘을 얻을 수 있고 이 세상을 지배하는 네 가지 자질에 대해 열거하고 있다.[16)]

"그녀는 자신의 일을 할 수 있다. 남편의 가내수공업이 무엇이든지 간에 솜이건 털이건 그녀는 능숙하고, 알고싶어 하는 마음으로 일을 하고, 그것을 수행할 수 있다. 그녀는 그녀의 하인을 다룰 수 있고 각각의 의무를 알며, 이러한 것들이 수행되는 것을 본다. 더욱이 그녀는 질병에 대해 알며 음식을 적절하게 분배할 수 있다. 그녀는 남편의 인가를 검토하고 남편이 가져온 돈, 곡물, 금, 은 어느 것이든지 안전하게 지킨다. 붓다가 이르길, 이러한 자질로서 '그녀는 힘을 얻으며 이 세상을 지배한다."[17)]

그러나 이것이 그녀의 궁극적인 한계를 긋는 것은 아니다. 그

---

15) D. III. 190

16) A. IV. 269.

17) A. IV. 270: *matugamo idhalokavijayaya paṭipanno hoti, ayaṃ sa loko araddho hoti.*

녀는 피안의 세계에서도 힘을 얻고 피안의 세계로 갈 수 있다. 어떤 수단으로? 확신과 미덕, 자비와 지혜를 확고히 함으로써, 확신으로, 그녀는 여래의 해탈을 알고 그렇고 그런 것이 그러함을 안다.[18] 그녀는 오계를 지킴으로써 덕을 실현하고 탐욕이 없이 보시를 주는 것에 기뻐하면서 자비를 베풀며 사물의 성쇠를 꿰뚫어보며, 고의 완전한 멸에서 지혜로우며, 이러한 네 가지로써 그는 힘을 얻으며 피안의 세계도 자신의 것으로 한다.[19]이 네 가지 특질로 고의 멸을 실현했을지라도, 그녀가 받는 보답은 단지 신계에 다시 태어나는 것으로 알려져 있다.

결혼할 여자들에 대한 가르침이 『앙윳타라 니카야』에 있다. 이것은 시집갈 딸이 있는 어떤 사람이 붓다를 방문했을 때 붓다가 설한 것으로 기록되어 있다. 붓다는 그들에게 "일찍 일어나며, 기꺼이 일하고, 자신들의 일을 순리대로 정하고, 부드러운 목소리를 갖도록 하라. 부모이건 은자이건 남편이 존중하고 존경하는 모든 사람을 존중하고 존경해야 하며, 그들이 집에 오자마자 그들에게 의자와 물을 주어야 한다."라고 충고하고 있다. 여타의 가르침은 아내에게 주어진 것들과 비슷하다. 즉 손재주를 능숙하게 단련시키고, 하인과 병든 자를 돌보고, 남편이 가져온 돈을 유용하게 사용하는 것 따위이다.[20]

붓다가 제시한 또 다른 사항은 여성으로서의 무능력에 덧붙여, 자신의 가족들을 떠나 남편과 살아야 하는 여자들의 시련에 대한

---

18) See p. 57, note 2.(Budhist Ethics). Vin. I. 35, 242, II, I ; D. I. 49, 87, 224.
19) A.IV.271 : *mātugāmo paralokavijayāya paṭipanno hoti, parassa loka āraddho hoti.*
20) *Ibid.* III. 26−8.

이해에 관련된 것이다.[21] 결혼한 뒤부터 여자들은 이전의 아는 사람들과 단절되어 전적으로 새로운 조건과 환경 속에 그녀의 행복을 맡긴다. 붓다는 잘못 맺어진 부부 그리고 남편과 아내가 선하거나 악한 부부에 관해 말을 하고 있는 반면,[22] 좌절의 형태처럼 나타나는 것을 다루었던 특별한 설법도 역시 아직까지 현존하고 있다. 이에 관련된 사람은 유명한 공원의 소유자인 아나타핀디카(Anāthapiṇḍika)와 그의 며느리 수자타(Sujātā)였다.[23]

붓다는 어느날 아침 아나타핀디카의 집으로 가던 도중에 그의 집에서 커다란 소리를 듣는다. 붓다는 그 소리를 고기를 막 잡은 어부의 소리에 비유하면서 그 이유를 물었다. 아나타핀디카는 그 소동이 돈 많고 부잣집에서 시집온 수자타 때문이며, 그녀는 시부모나 남편을 무시하며 붓다도 존경하지 않는다고 대답했다. 붓다는 그녀를 불렀고 그녀는 붓다의 곁에 와서 앉았다. 붓다는 그녀에게 "세상에는 7종류의 부인이 있는데, 즉 벌을 가하는 사람 같은 부인, 도둑 같은 부인, 아줌마 같은 부인, 어머니 같은 부인, 여동생 같은 부인, 친구 같은 부인, 노예 같은 부인이 그것이다."라고 설했다.

붓다는 그녀에게 "그 일곱 가지 중에서 어디에 속하는가." 하고 물었지만, 수자타는 이해하지 못했으며 "너무 간단하게 묻는 것이 아니냐."며 "깨달을 수 있도록 법을 설해야 되는 것이 아니냐."고 대답했다. 이에 붓다가 상세히 설명하기를, "집행자의 아

21) S. IV. 239.
22) A. II. 57－9.
23) *Ibid.* IV. 91－4.

내는 무자비하고 타락한 매춘부이며, 도둑은 그녀의 남편으로부터 돈을 빼앗았으며, 아줌마는 시시한 소문을 큰소리로 떠들어대며, 어머니 같은 부인은 그녀가 자신의 외아들에게 하듯이 남편과 그의 재산을 돌본다. 여동생 같은 부인은 연장자에게도 여동생처럼 행동한다. 친구 같은 아내는 그 말에 나타난 바 대로 친구처럼 행동한다. 노예 같은 아내는 항상 조용하고 순수하게 모든 것을 순종하며 견디어 낸다. 위에서 마지막 네 가지 부인은 죽어서 천상에서 배회한다. 수자타는 자신이 일곱번째라고 말했다. 정확하게 그녀가 무엇을 말하려고 했는지는 독자의 해석에 맡기겠다. 그러나 그녀가 한 불교집안의 책임있는 위치에 있었다는 사실, 삶의 본질에 대한 자각 그리고 법의 지식에 대한 무의식적 욕구와 결코 무관한 것은 아니었다고 할 수 있다. 붓다는 법을 가르쳐달라는 그녀의 요청을 거절하지 않았다.

## 친구

현세에 자신이 태어나는 가족을 선택하는 문제가 전생의 업과 밀접한 관계가 있다면, 친구를 선택하는 것은 현세의 환경과 행위에 보다 직접적인 관계를 갖는다.

생리학적인 측면에서 볼 때 세계는 가족관계로 영속되지만, 붓다는 또한 세상을 돌아가게 하는 데에 있어야 할 것으로 친구를 사귀는 일을 들고 있다. 친절하고 친구와 사귀며, 주변으로부터 환영받으며, 탐욕이 없으며, 이해심이 깊고, 조정자인 그러한 사람은 훌륭한 평판을 얻게 되는 것이다. 관대함, 자애로운 말, 모든 사람들에 대한 선행, 어느곳에서든지 매사에 있어 공정성 등, 이러한 것들은 바퀴를 축으로 해서 바르게 달리는 기차처럼 실제

로 이 세상을 돌아가게 하는 것들이다.[24)]

자신이 상대방으로부터 선택되는 경우를 포함하여 친구를 선택하는 경우에 다음과 같이 지켜야 할 것이 있다. 주기 어려운 것을 주며, 하기 어려운 일을 행하며, 그렇게 하는 것이 어려울 때 참는 사람과 사귀어라.[25)] 동정하는 경우를 제외하고는 도덕, 정신집중과 정신통일, 지혜에서 자기보다 못한 사람을 따르거나 그를 위하거나 존경해서는 안된다. 그러한 것들에 대해 자신과 동등한 사람을 따르는 것은 무방하다. 왜냐하면 그 사람과의 대화는 그러한 주제에 관한 것이 될 것이고 따라서 서로에게 유익함과 위안이 될 것이기 때문이다.[26)] 그러한 점들에 대해 자신보다 우월한 사람을 뒤따르고 그를 위하고 존경하는 마음으로 대하여야 한다. 왜냐하면 그와의 만남을 통해서 자신의 덕과 깨달음을 높이게 될 것이기 때문이다. 감사할 줄 모르는 사람에게 화내지 말고 단지 피할 것이며[27)] 지혜로운 적대자가 어리석은 친구보다 훌륭함을 명심해야 한다.[28)] 적대자들과 어울리지 말 것이며 하루, 이틀 동안 어울림으로써 苦가 생기게 된다.[29)] 잠재적 적대자를 다음과 같은 것으로 알아볼 필요가 있다. '그는 너에게 단 한번의 웃음도 보내지 않고 어떠한 호의도 보이지 않고, 의도적으로 시선마저 회피할 것이다.'[30)]

24) D.III. 192.
25) A.I. 286.
26) *Ibid.* III. 124. f.
27) J. III. 27.
28) *Ibid.* I. 247
29) *Ibid.* I. 413
30) *Ibid.* II. 131.

서로간의 우정이 이미 생겨난 훌륭한 친구들일 경우에 몇 가지 지켜야 하는 의무들이 있다. 자신의 친구에 대한 성실함으로 도움과 후원, 적으로부터 격리, 여행길에서 돌아올 때 받게 되는 따뜻한 환영, 사업의 성공 등이 따른다.[31] 사람은 자신의 약속에 충실해야 하며[32] 자신에게 호의를 베푼 적이 있는 어떠한 대상 또는 사람들에게 우호적으로 관심을 보여야 한다. 예를 들면, 자신을 보호한 적이 있는 나뭇가지 하나라도 부러뜨려서는 안된다. 그리고 하룻밤의 잠자리와 음식을 제공한 사람에게 대하여 적대감을 품거나 악의적인 행동을 생각해서는 안된다.[33] 친구에 대한 소문을 듣는 경우에 그 문제를 사실로 받아들이기 이전에 주의깊게 알아본 후에 판단해야 한다. 그리고 낯선 자의 우연한 말 한마디로 인해 친구를 버리는 경우가 있어서는 안된다.[34]

방향에 대한 직유로 다시 돌아가서 친구로서 주어야 하는 도움을 북쪽으로 직유적 설명을 하고 있는 『시갈로바다 숫탄타』는 다음과 같이 주장하고 있다.[35]

“진실한 친구는 도움을 주고 후원을 하는 자이며, 행복할 때나 슬플 때나 항상 변함이 없으며, 친구의 행복을 위해 충고를 아끼지 않고 서로 마음이 통하는 사람이다. 도와주는 사람으로서 그리고 후원자로서, 그는 친구가 태만할 때 그를 지켜주며, 친구가 재산관리에 소홀히 할 때 친구의 재산을 보호하고, 번뇌에 빠져

---

31) J. VI. 22.
32) *Ibid.* III. 253.
33) Pv. 23; UJ. 299.
34) J.III. 192.
35) D.III. 187;UJ. 268 ff.

있을 때 위로를 하며, 경우에 따라선 친구가 필요로 하는 도움의 그 두 배를 마다하지 않는다. 기쁠 때나 슬플 때나 항상 같은 사람으로서, 그는 신의를 저버리지 않고, 고민에 빠져 있는 친구를 지나치지 않으며, 친구의 행복을 위하여 자신의 생명마저도 희생하기까지 한다. 친구의 행복을 위해 충고하는 그는 악행으로부터 친구를 구하여 선으로 인도하며, 친구가 듣지 못한 것을 그에게 들려주며 행복의 길을 알려준다. 마음이 통하는 자로서 진실한 친구는 그 친구의 불행에 즐거워하지 않고, 그의 성공에 기뻐하며, 자기 친구를 비방하는 사람을 제재하며, 그 친구를 칭찬하는 사람은 칭찬해마지 않는다. 지혜로운 사람이라면 그러한 사람을 알아보고 그에게 헌신할 것임에 틀림없다.

위에 언급된 것과 정반대 되는 자로서 친구를 가장한 적대자는 그의 탐욕, 그의 행위와 견주어 말의 남용, 그리고 그의 아첨과 낭비벽에 의하여 드러날 것이다. 그러한 사람은 친구의 재산을 소유하고 분수를 모르고, 두려움 때문에 자신의 책무를 이행하며, 스스로 할 수 있는 일도 포기해버린다. 다시 말해서 그는 과거와 미래를 말하는 헛된 주장만을 일삼는다. 그러나 누구를 도울 기회가 주어지면 그는 정작 아무것도 하지 않는다. 아첨꾼은 잘못된 일에 동의하고 옳은 일 하기를 피한다. 그리고 면전에서는 친구를 칭찬하고 없을 때에는 비방하기를 즐겨한다. 낭비가는 술을 즐기고 할 일 없이 거리를 방황하고 연회장 출입이 잦은 도박에 탐닉하는 친구이다. 그런 친구들은 우리가 위험한 길을 피하는 것처럼 피해야 한다.[36]

---

36) D. III. 185 f.;*ibid.* 267.

참된 친구의 기대에 따라 행동하고, 자신을 대하는 것처럼 그들을 대하고, 자신이 한 한마디의 말이라도 지키면서 그에게 관대함과 정중한 말로써 행하는 것은 곧 그의 의무이다. 그 대가로 그 친구는 또한 그의 소유물에 대한 태만을 포함하여 태만으로부터 그를 보호하고 근심할 때 위안이 되며 곤궁에 처해 있을 때 버리지 않으며 가족까지도 돌보아준다. 그러므로 자기의 친구들과 동료들을 북쪽으로 여겨 아낌없이 베풀어야 한다."[37]

그러나 친구를 선택하는 문제는 항상 전적으로 자유로운 선택의 문제는 아니다. 왜냐하면 그가 친구로서 사귀고자 하는 사람들은 자신과 비슷한 성격에 끌린 것이며, 자신에게 끌리는 사람들이기 때문이다. 폭력을 휘두르는 자는 또 다른 폭력을 휘두르는 자를 찾으며, 원수는 증오를 구하고, 해로운 자는 해로운 자를 찾고, 분노한 자는 분노한 자를 찾는다.[38] 상해자, 살생자, 말이나 소도둑, 부자, 심지어 국가 모독자들 사이에는 항상 유대가 있다. "너희들 가운데 어찌 법(法, Dharma)을 모르는 자가 있겠는가?"[39] 이는 서양 속담에도 간단하게 나타난다. "같은 깃을 가진 새는 함께 모인다."

자신의 발전만이 자신이 빠져들어갈지 모르는 바람직하지 못한 사람들로부터 벗어나게 하는 것이며 반면, 좋지 못한 사람에게 빠진 사람들은 지금까지 언급한 조언과 권고들을 따라야 한다. 그러나 라디오나 T·V에 의해서 제기되는 문제들처럼 피하기 어

---

37) *Ibid.* III. 190;*ibid.* 267.
38) S.I.85;Uv. XIV. v. 3.
39) M.III. 154;Uv. XIV. v.6.

려운 잠재적인 친구들이 있다. 이러한 것들은 지속적이고 어떤 상황에서는 종종 개인의 저항력을 허물어버리기 때문에, 이러한 것들은 한 인간이 다른 인간에게 빠져들어갈 수 있는 정도까지 빠져들게 하고 있다. 프로그램을 선택하려 할 때 다음을 유념해야 할 것이다. "친구가 무엇을 행하든지 그와 함께 함으로써, 너 또한 그와 같이 됨을 면치 못하리라."[40]

다음은 불경에서 자주 언급되는 것이므로 피상적이거나 성급한 관찰로 사람을 평가해서는 안되며, 이는 친구들에게도 적용되는 것이다. "사람의 참모습은 외모에 있는 것이 아니며, 스치는 눈길에서 얻은 판단을 가벼이 신뢰해서도 안된다. 무절제한 사람이 절제된 자의 모습으로 나타나기 때문이다."[41]

개인의 도덕성은 장시간의 숙고를 통해서, 유사성은 그의 순수성과 어려움을 극복하는 힘과 대화 속의 지혜를 통하여 평가되어야 한다. 행위는 일시적이나마 성격과 상반되는 것으로 입증될 수도 있기 때문이다. 어떤 사람과 친분이 두터워지면 그가 대하는 방식이 사람에 따라 각양각색으로 나타날 수 있다. 친족과 재산 그리고 모든 복을 상실하여 불행을 당한 사람은 다음과 같이 생각할지 모른다.

사람은 태어나서 속세에 기거하여 인격을 얻게 되며, 이러한 존재 속에서 세상의 여덟 가지들이 세상을 움직이고 세상은 그들에 따라 결정되는 것이다. 그 여덟 가지 것들은 득과 실, 불명예와 명예, 비난과 칭찬, 행복과 고통이다. 불행에 처한 자는 고통

---

40) It. 67 f.
41) S.I. 79.

의 무게를 이기지 못하여 이성을 잃게 된다. 반면에 불행의 와중에서도 비탄에 젖거나 흔들리지 않는 사람도 있다. 더 나아가서는 대화를 통해서 상대의 우유부단함이나 의지를 알게 된다. 그리하여 과연 그가 논리와 이성의 경계를 넘어 침착하면서도 심오한 말을 하는지를 알게 된다. 법에 대한 그의 대화를 살펴보면 그가 문제 또는 사건의 설명, 분석, 구분을 제시할 수 있는지를 알게 된다. 즉 결과적으로 그의 지혜를 알 수 있다.[42)]

경전에 의해 앞에 나온 내용을 요약하면, "현명하며 속세에서 항상 처신이 올바르게 모든 어려움과 장애를 극복한 친구를 발견하는 사람은 우호적이고 생각해주는 마음으로 그와 함께 동행하여야 한다. 현세에서 잘 처신하면서도 마치 이제는 잃어버린 왕국을 떠나는 왕처럼 경험있는 친구가 없다면, 어떠한 악행도 범하지 않게 하는 것이 좋다. 그리고 걷는 도중에 만일 필적할 수 있거나 어울리는 친구를 만나지 못한다면 단호히 이제껏 걸어왔던 길을 혼자서 계속 걸어라. 바보는 친구가 아니다. 홀로 가는 길이 보다 가치 있는 것이다. 어리석은 자는 친구가 될 수 없음이다. 숲속의 한 마리 외로운 코끼리처럼 욕망을 절제하면서도 혼자만의 길을 걸으며 악행을 저지르지 말라."[43)]

## 師弟

무명(avijjā)이 가장 커다란 불순이기 때문에,[44)] 그리고 깊은

---

42) A. III. 187 ff.
43) Vin. I. 350;M.III. 154;Dh. vv.328−30;Uv. XIV. vv. 13−16. Cf. *Dasaveliya op, cit., cūliā* 2nd v. 10.
44) A. IV. 195;Dh. v. 243:*avijjā paramaṃ malaṃ.*

연민과 깨달음이 이러한 불순을 제거하도록 다른 사람을 도와주는 사람에게 필요하기 때문에 스승과 제자의 관계는 불교에서 그 가치가 높이 인정되는 관계이다. 『시갈로바다 숫탄타』는 스승을 남쪽으로 여기면서 제자가 스승을 향해 처신해야 하는 다섯 가지 방법과, 스승이 제자에게 처신해야 하는 다섯 가지 방법을 제시하고 있다.

팔리어로 쓰여진 제자가 취해야 할 다섯 가지 방법을 문자 그대로 그리고 비유적으로 말하면 다음과 같다. 1) 제자되는 자는 자리에서 일어날 때 인사하고 2) 스승을 모시며 3) 스승의 가르침을 들으려 하며 4) 안부 인사를 드리고 5) 환대하며 스승을 존경하여야 한다. 비유적인 뜻으로 볼 때 이들은 열심히 하고, 스승을 이해하고, 관심을 기울이고, 복종을 하며 철저하게 일을 준비하는 것이라 할 수 있다.[45]

스승은 제자들을 훌륭하게 훈육시키고 그들이 모든 가르침을 똑같이 그리고 철저히 이해하도록 하며, 자신이 친구들을 만날 때와 같이 사려깊게 제자들을 가르치며 다른 방향으로 대표되는 사람들의 의무를 잘 아는 것을 포함하여, 모든 면에서 자신의 제자들이 확실하게 알도록 해주어야 한다.[46]

『앙윳타라 니카야』에서는 지식과 개인 경험을 토대로 한 확신의 정진(saddhā), 계의 정진(sīla), 배움(suta)의 정진, 모든 것을 포기하는 실천에서 또는 관대함의 정진(cāga), 혜의 정진(paññā) 등 다섯 가지 방법을 설하고 있다.

---

45) D.III. 189;UJ. 274.
46) A.III. 80.

전술한 것은 바라문교 도사들이 받아들인 것에 비해 만족할 만한 진보를 보여준다. 멕켄지(Mckenzie)는 "전수받기에 적합하다고 생각되는 제자에게만 그의 최고의 가르침을 마지못해서 그리고 매우 은밀히 전수하는 것이 인도 교사의 특징이다."[47]라고 말한다. 그런 까닭에 아버지는 맏아들이나 그 만큼의 자격이 있는 제자에게 바라문의 교리를 가르칠 것이다. 그러나 이 가르침은 세상의 무엇보다 가치가 있는 것이기 때문에 보물로 가득찬 온 세계를 주는 것처럼 아니 이보다 더 가치가 있기 때문에 아무도 그밖에 어느 누구에게 말하지 않을 것이다.[48]

물러(Muller)에 따르면, 아카리야(ācariya) 즉 전문교사에 의한 교육이 아버지의 교육을 대신하게 되었다. 그리고 찬도갸 우파니샤드(Chāndogya Upaniṣad)에서는 12년간 한 스승 문하에서 배운 뒤에 자만에 빠져 스스로 박식하다고 여기는 스베타케투(Svetaketu)의 이야기를 볼 수 있다. 아버지에게 돌아온 스베타케투에게 그의 아버지는 "들을 수 없는 것을 듣게 되고 인식할 수 없는 것을 인식하게 되고 알 수 없는 것을 알게 되는 그러한 가르침을 스승에게 구한 적이 있는가."를 물었다. 스베타케투가 대답하기를 "나의 존경하는 스승님들은 그것을 알지 못합니다. 그분들이 알았다면 왜 제게 가르쳐주지 않았겠습니까?" "그렇구나."하고 아버지는 대답하였다.[49] 그러나 친구들간에 서로에게

47) *Hindu Ethics*, John Mackenzie, Oxford, 1922, p.83.
48) *Chandogya Upaniṣad*, III. II. 5. See *The Upanishads*. SBE. I. Max Muller's trn. Oxford, 1900. p. 44.
49) *Ibid.* VI. I. 5–7, See Muller's trn., pp. 92, 93.

유익한 교리에 대한 자유 토론이 있었는지는 아무도 모른다.[50)]

## 노예와 노동자

『시갈로바다 숫탄타』에 따르면, 주인(ayirakena)[51)]은 다음의 다섯 가지 방법으로 자신의 하인들과 고용인들에게 처신해야 한다. 1) 그들의 역량에 따라 일량을 분배할 것 2) 그들에게 먹을 것과 급료를 줄 것 3) 그들이 아플 때 돌볼 것 4) 종종 그들과 함께 좋은 것을 나눌 것 5) 가끔씩 휴가를 보낼 것.

대접받은 피고용인들은 그 보답으로,

1) 주인보다 먼저 일어나고 2) 주인보다 늦게 잠자리에 들며 3) 주인이 주는 것만을 받을 것이며 4) 열심히 일할 것이며 5) 주인이 훌륭한 평판을 얻도록 힘써야 한다.[52)]

돌비석(Rock Edict)들에 "이러한 실천 속에 훌륭한 열매가 있으니 법의 실천 속에, 그 속에 고용인들에 대한 바른 처신이 포함되어 있다."라는 충고가 새겨져 있다.[53)] 즉 다시 말해서 '하인과 피고용인들에 대한 바른 처신'[54)]에 대한 것이다.

위 문장의 견해는 이전에 주장된 것에 비해 현저히 대조된다. 리그베다(Ṛgveda)에 나오는 어구에 따르면, 그릇된 행위는 신과

---

50) See p. 140, note 2. and associated text. A. III. 187ff.

51) *ayiraka*, *ayira*, ayya : nobleman, gentleman, man of letters, man of culture.

52) D.III. 190 f.;UJ. 275f.

53) Rock Edict, Girnar, IX. line 4: *ayaṃ tu mahaphale maṃgale ya dhammamaṃgale tata dasabhatakamhi samyapatipati.*

54) Rock Edict, Kalsi XI. line 4 : *daṣabhaṭakaṣi samyapaṭipati*, For both the references 52 and 53 see *Corpus Inscriptionum Indicarum*, Vol. I. ed. by E. Hultzsch, London, 1925.

친구 그리고 집의 가장에 대한 행동으로서,[55] 그리고 형제나 친구와 동지들 그리고 지금껏 우리와 함께해온 이웃 또는 나그네를 사랑하는 사람에 대한 행위로서 분류되었다.[56] 아라한 귀족들과 항상 대조되었던 인도의 원주민들에게는 어떤 특별한 임무는 없었다.[57]

## 의무와 생계수단의 관계

앞에서 분명한 것은 일반적으로 가족, 친구, 동료들에 관계하여 높은 의무 기준이 기대되었다는 점이다. 즉 가정생활을 하는 자는 그러한 의무를 다해야 한다. 이에 못지 않게 자신의 직업이나 사업에서도 상응하는 요구가 요청되었고 더욱이 도덕적인 사람은 그의 사업의 성공을 기대하고 성취해야 하는 것이 인정되었다. 붓다는 도덕적인 사람이 부를 열망해야 하는 정당한 다섯 가지 이유를 들었다.

첫째, 그의 노동, 근면, 혜안 등을 통해서 할 수 있다. 둘째, 그는 친구와 동료들을 행복하게 할 수 있다. 셋째 그는 화재와 수해 그리고 지배자, 강도, 원수, 상속인들의 약탈로부터 재산을 지킬 수 있을 것이다. 넷째 그는 그의 친족, 손님, 고인(peta), 제왕, 신들을 위해 적당한 보시를 할 수 있을 것이다. 다섯째, 그는 자만과 태만을 멀리하고 인내와 관용을 확고히 하였으며 모든 점에서 스스로를 완성시키려는 은자들과 다른 사람들에게도 보시할

---

55) *Ṛgveda* ; I. 185. 8.
56) *Ibid.* V. 85. 7.
57) *Ibid.* V. 51. 8.

수 있을 것이다. 동시에 그의 부가 증대하는지에 관계없이 부를 축적하려는 그의 명분이 정당한 것이라면 그는 정신적인 흔들림이 없어야 한다.[58] 반면에 합법적이고 명예로운 방법으로 그리고 자신의 정열과 노력으로 성공적으로 부를 모은 가장은 부채와 비난이 따르지 못한다는 의미에서 소유, 복, 그리고 독립을 누리게 된다.[59] 그의 부모, 부인, 자식, 하인, 노동자들이 그가 보시와 자비로운 선물을 하곤했던 은자와 승려들이 그랬던 것처럼, 그를 존경하게 된다. 이 모든 사람들은 그의 장수와 평안함을 기원하고 그의 미덕으로 인해 그는 몰락하지 않을 것이라 기대한다.[60]

그러나 계율에 어긋나는 이유 때문에 가장으로서 피해야 하는 몇몇 장사와 대상들이 있다. 이런 것들에는 무기판매, 인신매매, 고기류와 주류 판매, 독극물 판매 등이 있다.[61] 이와는 별도로 상점 경영자는 신중하고 능력있고 신뢰할 수 있어야 한다. 그의 통찰력은 판매와 수입의 가능성을 결정하는 것이며 그리고 세일즈맨으로서 기술적인 그의 능력이다. 그가 신용있는 사람인가 아닌가는 사람들이 그의 사업에 그들의 돈을 기꺼이 투자할 때, 분명히 드러날 것이다.[62] 우선은 자그마한 사업부터 시작하는 것이

58) A. III. 45 f. The gift to '*petas*' mentioned here consists in donations made with the object of perpetuating the memory of deceased persons. This act of good-will and gratitude is called the 'transference of merit'*(pattidāna)* which is the sixth one of tenfold meritorious deeds *(dasakusala)*. See UJ. 12 ff., 305;Sdhp. vv. 497, 500.

59) *Ibid.* II, 69 f.

60) *Ibid.* III. 75－8.

61) A. III. 208.

62) *Ibid.* I. 116 f.

좋다. 즉 『출라셋티 자타카(Cullaseṭṭhi Jātaka)』에서는 "지혜로운 사람은 작은 분자들이 적절하게 적용되어 커다란 불을 일으키듯이 적은 돈으로 일어선다."[63]라는 직유적인 비유를 들고 있다.

성공에 이르렀을 때 이를 지속시키는 것이 필요한데 그렇게 하지 못하는 네 가지 이유가 있다. 즉 잃어버린 것을 찾으려 하지 않는 것, 부패한 것을 수리하지 않는 것, 과음과 과식, 부도덕적이고 신뢰할 수 없는 사람을 책임있는 위치에 앉히는 것 등이다.[64]

돈을 벌고 지위가 튼튼해지면 그 부를 적절한 방법으로 분배하여야 한다. 부를 축적하기에 충분한 수전노나 이기적 안위만을 위해 부를 사용하는 자에게는 어떠한 이익도 없다. 구두쇠에 관하여 다음과 같은 말이 있다.

"단 한번도 그가 소유한 어느 것 하나를 친척들에게 나누어주지 않는다. 그는 '내것이야, 내것이야.'하고 외친다. 뒤에 그의 재산을 빼앗은 지배자, 절도범, 그의 상속인들이 그를 혐오하며 떠나갈 때, 그는 여전히 '나의 것, 나의 것.'하고 외친다. 현명한 자가 부를 얻었을 때는 친척들에게 도움을 주어 그들로부터 존경을 얻는다. 그리고 사후에는 극락에 가게 된다."[65]

한번은 코살라(Kosala)의 국왕 파세나디(Pasenadi)가 한낮에 느닷없이 붓다를 방문하였다.[66] 왕이 설명하기를, "재산 처분에 관해 아무것도 남기지 않은 채 세상을 떠난 한 부자가 있었습니

63) J. I. 122 : *Appakena pi medhāvī pābhatena vicakkhaṇo*
*samuṭṭhāpeti attānaṃ aṇuṃ aggiṃ 'va sandhamaṃ.*

64) A.II. 249.

65) J. III. 302.

66) S. I. 89 ff.

다. 그래서 저는 그 재산을 왕가에 귀속시킬 것을 명하였습니다. 수많은 금은 보화 등 막대한 재산이 당도하였습니다. 그러나 고인은 항상 비루한 옷만을 입었고, 신 옥수수죽만을 먹고 살았었습니다. 그는 단 한 개의 나뭇잎 차양을 단 다 부서진 조그마한 마차를 타고 다녔다고 합니다. 이 사람은 자기 자신이나 그의 부모, 부인, 자식, 노동자, 친구, 사문 또는 바라문들을 위해 자신의 부를 적절히 효율적으로 사용하지 않았습니다. 그렇기 때문에 어차피 그 재산은 통치자나 강도에 의해 강탈당하거나 화재나 수해로 인해 없어지거나 그렇지 않으면 생각지도 않았던 상속인들에게 넘어갈 것입니다."

붓다는 이에 대해 "이는 삼라만상의 순리입니다. 만약에 그 부자가 재산을 적절히 분배했더라면 그는 보다 행복했을 것이고 타인들에게도 행복을 주었을 것입니다. 그의 자선행과 보시행이 있었다면 행복한 미래가 보장될 수 있었을 것입니다."라고 했다.

그렇게 하였다면 그의 부는 결코 낭비되지 않았을 것이다. 부의 헛된 사용과 축적은 비난의 대상이었다. 재산의 이상적인 처분은 네 등분되어 처리하는 것이다. 한 부분은 소유자의 안락을 위해 그가 사용해야 한다. 두 부분은 그의 생업이나 사업을 위한 것이고, 마지막 한 부분은 재난의 경우에 대비하여 저축하는 것이 바람직하다.[67] 여기서 자선적인 기부에 관해서는 언급이 없는 점이 주목할 만하지만 이 문제는 항상 기부자의 판단과 의향에 달려 있기 때문에 생략되었다고 여겨진다.

농부를 위한 충고는 비교적 상세하게 언급되고 있지 않다. 그

---

67) D. III. 188;cf. *Uvasagadasao* in Su., Vol. I. 1127.

렇지만 농토는 잘 개간되어야 하고, 잘 정돈되어 있어야 하며, 파종과 물 공급이 제때에 있어야 하며, 자기의 일에 부지런해야 함 등을 강조하고 있다.[68] 그러나 그 직업이 무엇이든 간에 근면해야 한다. 사리에 밝고, 진실하며, 자제, 확신, 관대함 등의 모든 특질을 지닌 가장으로 사는 사람은 누구든지 그의 내세에서는 고통을 겪지 않을 것이다.[69]

위에서 그러한 가장에 대한 어떠한 비난도 없음이 분명하다. 가장으로서 그가 선택한 길에서 성공하기 위해 노력해야 한다는 것만 언급되었다. 이를 성취하기 위해서 그가 할 수 있는 모든 도덕적이며 육체적인 노력이 경주되어야 한다. 간혹 성공할 수 없었을 때 자신의 행동이 어떠한 상황에서도 옳은 것이라고 생각함으로써 자신을 위로해야 한다. 그러한 경우에 비탄에 빠져서는 안되며 즉각 다음과 같이 생각할 수 있어야 한다. '나는 현재 상황에서 어떻게 나의 능력을 발휘할 것인가?'[70] 그는 심지어 적당한 거주지에서 살도록 권고 받기도 하였다.[71] 그러나 궁극적으로 '부'라는 것은 남겨두고 떠나는 것임에 틀림없다. 따라서 이를 아는 현명한 사람이라면 자신의 이득을 누리고 나누어줄 것이다. 그러면 비난받지 않고 행복한 곳에 다시 태어나게 될 것이다.[72]

물론 많은 사람들은 종종 그들이 지닌 소유와의 마지막 결별을 생각하여 부보다는 오히려 그들이 온 힘을 바칠 수 있는 보다 오

---

68) A. I. 239 f.
69) Sn. vv. 187, 188.
70) A. III, 56 : *Kammaṃ daḷhaṃ kin ti karomi dāni.*
71) Sn. v. 260;A, II 32.
72) S. I. 31.

래가는 그 무엇을 추구한다. 파세나디 왕이 한번은 붓다에게 내세에서도 또한 가치있는 것으로서 현세에서 얻을 수 있는 유익한 어떤 것이 존재하는지에 관해 물었다.[73] 이에 붓다는 '유념(appamāda)'이라고 간단히 대답했다.

한번은 붓다가 칵카라팟타(Kakkarapatta)의 콜리 족(Koliyan)의 시장 도시에 머무르고 있을 때, 한 디가자누(Dīghajānu)[74]의 방문을 받았다. 그는 자신과 다른 거사들이 현세의 일에 빠져 있다고 말하면서 붓다에게 자신과 같은 사람들에게 법을 가르쳐 달라고 청했다. 그들은 내세에 그들에게 유익한 것들을 알고 싶어했다. 붓다는 현세에서 행복할 수 있는 네 가지 조건을 제시하였다. 즉, 힘(uṭṭānasampadā), 유념(ārakkhasampadā), 매우 도덕적인 사람들과의 교제(kalyāṇamittatā), 그리고 균형있는 삶(samajīvikatā), 농사, 장사, 축산, 화살을 만드는 일, 공무원, 기술자 등등 그 직업이 무엇이든지 자기 직업에 정통하고 부지런해야 하며, 탐구하는 정신자세를 지녀야 하고 자기 일을 하고 처리할 수 있어야 한다. 바로 이러한 특질들이 힘을 이루고 있다.

두번째 조건인 유념은 자신의 소유물에 대한 관심으로 해석된다. 말하자면 그 재산들이 절도당하거나 갈취당하거나 어떠한 형태의 해를 입지 않도록 하는 것이다. 매우 도덕적인 사람들과 교제하면서 자기의 가장 훌륭한 동료들이 보여준 신념(saddhā), 계(sīla), 자선(cāga) 그리고 혜(paññā) 등의 미덕들을 본받아야 한다. 네번째 조건인 균형적 삶은 생활을 안락하게 아니면 어렵

---

73) *Ibid.*, I. 87.
74) A. IV. 281-5.

게 보내고 있든지 간에 심히 으시대거나 의기소침해져서도 안된다. 더욱이 수입에 따라 자신의 일을 정해야 한다.

내세에서의 복과 행복을 가져오는 네 가지 조건들 역시 붓다가 제시한 것으로 깨달음과 경험에 근거한 확신, 계, 관대 또는 자선, 지혜 등이 있다. 이는 또한 평신도가 그의 동료들 속에서 찾아야 하는 네 가지 조건이기도 한다. 여기에서 확신이라 함은 그의 깨달음 같은 붓다의 특징들에 관한 확신이다.[75] 지계에서 성취는 계의 준수 여부에 달려 있으며 관대와 자선의 성취는 마음을 탐욕으로부터 복으로, 고의 완전한 멸에 이끄는 성제로 지혜가 생기는 데 있다.[76]

붓다는 다음에 나오는 게송으로서 자신의 가르침을 끝맺었다.

일어나 행동하며 자신의 할 일을
조심스레 정하면서 유념하는 자는
자신의 삶을 정하고 물건들을 지키고 보호하리라.
확고한 깨달음으로 도덕적이며, 기꺼이 경청하려 하며,
전혀 구두쇠가 아닌 그는 어떤 끝없는 길을 가려 하네.
저너머 세상의 눈부신 것들이 있는 곳으로
향하는 진리란 이름으로 여덟 가지가 있으니
그 신도에게 깨달음을 주어
현재의 기쁨이며 또한 미래의 기쁨이어라.

---

75) See also D. I. 62. Cf. p. 57, note 2(Buddhist Ethics)

76) D. III. 237, 268;M. I. 356. II. 95, 128;S. V. 197, 199, 392 and *passim*: *udayatthagāminiyā paññaya samannagato ariyaya nibbedhikaya sammādukkha-kkhayagāminiyā.*

공덕을 쌓아 관대하며 보시를 함에 행복하게 하리니.[77)]

왕의 참모인 웃가(Ugga)에게 붓다는 불타지 않고 도둑맞지 않으며 어떠한 해도 당하지 않는 일곱 가지 상태를 설하였다.

확신, 도덕, 부끄러움과 악행에 대한 두려움,
경청함, 자비, 지혜가 그 일곱 가지이다.
그러한 풍부함을 소유한 사람은 남자이든지 여자이든지
신이나 인간 어느 누구에게도 뒤지지 않는다.
확신과 도덕이 밝은 것이기 때문에
진리의 모습이 현명한 너로 하여금
너 자신을 버리도록 하며
붓다가 가르친 것을 기억하게 한다.[78)]

이러한 것들이 가장에게 주어진 윤리이며 이를 실천하여 붓다의 가르침에 이른 상태들이다.

---

77) A. IV. 285.
78) A. IV. 6 f.:
*Saddhādhanaṃ sīladhanaṃ hiri–ottappiyaṃ dhanaṃ sutadhanañ ca cāgo ca paññā me sattamaṃ dhanaṃ. Yassa ete dhanā atthi itthiyā purisassa vā, sa ve mahaddhano loke ajeyyo devamānuse.*
*Tasmā saddhañ ca sīlañ ca pasādaṃ dhammadassanaṃ anuyuñjetha medhāvī saraṃ Buddhānasāsanaṃ.*
*See also* A. IV. 4 f.

# 제7장 국가와 평신도와의 관계

평신도의 행위와 사회문제에 대한 붓다의 잦은 충고를 주목해 보면, 때때로 붓다는 이상국가의 정치적 구조를 구상하였다고 생각할 수도 있다. 그러나 현존하는 정치구조를 개혁하려는 생각은 하지 않은 것 같다.

왕족계급(Khattiya), 승려 계급(Brāhmaṇa), 거사, 장인(Gahapati), 장자(Seṭṭhi), 노예(Sudda) 등 이러한 모든 계급은 분명한 신분을 갖고 있었고, 붓다의 설법에는 도덕성의 붕괴로 초래되는 전체적인 혼란을 말할 때를 제외하고는 이러한 계급의 분화가 수정되어야 한다는 어떠한 암시도 없다.[1]

또한 붓다는 가장이나 그의 아들 또는 다른 종족의 아들들을 대상으로 설법하고 있기 때문에 어떤 변화의 필요성을 느끼지 않는 것처럼 보인다.[2] 붓다는 그 제도의 성공여부가 그 제도 자체에 내재한 장점보다는 그 제도를 움직이는 사람들의 도덕성에 달려 있다고 생각한 것 같다.

---

1) A state foreshadowed if no fear of shame or wrong - doing(*hiri - ottappa*) existed. See A. I. 51.

2) D.I. 62 f.

어떤 사회가 삶에 대한 그 자신의 깨달음에 따라 어떤 제도를 만들고 그 깨달음이 발전함에 따라서 그 체제를 바탕으로 발전한다고 하면, 그리하여 외부로부터 어떤 다른 제도도 그의 의지에 반하여 강요될 수 없다고 하면, 이는 확실히 그럴 듯하게 들릴 것이다. 그러나 현재 논의하고 있는 것이 그리스의 철학자 아리스토텔레스에 의해 시작된 윤리학과 비교해서 나온 것이고, 아카데미에서 붓다 직후에 활약한 플라톤이 실제로 하나의 정치체제를 그리는 방대한 저술인 『공화국(Republic)』을 썼기 때문에, 나아가 현대 서양사상의 그 기초가 되는 소크라테스와 플라톤 사상의 입장에서 혹자는 한 나라의 정치제도를 구상하게 했던 인도와 그리스의 상황들을 인도의 불교사상보다는 그리스 사상에 다소 유리하게 비교할 수도 있다.

소크라테스의 물음은 밝혀지지는 않았지만 끊임없이 밝혀질 수 있고 또 귀납적으로 접근될 수 있는 진리와 선의 기준을 내포하고 있다고 한다.[3] 그러나 플라톤은 미덕과 지식을 '측정술(art of measurement)'[4]로서 일치시키는 것에서나 욕망이라는 절대 대상

---

3) *Encyclopaedia Britannica*, 13th ed. 1926, p. 815, article on 'Plato' by Lewis Campbell.

4) *Protagoras*. B. Jowett's translation, extensively rev. by Martin Ostwald, New York, Liberal Arts Press, 1956. For definition of the 'art of measurement' see Plato's *Gorgias*; translated with an introd. by W. C. Helmbold, New York, Liberal Arts Press, 1952, and *Philebus*, Plato's examination of pleasure; a translation of the Philebus, with introduction and commentary by R. Hackforth. Cambridge, the University Press, 1945. The extent to which virtue can be taught, and the distinction between transcendental and commonly acquired knowledge, are debated in various aspects in many of the *Dialogues*, the types of knowledge being comparable to the *paravidya* and *aparavidya* of early Indian thought.

에 대한 통찰력에서나 명확했다.[5] 플라톤은 경험과 완전히 단절되진 않았고 자신의 '대화'편에서 종종 당위성과 사실을 대조시키고 있다. 다시 말해서 인간의 실천적 행위와 진리 및 정당성의 원칙을 대조 비교하고 있는 것이다. 플라톤의 기본적인 목표는 항상 미덕과 그 증진이었다. 그러나 선이란 한 가지 면만 있는 것은 아니며 한 나라의 정치적 상태가 정의와 밀접하게 관계가 있는 반면, 미 혹은 숭고함이라는 것은 행동으로 실현되었을 때 正義가 된다. 소크라테스의 재판은 능란한 수사가 커다란 역할을 한 정의의 일면을 보여주었다. 자신의 진짜 재판은 세상 사람들 앞에서 행하여져야 한다고 주장하면서 소크라테스는 자신이 아무것도 잘못하지 않았음을 알고 있기 때문에 죽음에 대해서 절대 두려워하지 않았다.

소크라테스의 지혜와 용기에 영감을 받은 플라톤은 그가 소크라테스를 알수록 더욱 더 분명히 그의 철학적 관념론이 일상생활과 유리되어 있음을 알게 되었다. 플라톤의 세계는 회복된 아테네의 민주주의 세계이고 여기에는 철학자들이 설 땅이 없었다. '공화국'에서 모든 지배세력은 철학자들이었다. 왜냐하면 철학자를 제외한 나머지 사람들은 무지하기 때문에 덕을 실행할 수 없기 때문이다.[6] 그러나 그렇게 지배하면서 철학자는 희생을 하고

---

5) *Lysis*. In Phaedrus, Lysis and Protagoras, translated by J. Wright. London, Macmillan, 1888.

6) *Politicus* 293A. *In* Lewis Campbell's *The Sophistes and Politicus of Plato*, Oxford at the Clarendon Press, 1867; *The Republic, with an English translation* 428D. by Paul Shorey, London, W. Heinemann, 1937.

있다.[7] 그는 통치자로서의 의무를 수행할 수 있도록 해주는 진보된 특별 교육을 받으며 지배자로서의 그러한 의무는 모든 개인적 연대와 이해를 뛰어넘어야 한다. 그런 과정에서 臣民의 개성이 사라지는 것은 특별한 의미가 없다. 왜냐하면 그 목적이 그들에게 미덕을 가르치는 것이기 때문이다.[8] 그 훌륭한 교육제도 역시, 그 교육과정 속에 음악과 체육을 포함하고 있는, 그러한 목적에 맞도록 고안된 것이다. 심지어 국가의 존재조차도 덕을 보전하고 그 보전을 조정하기 위한 유일한 수단일 때만이 그 가치가 있었다. 단지 사람들의 집합체로서의 국가는 고려할 가치가 없는 것으로 생각되었다. 그러나 국가는 외부로부터 보호되어야 하기 때문에 비록 이보다 낮더라도 사회의 제2계급이 형성되어야 했다. 이것은 해군과 육군이었다. 제3계급은 농부와 농노 그리고 상업, 전문적인 일을 하는 사람들로 구성되었다. 따라서 분명하게 어떤 카스트 제도 같은 것이 나타나야 했다.

『공화국』은 단순히 정치·경제에 대한 논문이 아니었다. 왜냐하면 비록 플라톤이 알았을지도 알지 못했을 수도 있는 많은 모순들이 이 안에 포함되어 있긴 해도 그는 정치에 대한 것보다도 도덕에 대해 더 큰 확신이 있었다. 동시에 플라톤은 그가 구상한 국가가 실현될 수 있으며 또는 인간이 만들 수 있는 최상의 국가라고 믿었다. 『공화국』은 열 개의 장으로 되어 있는데 그 중 첫 장에서는 '정의'라는 문제가 제기됐고 그 다음 세 개의 장에서는

---

7) *Ibid.* 519.

8) *Gorgias* 464. In W. R. Lamb's *Plato with an English translation*, London, W. Heinemann, 1932; *The Republic with an English translation* 500, by Paul Shorey, London, W. Heinemann, 1937.

개인에게 있어서 뿐만 아니라 국가에서의 '정의'를 정의하고 군인계급(Guardian)에 대한 교육을 포함하여 이상국가를 그려내고 있다. 5, 6, 7장은 어떤 사람들은 추가된 것으로 보고, 또 다른 사람들은 가장 중요한 핵심으로 생각하고 있는 것으로 전체사회와 철인 지배자의 교육에 대해 언급하고 있다. 8장과 9장에서는 독재라는 완전한 비정의로 끝나는 네 가지 단계의 '국가와 개인의 쇠망과정'이 서술되어 있다. 마지막 10장은 앞에서 언급한 몇 가지 문제를 재고하고 있으며 자신의 견해를 밝히고 있다.

비록 붓다가 『공화국』과 같은 저서는 남기지 않았지만 『니카야』에 나타난 태도는 플라톤에 비교될 만큼 명확하다. 인간의 첫 번째 의무는 우선 자기 자신에 대한 의무이고 사회에 대한 의무는 그 다음이라는 취지에서 소크라테스, 플라톤, 그리고 붓다간의 공통점을 비교해볼 수 있다.[9] 이것은 일상생활에서 철학자가 설 곳이 없다는 생각과 일치한다. 더욱이 사람들은 아는 것이 없이는 남을 가르칠 수 없기 때문에 남을 위해 무엇인가 하려면 먼저 자신의 덕을 키워야 한다. 『법구경』에는 "각자가 적절히 자기 자신을 정립하고, 그 다음에 다른 사람을 충고해야 하며 불순해져서는 안된다."고 하고 있다.[10] 그리고 또한 "다른 사람들의 것이 아무리 크다 하더라도 그들을 위해 자신의 선을 소홀히 하지 말 것이며, 이상을 깨달았으니 그 속에 자기 스스로를 몰두하도

---

9) *Symposium*, 216A. *In* W.R.M. Lamb's *Plato with an English translation: Lysis, Symposium, Gorgias*, London, W.Heinemann, 1932.

10) Dh. v. 158,
*Attānam eva paṭhamaṃ patirūpe nivesaye ath' aññam anusāseyya na kilisseyya paṇḍito.*

록 할 것이다."라고 하고 있다.[11]

또 다시 정신적 삶을 더 좋아하고 세상과 떨어져 살기를 원한 사문을 철학자와 비교해보면, 붓다는 그들이 나머지 사회를 지배하여야 한다고 생각치 않았다. 그들은 누가 요청하기만 하면 지도와 조언을 해주지만, 붓다의 苦에 대한 가르침에서 보면 현세에서 이상국가를 실현하는 것은 불가능할 수밖에 없다. 『공화국』에도 나타난 카스트 제도는 인도에서 이미 확립되어 있었는데 바라문 계급이 지식계급을 대표했으며 사람들을 가르쳤다. 크샤트리야는 전사 계층이며 가파티(gahapati)는 가장과 직업인, 그리고 수드라는 노예와 노동자들이었다.

사람들은 다른 계급의 소임을 따르려 하지는 않았으나 어떤 계급에 속해 있는 사람이라도 은둔생활을 함으로써 그의 신분을 떠나 최고의 선택된 계급이 되기를 바랄 수 있었다. 승가 내에서의 계급은 단지 출가한 순위에 따라 결정되었다. 붓다는 "지계의 정도에 따라 어떤 사회적 지위에 있는 사람이라도 세속적인 의미에서 향상되거나 성공할 수 있으며 그가 三寶에 귀의하여 계율을 지킨다면 미래에는 보다 나은 지위를 지닐 수 있다고 설법하였다." 결국 그는 지계를 계속함으로써 얻을 수 있는 깨달음으로 이 세상을 뛰어넘어 해탈할 수 있음을 역설했다.

그 자체의 탁월성으로 항상 만족스러운 결과만을 가져오며 무한히 지속될 상세한 정부의 구조를 구상하는 데 있어서, 선견지

---

11) *Ibid*, v. 166,
*Attadatthaṃ paratthena bahunā pi na hapaye atthadattham abhiññaya sadatthapasuto siya.*

명이 있거나 생각이 깊은 사람이라면 그 일에 착수하지 않을 것 같다. 지난 2천 년 동안, 서구 유럽에서는 많은 형태의 정부가 생겨났다. 하지만 주로 그 정부들은 어느 한쪽 방향에서 원칙을 수정 보완한 것이었고 그 원칙 때문에 B·C 5세기에 그리이스인들은 마라톤과 살라미스에서 페르시아인들과 싸웠다. 다시 말해서 사상적 구속에 대한 개인 사상의 자유를 위한 투쟁이었다. 플라톤은 어느 정도 전자쪽이었다고 할 수 있다. 하지만 붓다는 완전히 후자를 강조했다.

어떠한 일에 대한 평가를 내리는 데 있어서 그 조직의 바탕이 되었던 상황을 염두에 두는 것이 필수적이다. 그리스인의 생활은 언제나 고된 것이었다. 당대의 인도 사람들이 누렸던 것과 같은 '부'는 그리스인들에게는 아마도 전설적인 것이었을 것이다. 그리스인들에게 내핍생활은 대체로 필수적인 것이었으며 거주는 중요한 문제였다. 부유한 인도의 사람들은 집안의 생활을 떠나서 선정에 전념할 수 있었지만 대부분의 그리스 사람들은 그렇게 하지 못했다. 인도 사람들이 끊임없이 도덕적인 생활을 할 것을 권고받을 때, 그리스인에게는 '性'은 이미 비열한 것으로 여겨졌다. 현재, 혹자가 어느 정도 위와 같은 비교를 하려면 서구 사회를 그렇게 오랫동안 지탱해온 기독교 신앙이 그리스의 철학적 요소를 많이 포함하고 있으며 그들의 삶이나 행동에 나타난 것은 히브리나 배화교적 요소가 아닌 바로 이러한 요소였음을 인정해야 할 것이다.

서구인들의 이상은 항상 육체적인 건강과 생활의 검소, 합리적 사고, 해야 할 것은 무엇이건 간에 아름답게 하는 것 등(arete)[12] 이었다. 이것들은 완전히 그리스적 개념이다. 그것은 종종 샘 족의 전형적인 이상으로 여겨졌던 사치와 안락과 대조되고 있다. 따라서 만일 그리스의 합리적인 사고로서 기독교의 신화적이고 신비한 믿음을 밀어낸 서양인들의 단면을 붓다가 설한 바대로 '현자들로부터 찬양된 것'[13]으로 본다면 현재 붓다의 가르침에 대한 서양인들의 흥미를 이해할 것이다.

그렇다면 붓다의 가르침 안에 있는 인간의 도덕적 기준과 전망에 부여된 중요성을 이유로 해서, 사람은 반드시 조직 자체 내에서의 본래의 장점보다는 조직을 움직이는 사람의 자질들을 찾아야 할 것이다. 만일 그 조직이 붓다 시절에 만연했던 것과 같은 전제주의면, 사람들은 그 전제주의를 박애주의로 돌릴 정치적 가르침을 찾아야만 한다. 이것은 왕의 명령권과 백성에 대한 그의 선포된 임무 안에 있을 것이다. 그것에 대해서 우리는 많은 보기를 갖고 있다.

사회의 지도자는 그의 성품과 선견지명에 의해 그의 국민들이 당연하게 따르게 될 노선이 설정된다는 것을 깨달아야 한다. 그러한 경우는 구불구불한 길을 따라 들판을 가로지르는 황소의 뒤를 무리에서 이탈한 암소가 따르는 경우에 비유된다. 지도자가 옳은 길을 가면 국민 또한 옳은 길을 가게 되고 그 나라에는 평화가 깃들 것이다.[14] 어리석은 사람이 높은 지위에 있으면 큰 근

---

12) *areté:* sometimes translated 'virtue'. To the Greeks it combined all the moral and social qualities which go to the making of the perfect man and citizen.
13) See p. 54, note I, and associated text.(Buddhist Ethics)
14) J. III. III.

심을 일으킨다.[15] 왕이 악의를 품으면 그의 신하 역시 그렇게 되고 바라문과 가장도 그렇게 된다. 날씨에도 이변이 일어나 제때에 비가 오지 않고 바람이 불어 농작물은 부족하게 되고 국민들은 어려운 생활을 하게 된다. 하지만 왕이 선량하면 국민들은 그를 좋아하고 그 왕국은 행복한 왕국이 된다.[16] 출가, 보시, 자애스런 언어, 훌륭한 보답 또는 공정한 처우 따위를 수행자가 되기를 바라는 사람의 성질에 따라서 선택해주는 것이 바람직하다고 생각할 수 있다.[17]

왕국의 조건을 자세하게 설명하고 있는 두 가지의 경전이 있는바,『칵카밧티 시하나다 숫탄타(Cakkavatti-Sīhanāda Suttanta)』[18]는 전능한 군주인 달하네미(Daḷhanemi)의 이야기를 담고 있다. 매우 오랜 통치 후에 그는 어떤 사람에게 '천상의 수레 바퀴(Celestial Wheel)'[19]가 언제든지 뒤로 움직이거나 뒤처지면 알려 달라고 명령했다. 때가 되어 그 바퀴가 뒤로 움직이자 이것을 왕에게 알렸다. 그러자 왕은 자신이 이제 더이상 오래 살지 않으리라는 것을 알게 되어, 아들에게 왕위를 넘겨주고 출가하여 여생을 천상의 기쁨으로 즐기면서 선정에 전념했다. 일주일 후, 그 바퀴

15) *Ibid.* I. 445.
16) A. II. 74 ff.
17) *Ibid.* IV, 216, 218.
18) D. III, 58 f.
19) According to a very old Indian tradition, the Celestial Wheel was the first of seven treasures belonging to a great ruler at whose birth it had been foretold that he would become either a universal monarch or, if he went out into the homeless life, 'an arahat, fully enlightened, who removes the veil from the eyes of the world' (*Sace kho pana agarasmā anagāriyaṃ pabbajati arahaṃ hoti Samma sambuddho loke vivattacchaddo.* D. I. 89.

가 사라졌다. 아들은 슬퍼하면서 아버지에게 달려갔다.

이때 아버지는 아들에게, "그 천상의 보물은 아버지에게서 아들로 물려지는 것이 아니다. 보아라! '대군주(Universal Monarch)'가 그 숭고한 의무를 다해야 함이니, 네가 하는 임무에 네가 사는 곳이 달려 있느니라. 보름에 한 번 포살일(Uposatha)에 가서 몸을 씻고 八戒를 모두 지킨 지도자만이 그의 궁전의 맨 꼭대기층에서 그 앞에 완벽하게 움직이는 수천 개의 살과 테와 중심축을 가진 '천상의 수레바퀴'를 볼 수 있을 것이다.[20]"라고 말했다.

이에 아들이 "그렇다면 대군주의 고귀한 임무는 무엇입니까?" 라고 물었다.

그가 대답하기를, "그 임무는 법을 존중하고 법에 경의를 표하며, 숭배하고, 그 법의 상징이며 깃발이 되며, 친척, 군대, 귀족(Khattiya), 시중인, 가장, 시골 사람, 시장 사람, 梵, 沙門, 브라만, 동물, 새들의 정의로운 보호자인 법을 받드는 것이다.

나의 아들아, 너의 왕국 안에서 그릇된 행동을 하지 마라. 왕국내의 누구이든지 간에 분수에 넘쳐서는 안되며 검소하여야 한다. 왕국에 있는 어느 누구든지, 항상 유념하여 세속적인 집착에서 멀리하고, 인내와 품위가 확고한 사문이나 바라문이든지 스스로 수행하고 스스로를 자제하여 해탈에 이르려는 그러한 사람이 때때로 네게 다가와서 물을 때가 있을 것이다.

그들이 '전하! 무엇이 선하며 무엇이 선하지 않습니까? 비난받게 되는 것은 무엇이고, 비난받지 않는 것은 무엇입니까? 무엇이

---

20) *Ibid.* III, 60.

이용되어야 하며 무엇이 그렇게 되어선 안됩니까? 오랫동안 인간에게 무가치하고 고통스럽게 될 것은 무엇입니까? 그리고 오랫동안 나에게 이롭고 내게 행복한 것은 무엇입니까?' 하고 묻는다면 너는 그들에게 악은 피하고 제거하도록 선한 것은 취하도록 해주어야 한다. 아들아, 확실히 이것이 대군주의 고귀한 임무인 것이다."[21]라고 가르쳐주었다.

아들이 그 아버지의 충고를 따르자 그에게 천상의 수레바퀴가 나타났다. 세계 군주가 되기를 바라며 그는 왼손에 주전자를 쥐고 오른손으로 수레바퀴 위에 물을 뿌림으로써 소망을 공약했다. 수레바퀴가 항상 그 앞에 드리워진 채로, 자신의 병사와 말과 전차와 코끼리와 사람들을 데리고 전세계를 돌아다녔다. 그가 지나가는 지역의 지배자들은 그를 환영했고, 그에게 자신의 백성을 가르쳐주도록 요청했다. 그래서 그는 그들에게 '살아있는 것을 죽이지 말라' '주어지지 않은 것을 취하지 말라' '성적인 공격을 범하지 말라' '거짓말 하지 말라' '술을 마시지 말라' 등의 오계를 가르쳐 주었다. 그는 사람들이 항상 그렇게 해온 자신의 소유물들을 향유하려는 태도를 그만두어야 한다면서 설법을 끝냈다. 그는 기꺼이 남겠다고 하는 몇몇 신하들을 남겨두고 계속 길을 떠났다.

똑같은 사건들이 많은 왕위 계승자에게도 나타났으며 드디어는 수레바퀴가 사라졌을 때, 은자가 된 아버지에게 조언을 구하지 않은 한 사람이 생겨났다. 그 대신에 그는 자신의 사상으로 지배했다. 그 결과는 실패했고 귀족들과 관리들, 자문, 성직자들, 가

---

21) D. III. 61.

신, 계경자들이 그에게 달려가 불평을 했다. 그들은 통치자로서 위대한 통치자의 고귀한 임무를 잘 알고 있는 궁전의 많은 사람들과 상의하여, 합의된 방침에 따라 통치를 해야 한다고 그에게 주장하였다.

그들의 권고에 따라 그는 부유한 사람들을 보호해주었다. 그러나 가난한 사람들에게는 신경쓰지 못하였다. 가난이 만연해서 한 절도 사건이 일어났다. 왕 앞에 불려간 도둑은 배가 고파서 도둑질을 했다고 하자, 왕은 그 도둑에게 선물을 주었다. 이것을 안 많은 사람들이 도둑질을 하게 되고, 왕은 이를 해결하기 위해 본보기로 죄인을 벌하기로 결심했다. 그 도둑은 도시 여기저기에 끌려다니며 매를 맞고는 도시 입구에서 처형되었다. 도둑들은 더욱 난폭하게 범행을 하기 시작했고 살인이 널리 일어나게 되었다. 사람들의 몰골은 말이 아니었고 수명은 이전 8만 살에서 4만 살로 격감되었다. 거짓말이 팽배하였고 이것과 또 다른 악의 확산과 더불어 수명은 2만 살로 감소되었다.

그 경에는 어떤 사람이 도둑을 고발하는 경우를 기록하고 있다. 이 고발은 다른 사람에게 악을 이야기했다는 점에서 또 다른 악으로 생각되었다. 수명은 1만 살로 감소되었다. 많은 사람들은 몰골이 흉하게 보일 정도로 쇠잔해졌다. 그래서 더 아름다운 여자를 찾아 다른 남자의 아내들에게도 비행을 저질렀다. 계속 악은 생겨났다. 즉 부도덕, 악담, 한담, 욕탐, 악의, 사견, 색욕, 탐욕 게다가 계속하여 어머니, 아버지, 사문, 바라문 그리고 부족의 연장자들에게 이전에 보이던 존경심은 사라지게 되었다. 이쯤에서 수명은 1백 살로 줄어들게 되었다.

경전에 기술된 훨씬 더 비참한 상태로 나아가기에 앞서, 지금까지 서술한 것 중, 몇 가지 문제를 검토해보자. 현재의 상태로 타락했다고 하는 생각은 먼 옛날 사람들 사이에서도 있어왔던 것 같다. 그리고 여기에 인간은 현재보다 오래 살았었다 라는 생각이 있는 것이다. 현재 알려진 바에 의하면, 처음으로 문명을 개척한 것은 약 8천 년 경이라 하고 있지만 소아시아 유적조사에서 탄소 동위 원소 14를 사용하여 검사한 결과, 그 지역에 2만 년이라는 수치가 나타났다. 또 다른 견지에서 그 문제를 살펴보면 수메르 역사의 근간으로서 약 B·C 2천 년 경에 수메르 사가들이 기술한 '왕의 계보'에는 '노아(Noah)의 홍수' 이전에 10명의 왕들이 약 4십 3만 2천 년 동안 통치하였다고 하고 있다.

우르(Ur)와 키쉬(Kish)의 발굴 작업에서 정교한 궁전과 그 재료는 인도의 서해안에서 온 것이 분명하다. 유리의 경우 파미르에서 공급된 것이 틀림없는 많은 부장품이 출토되었음을 볼 때, 이는 고대 인도의 도시들이 매우 밀접하게 관계하고 있었고 적어도 어느 정도 유사한 관념들을 공유하고 있었음을 보여주는 것이다. B·C 3천 5백 년 경, 수메르 족은 아치형, 돔형, 열주식 구조, 기타 등의 건축양식을 도입한 것으로 알려진다. 그러나 그러한 건축양식은 수세기 동안 서양에서는 볼 수 없는 것이었다. 반면에 수메르 족의 건물의 가장 큰 특징은 기둥으로 된 출입구로 들어가는 정교한 계단층에 있었다. 이것은 불교경전에, '잘 알려진' 직유를 통하여 자주 등장한다. 다시 나르부다(Narbuda) 강의 어귀에 있고, 프토레미(Ptolemy)에게는 바랴가자(Barygaza)라고 알려진 브로우취(Broach) 항구는 『자타카(Jātaka)』에서는 메소포타미아의 국가들이 무역을 하곤 했던 매우 오래된 항구로 언급하고 있다.

그러나 장수에 대한 어림짐작이 인도의 사상에만 독특한 것은 아닐지라도 불교가 수메르나 인더스의 도시에서 번성했다고는 결코 생각하지 않는다. 반대로 이들과 또 다른 문명들의 궁극적인 몰락의 원인은 더 높은 정도의 사상을 발전시키지 못한 데 있다. 그런 사상이 발전되는 정도가 종족의 존속과 향상을 결정한다. 일단 이것이 발전하지 못하기만 하면, 종족은 쇠망할 것이다. 수메르 족의 경우에 윤리 율전과 고도의 문명을 넘어서서 마법에 대한 끝없는 추구를 제외하고는 이루어진 것이 아무것도 없다. 여기에도 불교사상이 엿보이고 있는지 알려면 본 書의 처음에 서술한 다음과 같은 붓다의 언질을 참고해야 할 것이다.

"나는 베나레스(Banaras)로 갈 것이다. 나는 죽음이 없는 상태에로 북을 칠 것이다. 나는 현세에서는 한 번도 움직이지 않았던 법륜을 돌릴 것이다."

하지만 이것은 인간이 지구에 살게 된 초기단계가 있었을지도 모르는 가능성을 배제할 수 없다. 왜냐하면 『마하파다나 숫탄타(Mahāpadāna Suttanta)』에 의하면, 비파시불은 그 수겁 전에 등장한 여섯 분의 붓다들 중에서 최초의 붓다이기 때문이다. 그러나 인간이 '겁(the length of aeon)'이나 8천 년 동안 살 수 있는 수명 가능성을 어떻게 해석하건 간에, 또는 그 어림짐작을 전적으로 거짓이고 터무니없는 것으로 생각한다 할지라도 여기에는 현세대가 스스로의 경험으로 입증한 두 가지가 있다. 첫째는 높은 사상이 무관심이나 독단으로 정체해버린 종족의 운명이고, 둘째는 한 국가를 좀먹고 결국에 가서는 전 세계를 무정부와 파괴의 상태로 만드는 악의 근원과 그 진행이 그것이다.

지금까지는 쇠망이라는 것이 처음엔 가난에서 시작된 것으로 여겨왔으며 계율에서나 혹은 불교경전[22] 다른 곳에서 나오는 악과는 대조적으로, 악 가운데 도둑, 폭력, 살생의 처음 세 가지 요소만을 이야기했다. 그 주제가 대부분 인간의 직업과 사업에서의 성공에 관한 것이었던 본 장의 처음에 나타난 가장에 대한 가르침에서 계율을 각 개인에게 고루 적용하면서도 '부'가 사라지는 것 말고는 가난에 대한 언급이 전혀 없다. 따라서 지금은 점증하는 개인적인 가난이 불러 일으키는 국가에 대한 위험을 다루고 있다. 그리고 우리는 여기서 만약 통치자들이 그들의 영토 내에서 가난의 확산을 막지 못한다면, 가난한 이들은 그곳에서 무질서를 일으킬 뿐만 아니라, 모든 형태의 권위에 대한 불신을 조장할 것이다. 그래서 결국은 그 종족의 멸망의 원인이 될 것이다. 게다가 우리는 도덕성과 개인적인 것은 물론이고 집단적이고 물리적인 조건과의 상호관계에 더 큰 강조를 하고 있다. 물론 현세대는 그러한 상태에 너무나 익숙해져 있고 또한 대중의 빈곤 위험성을 직접 보고 있다.

경에서는 백 살이라는 수명이 열 살로 줄어질 것을 생각하고 있다.[23] 이러한 상황에서 결혼 적령기는 5살이 될 것이다. 버터기름(sappi), 물고기 버터(navanīta), 기름(tela), 꿀(madhu), 당밀(phānita), 그리고 소금(loṇa)의 맛은 사라지고 최고급의 음식은 곡식(kudrūsaka)이 될 것이다.[24] 열 가지의 도덕적인 행동규

---

22) According to D.I. 3 f. the order would be : taking of life, stealing, sexual intercourse, lying, slander and gossip, harsh speech, frivolous talk.
23) D. III. 71 f.
24) A course type of grain resembling rye.

범은 사라지고 열 가지의 비도덕적인 규범이 만연할 것이다.[25] '선'이라는 말은 더이상 존재하지 않을 것이다. 그렇다면 선을 행하는 자는 어떻게 될까? 현재 우리가 선을 행한 자에게 하는 것처럼 악행자에게 명예와 존경이 주어질 것이다. 세계는 양처럼, 염소처럼 다른 동물들처럼 무법천지가 될 것이다. 모두 살해되는 일이 발생할 때까지 증오가 규율이 될 것이다. 일주일 후에 몇몇 사람들은 살생을 단념하고는 동굴, 바위, 나무 구멍 속으로, 은신을 해서는 정글에서 먹고 살 것이다. 또 일주일 후에 나타나서 사람들은 서로에 대해서 정을 느끼게 될 것이고 또 다른 사람이 살아 있다는 사실에 즐거워할 것이다. 그리고 서로를 위로할 것이다. 많은 혈육들이 죽은 것이 자기 잘못이라고 느끼면서 선과 악을 분명히 할 것이고, 살생을 하지 않을 것이다.

이렇게 덕을 실천함으로써 그들은 8천 살의 수명으로 다시 되돌아갈 것이며 그때 그들의 아름다운 모습을 다시 찾게 될 것이다. 이렇게 되면, 결혼 연령은 5백 살이 될 것이다. 그리고 이때에는 欲, 단식, 老라는 단지 세 가지의 苦만이 남아 있게 될 것이다.[26] 도시와 마을이 서로가 아주 밀접해 있고, 수탉이 여기저기 걸어다닐 수 있는 인도는 부유하고 번영할 것이다. 그리고 인구는 많아질 것이다. 바라나시(Bārāṇasi)는 케투마티(Ketumatī)로 불릴 것이며, 살찐 부유한 사람도 붐비게 되고, 이 나라의 8만 4천 개의 도시 가운데 최고가 될 것이다. 여기에 칼이 아니라 선

---

25) See Vbh. 391. The 'ways' are practically those given in the present *sutta.*

26) D. III. 75; *asītivassasahassāyukesu manussesu tayo ābādhā bhavissanti icchā anasanaṃ jarā.*

으로 세계를 정복했던 대군주 전륜왕(Saṅkha)이 등장할 것이다. 미륵불(Mette-yya)도 등장할 것이고 마하파다나(Mahāpānāda)왕[27]이 오래 전에 지은 궁전을 중건시켰던 전륜왕이 자신의 모든 소유를 버리고 미륵불[28] 밑에서 출가 생활을 할 것이다.

다소 제한된 방식이긴 하지만 『쿠타단타 숫타(Kūṭadanta Sutta)』에서도 이와 유사한 문제가 다루어졌다. 여기서는 먼 옛날 마하비지타(Mahāvijita)라고 하는 어떤 왕에 대한 이야기가 있다. 그는 엄청난 돈과 보물로 된 집과 가득찬 창고를 갖고 있음을 깨닫고, 고마움을 표시하기 위하여 그의 신민에게 커다란 선물을 해야겠다고 생각한다.[29] 그는 신심이 두터운 고문관과 상담을 하였다.

이때 그 고문관이 말하기를, "폐하! 당신의 영토는 시장과 도시가 약탈당하고 있으며 살인과 습격이 끊이지 않고 있습니다. 지금 폐하께서 세금을 부과함으로써 이를 근절한다면, 당신의 임무를 다하는 것이 아닐 것입니다. 제발 존경하옵는 폐하께서는 형벌, 감금, 벌금 또는 어떤 본보기를 보여주거나 혹은 유형을 보내어 이를 근절해서는 결코 안됩니다. 살아난 사람들은 또 새로운 어려움을 야기시킬 것입니다. 그런데 이렇게 하면 모든 약탈 행위가 올바로 사라질 줄 믿습니다. 당신의 영토에서 농사짓고 경작하는 사람들에게 음식과 씨앗을 나누어주십시오. 장사를 하는 사람에게 보조금을 하사하십시오. 공직에 있는 사람에게는 부

---

27) See Thag. 130.
28) D. III. 75 ff.
29) *Ibid.* I. 134−42, See also Ch. 3 of the present work.(B.E).

디 폐하께서 그들의 생활을 생각하고 있음을 보여주십시오. 자신의 일에 애착심을 갖는 사람들은 문제를 일으키지 않을 것입니다. 그들은 나라를 부강하게 하는 데 도울 것이며 이 나라는 자연히 모든 어려움에서 벗어날 것입니다. 사람들은 즐겁고 행복해질 것이며 아이들을 기르는 일에 즐거워할 것이며 대문을 열어둔 채 살게 될 것입니다."[30]라고 정중하게 자신의 의견을 제시했다. 이러한 충고에 따른 왕은 그의 영토가 안전하고 평화로우며, 백성들이 행복하고 충성스럽게 된 것을 알게 되었다.

그 고문관은 신민에게 베풀 커다란 선물을 준비하도록 소환되어 왕에게 그 절차를 알려준다. 이에 따라 귀족(Khattiya)의 대표자들, 국가의 성직자들, 승려들, 가장들과 같은 훌륭한 명사들이 속속들이 초대되었다. 그들은 모두가 왕에게 바칠 많은 돈을 가져왔다. 왕은 이미 충분한 수입과 소유물을 가지고 있기 때문에 이를 거절한다. 이러한 선물들은 영원한 자선기금에 헌납되었다. 왕의 '그 커다란 선물'은 주로 버터 기름, 오일, 버터, 우유, 벌꿀, 당밀 따위였다. 또한 여기에다 왕은 부와 권력이라는 개인적인 선물과 함께 자신의 확신, 자신의 깨달음, 자신의 이성을 덧붙여주었다. 독실한 그의 자문은 자신의 학식과 덕과 지혜를 여기에 덧붙인 것이다.

이러한 성질의 정신이 한 나라에 평화와 행복을 가져온다는 기록이 아직도 남아 있다. 중국의 순례자들 가운데 처음으로 인도에 온 구법승 法顯(Fa-hsien)의 보고에서 잘 나타나 있다. 약 8세기 후에 법현이 중앙 인도를 지나면서 다음과 같이 기록하고

---

30) *Ibid.* I. 135.

있다.

"중앙 인도의 모든 국가 중에서 이 나라(Magadha)는 가장 커다란 도시와 마을들을 가지고 있다. 사람들은 부유하며 이웃에게 사랑의 자선과 의무를 실천하며, 서로를 돌보고 있다. 그들은 매년 정기적으로 2월 8일 성상 행진을 한다. 여기에는 서로 다르게 아름답게 장식을 한 20여 대의 꽃수레가 등장한다. 이날 지역에 있는 모든 성직자와 신도들도 참가한다. 그들은 아름다운 음악에 맞추어 노래를 하고 꽃과 향을 바치며 장로들과 귀족들은 자신의 돈으로 무료 병원을 짓고 마을의 가난하고 불쌍한 환자들, 고아, 과부, 불구자들을 치료해준다. 그들의 요구에 따라 음식과 약을 주기도 한다. 그들은 아주 편안하게 치료를 받으며 병이 나으면 이곳을 떠난다."[31)]

물론 마가다 국의 평화와 富가 수세기 동안 아무런 방해없이 계속되었다고는 할 수 없다. 붓다의 가르침에 호의적인 입장을 취한 것으로 전장에서 이미 언급한 빔비사라(Bimbisāra) 왕은 정복과 결혼동맹에 의해서 그의 영역을 확장시킨 야망적인 통치자였다. 그의 아들이며 후계자인 아자타삿투(Ajātasattu)는 그 정책을 이어받았고, 붓다가 열반에 들기 1년 전, 그 당시 매우 강한 부족이었던 밧지 족(Vajjian)에 대한 공격을 계획하고 있었다. 마가다의 수석장관이 성공의 가능성을 알아오도록 하는 지시를 받고 붓다에게로 달려왔다.

그 자리에 있었던 아난다 존자는 밧지 족이 일전에 그들의 부

---

31) *The Travels of Fa-hsien or Record of the Buddhistic Kingdoms*, Trn. H. A. Giles, Routledge & Kegan Paul, Second impression 1956, p. 47.

당한 행위에 대한 붓다의 충고를 잘 따랐음을 확인시켜 주었다. 이 말을 들은 그 장관은 아자타삿투가 확실히 참패할 것이라고 생각했다. 그때 붓다가 밧지 족에게 한 조언은 다음과 같았다.

1) 그들은 단결과 조화의 정신으로 모여야 하고, 그곳에서 화목하게 있어야 하며 해야 될 일은 의좋게 해야 한다. 2) 국민들은 언제나 공식적인 모임에 참가해야 한다. 3) 새로운 법을 만들거나 오래된 법도 철회하지 말고, 옛날의 밧지 족의 방식을 계속하여라. 4) 연장자를 아끼고 존중해야 하며 잘 보살펴야 한다. 5) 힘으로써 종족의 여성과 소녀들을 강제로 붙들어두어서는 안된다. 6) 나라에 있는 밧지 족의 성지를 존중하고 이전의 종교적인 의식을 계속해야 한다. 7) 아라한들을 보호하고 새로운 아라한들을 받아들여야 한다. 붓다는 계속해서, "만약 밧지 족이 이런 조건들을 잘 이행한다면 그들은 번영하고 쇠퇴하지 않을 것이다."라고 말했다.[32)]

의도했던 공격이 그 후에 있었는지 모르지만 아자타삿투는 고작 코살라(Kosala)와 베살리(Vesāli)를 얻었다. 그리고 그의 아들이며 후계자인 우다야나(Udayana)는 그 전통을 계속했다. 팽창 계획은 계속된 약한 통치자들의 계승으로 중단되었던 것처럼 보이지만 마침내 강탈자 시수나가(Sisunāga)가 유일하게 뚜렷한 경쟁국인 아반티(Avanti)를 전멸시켰다. 마가다 제국의 건설에 있어서 분명히 불교의 관심이 정반대로 기울어졌어야 했었다. 그리고 기록이 있었건 그렇지 않았던 간에 초기 불경들이 무더기로 사라져야 했었다.

---

32) D. II. 72-6.

사라진 경전에 대해 우리는 단지 『법구경』과 경(Sutta), 율(Vinaya) 가운데 가장 오래된 것에서 그 증거를 찾을 수 있다. 그러나 불자들의 주요 집단들은 비록 이들이 반드시 다른 종파를 대표하지는 않을지 모르지만 제각각 가르침에 대한 참고를 하기 위한 것일지라도, 자신의 계보를 가지고 있다. 마하바스투(Mahāvastu)가 바로 이러한 경우이다.[33] 그러나 마하상기카(Mahāsāṅghika)[34]에 딸려 있는 『로콧타라바딘(Lokottaravādin)』이라는 경전에 따르면, 마하바스투가 현재 우리가 알고 있는 형태로서 완전한 제목이 '율장(The Vinaya Pitaka)'이긴 하지만 현재의 그 내용이 대화편, 시, 『자타카(Jātaka)』, 『마하고빈다 숫타(Mahāgovinda Sutta)』[35]와 여타의 잘 알려진 팔리 경전의 초기 경전, 『법구경』의 「천금품(Sahassa vagga)」의 전체[36], 『쿹다카파타(Khuddakapāṭha)』, 『숫타니파타(Suttanipāta)』의 경 등을 담고 있으면서도 실제 律(Vinaya)에 관한 자료는 전혀 없다.

어느 땐가, 초기 경전을 재편집하는 데 노력했음을 『아함경』과 『니카야(Nikaya)』의 편찬에서 볼 수가 있다. 왜냐하면 이런 것들은 어떤 같은 출처에서 편집되었고 이러한 출처가 아주 초기의 경전과 현재 우리가 알고 있는 『아함경』과 『니카야』 간의 중간 단계를 대표하는 것같이 보인다. 적어도 한 가지 분명한 사실은

---

33) Transcendentalists. They considered that the Buddha was not a human being but was raised far above the life of the present world.

34) An early sect of Buddhists which tended to raise the Buddha above the human level and to identity his personality with that of former Buddhas.

35) D. II. 220–52.

36) See p. 78, note 2.(Buddhist Ethics)

니카야의 편집자들이 『쿹다카 니카야(Khuddaka Nikāya)』 경전이 이미 '어느 완전하고 방대한 편집'에서 살아남은 것이라는 취지에서 『쿹다카 니카야』에 집어 넣은 경전들의 기원을 잘 몰랐다는 점이다. 그러나 불교단체들 사이에 불경을 수집하려는 시도가 있었다. 또한 때때로 경전의 전부를 모아 재편집할 수 있는 아주 유리한 조건들이 이루어진 때가 있었다는 사실이 법현에 의해 증명되고 있다. 법현이 묘사한 마가다 국의 모습은 인도에서 불교가 얼마나 발전했던가를 잘 알려주는 것이다. 그래서 밧지족에 행한 붓다의 가르침을 따르려는 몇몇 부파들의 노력은 결코 헛된 것은 아니었다.

그러나 우리는 이러한 초기 경전 가운데 '플라톤의 공화국'과 같은 성질의 '論'이 포함되어 있었는지 알 수가 없다. 항상 붓다는 어떤 사물의 뒷면을 생각할 것을 강조했다. 그래서 만약 국가간의 행복과 번영이 그 국가의 통치자들의 도덕성에 의존한다면, 우리는 밧지 족에게 행한 붓다의 가르침에 따라 業에 관한 토의를 하는 대중의 집회에 참가하고, 또 협력을 해야 하는 국민의 의무도 역시 강조해야 할 것이다. 도덕적인 책임은 통치자뿐만 아니라 대중들에게도 있다. 독재란 일어날 수가 없다. 간단히 말해서 국민 각 개인은 결정을 하는 데 따르는 책임에서나 그 시행에서나 같이 해야 한다. 사회는 연합전선이며 각자의 도덕적인 성품이 가장 중요한 요인임에 틀림없다.

# 제8장 궁극적인 목적

## 1. 목적에 대한 정의

붓다의 가르침에서 궁극적인 목적이란 다름 아닌 四聖諦(Four Noble Truth)의 실현을 통한 涅槃(Nibbāna)에 이르는 것이다. 그 목적의 다양한 모습들이 앞으로의 논술과정에서 제시될 것이며, 사용된 용어들은 비슷한 의미를 전달하기 위한 것으로 이는 그 목적이 사성제의 실현에 있다는 것을 보충할 뿐이다. 그러므로 언제나 도덕적 행위의 기준들은 이러한 실현에 기여하는 것들이다. 즉 계, 정, 혜에서의 완전성이란 반드시 언제나 이를 성취하는 수단을 나타낸다. 그 목적이 어떠한 이름으로 불리우든지 이는 논리적인 연역(atakkhāvacara)에 있지 않다 라고 하는 것만으로는 충분치 못하다. 또한 목적을 성취하기 위해 사람은 일종의 초자연적인 계시만을 기다려야 한다는 암시 역시 마찬가지이다. 왜냐하면 사성제의 4번째는 현세에 계속하여 근면히 추구해야 한다고 하는 멸도이기 때문이다(dukkha-nirodha-gāminī paṭi-padā).

이를 뒷받침하여, 우리는 이제 두 가지 널리 알려진 바에 따라 그 목적을 살펴볼 것이다. 첫번째는 니르바나(Nirvāna) 또는 닙바나(Nibbāna)라는 일반적인 말로 지시된 것이고, 두번째는 붓다가 기술한 心해탈(ceto-vimutti), 慧해탈(paññā-vimutti)이다.

## 2. 열반(Nirvāṇa, Nibbāna)

어원상, 니르바나(nirvāṇa)는 '불어서 차게 하는 것'을 의미하는 베다어로서 니르(nir;불다)와 후에 불을 끄는 것과 연상되는 '덮는 것'이라는 뜻의 바(va)가 합해졌다. 초기 우파니샤드에 나오는 불꽃과 불의 이미지들은 종종 붓다가 사용한 것이었다. 하지만 불의 나머지에 대한 문제를 다루기에 앞서 니르바나나 닙바나에 관하여 불교경전에서 발견되는 일반적인 '정의'들을 먼저 고찰해 보기로 하자. 팔리어 법구경에는 닙바나에 관해 그 의미를 일반화시키고 있는 다음과 같은 어구가 있다.

붓다들은 열반을 모든 것 가운데 최고라 한다.[1] 이를 다시 비유해보면, "굶주림이 최고의 고통이다. 즉 조건화된 상태는 최대의 고통이다. 절대진리에 따라 이것을 깨달으면 열반은 최고의 행복이다."[2] 이는 다시 말해 "건강은 최고의 선물이다. 자기 자신의 만족이 최고의 부이다. 신뢰란 가장 최고의 관계이다. 즉 열반은 최고의 행복이다."[3] 그러나 좀더 정확하게는, "언제나 유념

1) Dh. v. 184 : *Nibbānaṃ paramaṃ vadanti Buddhā.*

2) *Ibid. v. 203 : Jigacchā paramā rogā saṅkhārā paramā dukhā etam ñatvā yathābhūtaṃ nibbānaṃ paramaṃ sukhaṃ.*

3) *Ibid.* v. 204 : *Ārogyaparamā lābhā saṃtuṭṭhiparamaṃ dhanaṃ vissāsaparamā ñāti nibbānaṃ paramaṃ sukhaṃ.*

하며 밤낮으로 연구하고, 열반에 이르려고 노력하는 사람에게 그들의 번뇌(āsava)는 사라지게 된다."[4]

산스크리트 경전은 永生(deathlessness)을 위해 노력하는 것[5]이라는 정의도 기록하고 있다. 끊임없이 禪定하는 현자는 집착으로부터 완전한 해탈 상태인 열반에 이를 수 있다.[6] 그러나 열반에로의 열쇠는 게송(gāthā)에 다음과 같이 기록되어 있다.

"네가 손으로 연꽃을 따듯이 자애(自愛)를 잘라라.

행복한 분이 가르치신 열반에 이르는 길로 나아가라."[7]

이중 첫번째 인용문은, 멀리서 법을 7년 동안 가르친 후에 반두마티(Bandhumatī)에 막 되돌아온 비구들에게 비파시불이 설법한 의무(Pātimokkha)의 일부로서, 『마하파다나 숫탄타(Mahapadānā Suttanta)』에도 나온다.[8] 그 전체적인 내용은 다음과 같다.

"끈기있는 인내는 극도의 절제이다. 붓다는 열반을 최고의 것이라고 하였다. 남을 다치게 하는 사람은 은둔자가 아니다. 즉, 사문은 다른 사람을 해롭히지 않는다. 모든 악행을 버리고 선을 성취하는 것, 마음을 정화하는 것, 이것이 부처의 가르침이다. 비

---

4) ibid. v. 226:
*Sadā jāgaramānānam ahorattānusikkhinaṃ nibbānaṃ adhimuttānaṃ atthaṃ gacchanti āsavā.*

5) Uv. XV. v. 8:
*Jāgaryam anuyuktasya ahoratrānusikṣinaḥ amṛtam anuyuktasya astaṃ gacchanti āsravāḥ.*

6) Dh. v. 23;Uv. IV. v.3:
*To jhāyino sātatikā niccaṃ daḷhaparakkamā phusanti dhīrā nibbānaṃ yogakkhemaṃ anuttaraṃ.*

7) See p. 31, note 2.

8) D. II. 38f. The incident referred to here occurred after Vipassi Buddha had acquired a large following and had sent out bhikkhus to teach.

난하지 말며, 해치지 말며, 계경의 계율에 따라 자제하며, 음식과 걸음걸이와 수면과 높은 자리를 절제하고 정신집중에 노력하는 것, 이것이 붓다의 가르침이다."[9]

위에서 주어진 『법구경』의 두번째 인용문에서는 조건화된 상태에서의 극도의 苦와 이로써 추론할 수 있고, 고통의 본질을 인식함으로써 생기는 조건이 없는 상태의 극도의 행복을 대조하고 있다. 모든 행이 무상하며, 고통이며, 조건화되었건 그렇지 않던 간에 모든 것들은 근원이 없다고 하는 三法印[10]을 염두에 두고, 이에 대한 현재 『법구경』 게송의 확대 해석은 다음과 같은 말에 있다. "즉 이것이 淨化에 이르는 길이다."

설일체유부에 따르면, 無爲法(asaṁskṛta dharma)[11]은 허공(ākāsa), 그리고 이성의 힘을 통한 멸인 擇滅, 그리고 원인이 없는 멸, 즉 깨달음이 아닌 자연히 멸하는 非擇滅 등의 세 가지 것이라고 하고 있다. 사우트란티카(Sautrāntika)[12]도 이와 일치하고 있다. 율장(Vijñānavada)은 여기에 세 가지 법을 추가하고 있다. 즉, 천상의 선정을 통한 움직임이 없는 상태, 부동(āniñjya), 아라한의 경지에서 성취되는 관념과 감각의 단절을 통한 멸, 상수멸(saṃjña - vedayita - nirodha), 그리고 여래가 그것이다. 열반은

---

9) Ibid. II. 49 f.;Dh. vv. 183－5.

10) See p. 43, note I, and associated text.(Buddhist Ethics)

11) See the *Central Conception of Buddhism* by Th. Stcherbatsky 3rd ed., Calcutta, 1961, p. 334.

12) An early school of Buddhist thought which claimed that nothing, either matter or mind, exists at all. See Kvu. 3, 5. The word 'Sautrāntika' derives from *sutrānta*, scripture, the tenets being based on the sutras in contrast to the Sarva stivāda which is based on the Abhidharma

智力을 통한 멸의 보기로서 간주된다. 허공이 조건이 없는 무위법으로 분류된 이유를 보면, 이것이 다른 법들에도 포함될 수도 있음을 알 수 있다. 이유들은 다음과 같다.

1) 허공은 방해가 없다.

2) 허공은 어떠한 방해도 자유로이 통과한다.

3) 허공은 변화없이 나타난다.

4) 어떤 종류의 방해도 없이, 사람은 열반을 조건적인 상태에서의 끊임없는 동요와 대조되는, 근본적으로 고요하며 행복한 것으로 생각할 수 있다.

붓다가 '조건적(saṅkhata)', 그리고 '조건이 없는(asaṅkhta)' 등의 용어를 사용하고 있는 두 가지 예가 남아 있다. 붓다는 "無爲가 무엇이냐?"고 말하면서 스스로 답하길 "비구여! 색욕과 증오와 미혹을 멸하는 것, 그것이 무위이다."[13] 이어서 "무위이건 有爲이건, 가장 최상의 것은 清淨, 無慾이다. 말하자면, 자만심을 버리고 욕애를 제거하며 애욕을 끊고 윤회를 벗어나는 것, 갈애의 멸, 청정 멸이 곧 열반이다."[14]라고 말했다.

앞에서 말한 『법구경』의 세번째 인용문에 언급된 '최고의 행복' 또는 '행복'에 대한 좀더 깊은 고찰은 뒤로 미루고 어떤 상태들의 제거와 관련된 것으로 열반에 이르는 네번째 인용문을 살펴보자. 한번은 사리풋타(Sāriputta) 존자가 "욕망과 증오와 미혹

---

13) S.IV. 359: *Katamañ ca bhikkhave asaṅkhataṃ yo bhikkhave ragakkhayo dosakkhayo mohakkhayo idaṃ vuccati bhikkhave asaṅkhataṃ.*

14) A. II. 34; It. 88: *yatha bhikkhave dhamma saṅkhata va asaṅkhata va virago tesaṃ aggam akkhayati yad idaṃ madanimmadano pipasavinayo alayasamugghato vaṭṭu pacchedo taṇhakkhayo virago nirodho nibbanaṃ.*

의 멸이 열반이다."[15]라고 말했다. 그는 또 "이들을 멸하는 길은 팔정도이고 팔정도로 멸해지는 것은 세 가지로 알려져 있다."고 말했다. 그리고 붓다는 목적에 이르는 수단으로서 번뇌의 멸을 이것들과 함께 설명했다. 한 비구가 붓다에게 "삼악근을 멸진하는 것은 무엇을 의미합니까?"라고 물었다. 이에 붓다가 대답하기를, "그것이 번뇌의 멸을 의미하기 때문에, 욕망과 증오와 미혹의 멸진을 열반의 경지라 한다."라고 하였다. 그 비구가 또 질문하기를 "불사(amata)란 무엇입니까?"라고 하자, 붓다는 "욕망과 증오와 미혹의 멸을 불사(不死)라 한다. 그것에 이르는 길이 팔정도다."라고 대답하였다.[16]

번뇌의 멸은 삼악근의 멸을 의미하며 번뇌의 멸로써 사성제를 실현하는 것과 열반에 이르는 것은 부연적인 것이다. 『사만냐팔라 숫타(Sāmaññaphala Sutta)』에서도 재언급되는 그러한 대화의 마지막 부분에 붓다가 직접 설한 다음의 설법이 나온다.

"절대 진리에 따라 그는 고, 집, 멸, 도가 무엇인지 알게 되었다. 절대진리에 따라 그는 번뇌(āsava)와 그 근원, 그리고 그 멸과 그 멸에 이르는 도를 알게 되었다. 이러한 식으로 알고 봄으로써 그의 마음은 감각적 욕망의 번뇌로부터 자유로워지고 유(存在)를 위한 갈애의 번뇌와 지고한 깨달음의 부족에서 오는 번뇌로부터 자유로울 수 있다. 이러한 자유 속에서 그는 마음과 같은

---

15) S. IV. 251 f.

16) S. V. 8; *Nibbānadhātuyā kho etaṃ bhikkhu adhivacanaṃ rāgavināyo dosavināyo mohavināyo āsavanaṃ khayo tena vuccatī ti. Yo kho bhikkhu rāgakkhayo dosakkhayo mohakkhayo idaṃ vuccati amataṃ ayam eva ariyo aṭṭaṅgiko maggo amatagā mimaggo.*

것들을 알게 된다. 생이 곧 고이며, 보다 높은 생이 완전하게 되며, 해야 할 것이 다 이루어졌고, 현재 더이상 해야할 것이 없다(nāparaṃ itthattāyā ti)."[17)]

열반에 이른다고 하는 것은 감각적 욕망의 멸, 유에 대한 갈애의 멸, 그리고 무명의 멸을 의미한다. 따라서 열반은 生을 이루는 有의 멸이며 완전한 깨달음과 觀을 얻음이며 여실히 보는 것임을 함축하고 있는 것이다.

감각적 욕망의 번뇌에 관해 사라풋타 존자와 우다위(Udāyi) 간의 대화가 기록되어 있다. 그런데[18)] 여기에서 사리풋타 존자는 "열반이 곧 행복"이라고 비구들이 모인 자리에서 말하였다. 우다위 존자가 "감각의 만족에 따른 행복이 아닌 열반에서의 행복이란 무엇인가요?"하고 물었다. 사리풋타 존자는 "열반의 행복은 오관으로 알 수 없는 것"이라고 대답하였다.

깨달음이 향상됨에 따라 행복의 형태는 감각의 그것보다 더 높은 단계가 된다. 어느 수준에서 행복하거나 편했던 것은 보다 높은 수준에서 이르면 그렇지 않은 것이 된다. 선정 단계에 따라 심신의 정화를 한 그는 드디어 최상의 선정에 이르렀다. 즉, 受와 想이 없어지고 번뇌가 멸하여 진짜 행복이 얻어진다.[19)] 그러나 여기서 주목해야 할 것은 『사만냐팔라 숫탄타(Sāmaññaphala Suttanta)』 대화에서는 붓다가 무색선정을 포함하지 않았음에 반

---

17) D. I. 83 f. and *passim* in the scriptures.

18) The Udāyi mentioned here is the 'Great' Udāyi, as distinguished from the theras Lāludāyi and Kāludāyi who also figure in the Buddhist texts. See also D. III. 115 and S.V. 83.

19) S.IV. 279 ff.

하여 이 대화에서는 사리풋타 존자는 색(rūpa)이건 무색(arūpa)[20]이건 모든 선정상태를 포함시킨 점이다. 그러나 멸진의 경우 양쪽은 똑같다는 것이다.

두번째 번뇌(āsava), 즉 存在에 대한 애착의 번뇌에 있어서 '유를 멸하는 것이 열반이라'는 내용의 많은 언절을 니카야에서 찾을 수 있다.[21] 이로부터 인격에 대한 근본적 기반이 없기 때문에 '열반은 완전한 적멸'이라는 오해가 싹트게 된 것이다. 영혼에 관한 이론들에 대한 붓다의 판결은 적멸의 경우와 마찬가지로 앞장에서 이미 언급되었지만 다음 경우에서처럼 '열반이라 정의할 수 없는 것'이라고 한 붓다의 가르침이 있다.

오관은 각자가 나름의 목초지와 또는 배회지(gocara)를 갖고 있으며, 서로를 간섭하지 않으나 '마음이 오관의 창고'라는 취지에서 한 바라문이 주장하고 붓다가 이를 지지한 설이 있었다. 그 바라문은 여러 가지 질문을 하였고 이에 붓다는 차례차례 그 대답을 하였다. 브라만은 "마음이란 창고(repository)는 유념(mindfulness)이며, 유념의 창고는 해탈(release or deliverance)이다. 해탈의 창고는 곧 열반(nibbāna)이다."라고 말했다. 열반이란 창고에 대해 붓다는 "그 문제를 충분히 생각해보면, 이는 직접적으로 관찰되는 것이 아니며 초월적인 것이다. 종교적 삶을 사는 것이 열반에로의 접근이며, 그 끝(end)과 완전(perfection)이 곧 열반이다."라고 대답하였다.[22]

---

20) See Ch. I, p. 23 f. and associated text.

21) S.II. 117:*bhavanirodho nibbānaṃ.*

22) S.V. 218 : *Ajjhaparam brāhmaṇa pañhaṃ nāsakkhi pañhassa pariyantaṃ gahetuṃ nibbānogadaṃ hi brāhmaṇa brahmacariyaṃ vussati nibbānaparāyanaṃ nibbanapariyosānan ti.*

종교적 삶이 단지 금욕주의 형태로서 취해지는 것이 아니라는 것은 다음에서 명확하게 나타난다. 아난다 존자가 한때 붓다에게 "종교적 삶(brahmacariya)의 반은 사랑스러운 도반과의 우정이고 친교이다."라고 말했다. 이에 대해 붓다는 "그것은 반이 아니라, 완전한 종교적 삶이다. 친구이고 도반인 비구를 사랑하고 도덕적으로 선하며 도반과 친한 데에 기대되는 것은 그가 팔정도를 따라 精進할 것이라는 점이다."[23] 그리하여 사랑스러운 사람들과 그리고 도덕적으로 선한 사람들과의 지속적인 회합과 친교가 열반에로의 정진 수단이라고 생각할 수 있다.

무명(avijjā)에서 생기는 세번째 번뇌의 경우, 무명의 상태가 생기는 모든 형태의 깨달음의 부족을 다시 생각할 필요가 있다. 이것은 지고한 깨달음의 부족이며, 그 번뇌적인 면 말고도, 결국 그것은 윤회를 피할 수 없는 연기설의 한 요소이다. 그것은 또한 재출생의 윤회를 묶는 十結(Ten Fetters)의 마지막이다. "그러나 모든 다른 것들보다 훨씬 더 불순한 것이 무명이며 그러한 불순을 없앤 후, 비구여! 정화하라(be pure)!"[24] 무명은 탐욕과 증오의 근원으로 간주된다. 사실 모든 악한 심성은 이것에 연루되어 있다. 반면 맹목적이란 의미에서 무명은 무의식 상태이고 죽음을 연상시켜주는 것이며 전생에서 행한 업과를 보여주는 것이다. 그러한 무명은 단지 깨달음의 부족으로 여겨져서는 안된다. 왜냐하면 무명은 아는 것과 알지 못하는 것 이 모두를 포함하기 때문이

23) S. V. 2.

24) Dh.v. 243 :

*Tato malā malataraṃ avijjā paramaṃ malaṃ etaṃ malaṃ pahatvāna nimmalā hotha bhikkhave*

다. 그것은 맹목적인 행을 하는 맹목적인 마음의 특징이다. 이는 다음에 생명체의 가장 강한 특징인 '살려는 의지(will to live)'에 그 영향이 나타난다. 다시 말해, 색욕이나 욕망에 의해 기인된 장애를 끊는 것, 즉 識의 멸이 무명에로의 돌아감을 나타내는 것이다. 완전한 깨달음만이 이러한 '맹목성(blindness)'을 멸할 수 있다.

우리는 불사(amṛtam)에 관하여 이에 해당하는 산스크리트 경전의 게송에 사용된 것을 읽어볼 수 있다.[25] 일생 동안 그 사람의 정상적인 의식이 죽을 때 내세에서 다시 만들어지는 기초인 '하부의식(infra - consciousness)'이 된다고 한다. 이러한 원칙에 따라 만일 불멸의 상태가 발생하지 않는다면 의식은 결코 그렇게 가라앉아 있지 말아야 하며, 그렇지 않으면 달리 이전의 정상적 의식이 완전히 사라지는 곳에서 어떤 실체가 있어야 하거나 인식되어졌어야 한다. 사실, 또 다른 정상적인 의식을 넣을 수 있는 기반이 없을 것이다. '맹목적인 의식(blind consciousness)'이 사라지면, 살려는 의지가 없을 것이고 따라서 더이상의 '생(life)'이 없을 것이다. 다시 말해, 현상태에서 더이상 바랄 것이 없게 된다.[26] 무색선정(arūpa jhāna)의 '受'가 '없는 것도 아니고 있는 것도 아닌(nevasaññānāsaññāyatana)' 상태가 열반과 같다는, 가령 고타마의 초기 스승인 우드라카 라마푸트라(Udraka Rāmaputra)[27]와 같은 몇몇 브라만들에 의해 취해진 견해는 사람의 정상적인 의식을 멸하는 것과 하부의식의 완전한 멸을 연관시킨다

25) See p. 166, note 5.(Buddhist Ethics) Uv. xv. v. 8:
26) *nāparaṃ itthattāya ti.* See p. 169, note I.
D.I. 83f. and passim in the scriptures.
27) See p. 35, note I.(Buddhist Ethics)

면 이해될 수 있다. 그러나 이는 불가능하다. 죽음의 경우에서 정상적 의식은 단지 일시적으로 정지한 것이며 따라서 멸은 단지 맹목의 형태에만 비교될 수 있는 것이다. 그러므로 우리는 불사의 상태가 존재와 존재하고 있는 것들이 모인 '生'을 완전하게 포기하는 것임을 나타낸다고 할 수 있다.

『법구경(Dhammapada)』에 나오는 다섯번째 인용문에 따르는 열반의 정의는 '집착(attachment)으로부터 비할 데 없는 해탈'이다. 여기에서 '집착'[28]을 뜻하는 요가(yoga)라는 말은 번뇌와 동의어이다. 네 가지 요가가 알려져 있는데[29] 이중 세 개는 이미 언급된 번뇌와 일치한다. 한편 네번째는 사견이나 사변적(speculative) 이론에 대한 집착으로서 때때로 제4의 번뇌라고 여겨진다. 그러나 '무명'이 그릇된 견해와 사변 이론을 포함하기 때문에 번뇌는 종종 세 가지로 좁혀지고 있다. 여기에 사용된 요가의 의미로, 요가가 번뇌를 지칭하고 있는 것으로 여섯 가지 『법구경』의 인용문들 중 마지막 것을 생각해보기로 하자.

"손으로 가을 연꽃(water-lily)을 따듯이 자애(自愛, the love of self)를 끊어라. 그리고 행복한 분이 가르친 열반에 이르는 길로

28) The term 'Yoga' also means a method of meditation or mental-control which has been known in India from very early days. This technique is explained in *Upaniṣads* and *Bhagavadgitā*. The system of philosophy established by Patañjali (c. fifth century AC) in his *Yogas ūtra* defines the term as 'cessation of the mental activities' *(cittavṛttinirodha)*. The term, however, is derived from *yuj* to employ or join and it means the practice of spiritual discipline or way to union with ultimate reality. The *Dhammapada* also says: Indeed from meditation wisdom arises *(Yogā ve jāyate bhūri. v. 282.)*

29) *kāma-yoga, bhava-yoga, diṭṭhi-yoga, avijjā-yoga.* See D. III. 230; A. II, II.

나아가라."[30] 현재까지 우리는 영원한 '내재의 자아'를 붓다가 거부한 사실과[31] '자아'로부터의 최종적인 완전한 해탈[32], 그리고 모든 법이 '자아'가 없다[33]라는 사실을 이미 강조한 바 있다. '자아로 부터의 해탈'에 있어서 팔리어 '앗타(attā)'는 이보다 더 긴 역사를 갖고 있고, 매우 다른 함축적 의미를 갖고 있는 산스크리트어 '아트만(ātman)'과 결코 같은 것이 아니라는 점을 명백히 할 필요가 있다. 우파니샤드에서 절대 실체인 브라만의 의인화에 앞서 아트만은 '영혼' 보다 훨씬더 심오한 개념을 나타내며 어떤 점에서 자아보다는 '무아(non-self)'를 의미한다. 영혼, 자아, 또는 앗타에 보다 가까운 말은 '지바(jīva)'인데 이는 존재가 轉生되는 부분이다. '브라만'이 의인화되었을 때, 사프라판차(saprapañca)의 면에서 아트만과 지바 사이에 어떤 차이가 있을 수 있지만 니샤프라판차(niṣprapañca)[34]의 면에서 아트만과 지바는 알 수 없을 정도로 혼돈되어 있다. 그러나 불교의 여래와 절대브라만 또는 브라마(Brahma) 사이의 어떤 관계를 부인하려는 것 같은 이미 언급된 말이 있다. 즉 "인간은 변화를 좋아한다. 여래는 延長의 다양성이 없다."[35] 그리고 "붓다들에게는 움직임이 없다!"[36] 肉으로서 브라만들이 사프라판차 또는 니샤프라판차에 기

---

30) See p. 166, note 7.
31) See p. 40, notes 1, 2, 3.
32) See p. 41, note 2.
33) See p. 43, note I.
34) See p. 20, notes 2, 3.(Buddhist Ethics)
35) Dh. v. 254 : *papañcabhirata pajā nippapañca Tathagata.* See p. 121, note 4.(Buddhist Ethics).
36) *Ibid.* v. 255 : *n' atthi Buddhanam iñjitaṃ* See p. 121, note 5.(Buddhist Ethics).

울어지는지 『니카야』에는 암시되어 있지 않다. 즉 브라만은 단지 브라마로서 나타난다. 따라서 붓다에게 다음과 같은 질문을 종종 한다. "지바는 육체와 같은 것인가? 아니면 지바와 육체는 별개의 것인가."[37] 그러나 이는 시시한 질문이 아니라 브라만의 의인화에 의해 제기된 철학적 문제에 대한 많고 사소한 논쟁의 결과인 것이다.

때때로 붓다는 폿타파다[38]에게 한 것과 마찬가지로 대답하기를 거절하였다. 다른 때에는 만디싸(Maṇḍissa)와 잘리야(Jāliya) 경우에서처럼 붓다는 비구의 수행을 묘사하며 "그런 사람에게 그 질문이 현명한 것인가."하고 되물었던 것이다.[39] 따라서 아트만에 관한 인용문들은 그 내용을 불교의 無我(anattā)에 적용시키기 전에 신중하게 다루어져야 할 것이다. 불교의 무아란 언제나 영구히 내재하는 자아 또는 어떤 종류의 본질이 없는 것으로 간주되어야 할 것이다. 이러한 생각은 의식의 흐름으로서 삶이 나타날 때 확실해진다.

### 연소(āditta)

'연소(āditta)'[40]를 有情의 생명에 비유하는 것은 시적인 상상력을 훨씬 넘어서는 것일 수도 있다. 사실 연소라는 것은 한 존

---

37) *taṃ jivam sariraṃ udahu aññam jivaṃ aññaṃ sariran ti.* D. I. 157. and frequently in the Buddhist texts.

38) See p. 62, note 6, and associated text.(Buddhist Ethics)

39) D.I.158: *yo so avuso bhikkhu evaṃ janati evaṃ passati kallaṃ tass' etaṃ, vacanaya taṃ jivaṃ taṃ sariran ti va aññaṃ jivaṃ aññaṃ sariran ti va.*

40) See Vin. I, 34; S. III. 71, IV. 19 f.: Sn. v, 591 and *passim*; *(adipita)* S. I. 31.

재의 진행 근거이며 한 존재로부터 다른 존재로 轉生하는 것과 일치한다. 그러나 연소는 그 일반적 의미가 너무 흔한 것이어서 어느 누구도 무엇이 탈 때 어떤 일이 일어나는지 곰곰이 생각하지 않는다. 원시인은 두 개의 나무토막을 불이 붙을 때까지 비벼 불을 만들어냈다. 그렇게 함으로써 살아가는 데 필요한 에너지를 스스로 직접 공급하였다. C.E. 3세기가 되어서야 비로소 공기가 연소에 필수적이라는 것이 알려졌다. 호흡과 연소가 비슷한 과정이라는 주장이 나오는 데는 그로부터 14세기가 더 지나야 했다. 그때에 그러한 생각은 기괴한 것으로 보였고 한 세기가 더 지난 후에야 위에 말한 두 과정에 필수불가결한 것으로 밝혀진 하나의 가스를 대기로부터 유리시켰다. 이 가스는 '산소(그리스어 oxus ; 날카로운, genes, 생산된)' 라고 불려졌다. 그리고 그러한 것들은 산화의 과정들로 밝혀졌다.

연소는 세 가지 조건, 즉 탈 것, 그것을 태울 산소, 산화 활동을 충분히 시작하기 위해 주위 사물의 온도를 올릴 에너지의 사용이 필요하다. 호흡에서도 이와 비슷한 조건이 필요하다. 호흡할 수 있는 것, 호흡하기 위한 약간의 산소, 그러한 과정을 시작하기 위한 에너지의 공급이다. 이러한 조건 가운데 어느 하나라도 빠진다면, 우리는 태우거나 숨쉴 수 없다. 다시 말해 연소나 호흡을 할 수 없다. 그러한 과정들이 진행 중일 때 그 과정들을 멈추게 하려면 세 가지 조건 중 하나는 반드시 제거되어야 한다. 만일 불이 스스로 타게 되면, 다른 말로 제공된 온도에서 탈 나무가 이때의 나무를 원시인의 나무들로 가정하였을 때 모두 타버리고 거기에 좀더 높은 온도가 있다면 불이 붙거나 불이 붙지 않을 수도 있는 재가 남는다. 그 반응을 시작하기 위해 제공되는 에너지는 불꽃의 열과 빛으로 바뀌어진다. 이것들은 흩어져 사라지고 우주의 어딘가에 있게 될 것이다. 옛날 인도사상에 따르면, 그들은 그러한 형태의 에너지로서 우주로 되돌아간 것이 된다. 그렇지만 어떤 경우에서도 그들은 그들이 전에 소비되었던 형태로 또다시 발견될 수 없다. 이를 인간에 비교한다면 호흡을 위한 세 가지 조건 중 어느 하나를 제거하면 호흡이 중지될 것이고 그 사람은 죽게 될 것이고 곧바로 그 육체는 해체된다. 그리고 햄릿의 말을 빌면, "알렉산더 대왕의 존귀한 가루가 목구멍을 틀어막을 때까지 왜 이를 상상할 수 없는가?" 그러나 다음과 같은 말도 있다. "이것이 물질로 된 내 몸이며, 몸은 4대 원소로 이루어져 있다. 부모가 만들고, 살과 피가 모인 이 몸은 그 자체가 무상하고 연약하며 완전히 멸진될 수 있는 것이다. 이것이 이 육체에 얽매여져 있는 종속적인 나의 의식이다."[41]

무엇이 의식이 되는가? 죽을 때 심성(mentality)은 하부의식으로 되는데 이는 끊임없이 새로운 존재의 최초의 선천적 의식형태로서 계 속된다. 불타는 나무로 비유해보면 "만일 충분한 자극이 주어진다면 재는 다시 한번 불에 탈 수 있다."라고 할 수 있으며, 사람에게 비유하면 "하부의식은 새로운 존재의 의식으로 들어갈 수 있는 잠재력으로서 계속된다."라고 볼 수 있다. 열반이란 말에서 '불이 꺼지다'라는 의미를 생각할 수 있다. 그러나 열반이 문자 그대로 '불어서 차게 하는 것'이기 때문에 불을 끄는 것이

---

41) D.I.76 : *ayaṃ kho me kāyo rūpi cātum-mahā-bhūtiko māta-pettika-sambhavo odana-kummās-upacayo anicc-ucchādana-parimaddana-bhedana-viddhaṃsana-dhammo, idañ ca pana me viññāṇaṃ ettha sitaṃ ettha paṭibaddhan ti.* See also p. 67. note 4.

그 재가 남아 있건 없건 간에, 불이 또 붙을 수 있는 조건들을 모두 제거하려는 세심한 노력에 기인하고 있음을 알아야 한다. 만일 사람이 현세에서 깨닫는다면, 죽을 때 어떤 잠재력이 남아 있을 수가 없다. 그러나 충분한 잠재력이 남아 있어서 일상적인 세계 속에서, 그의 현세 동안에 그를 지배할 수도 있고 이러한 기간 동안 그는 단지 그의 전생과 똑같이 살고 있는 것일 수도 있다. 이러한 관계에서 붓다는 '망고 나뭇가지'라는 직유를 사용하였다.[42] 그 가지는 비록 모체에서 떼어낸 것이지만 계속적으로 이전의 모습과 성질을 유지하며 그 가지가 마침내 죽어서 완전히 시들어 썩을 때까지 모체의 것과 같은 망고를 열매맺는 것이다. 어느 것도 새로이 나타나는 것은 없다.

열반에 이르는 것과 깨닫는 것을 동의어로 생각하여 우리는 그 잔재가 남아 있는 有餘涅槃과 아무것도 남아 있지 않는 無餘涅槃으로 나눌 수 있다. 한때 붓다는 번뇌를 멸한 즉, 행해져야 할 것을 모두 이루었고, 짐을 내려놓고, 복을 얻었으며, 結을 모두 멸하였고, 완전한 깨달음[43]으로 자유로워진 비구를 열반의 경지에 들었다고 했다. 만일 그가 자신의 감정에 만족한다면 그는 남음이 있는 유여열반에 든 것이다. 그가 그의 감정 속에서 커다란 기쁨을 느끼지 못한다면 이는 타고 없어 남아 있는 것이 없는 무여열반에 든 상태라 할 수 있다. 번뇌는 소멸되었어도 사람의 열정은 여전히 남아 있는 게 있는 유여열반이며, 또는 글자 그대로 '依(upadhi)가 있는 열반'으로 불린다. 여기서 우파디는 존재의

42) D. I. 46.
43) It. 38 f.

물질적이며 비물질적 조건이다. 무여열반은 아직 살아있으면서도 열정이 없는 사람의 경지를 나타낸다. 열정뿐만 아니라 존재 조건의 완전한 멸진으로 남아 있는 것이 없는 게 무여열반이다. 즉 완전하고 완벽한 자유이다.

그러나 비록 거듭 살 잠재력이 사라진다 해도, 이는 더 이상 현상태의 멸진은 없을 것이다. 즉 그것은 이전에 알려진 것과는 전혀 다른 종류의 상황이 일어났다 라고는 말할 수 없다. 이는 원자를 쪼개는 경우와 유사하며 즉, 원자 내에 새로운 물질이 발견되지 않았더라도 지금은 '마이크로 세계'라고 할 수 있는 어떤 것이 거기에 일어났던 것이다. 여기서 마이크로 세계의 문제들은 대부분 사라졌다. 그 문제들을 만들어내는 요소들 간에는 더이상 유사성이 없다. 일상세계의 시간과 공간의 법칙들이 여기서는 똑같은 방법으로는 지배할 수 없으며 실체 대신에 우리는 힘의 범위나 영향력 이상의 어떤 것을 갖는다.

열반은 마이크로 세계로서 현세를 갖는 마이크로 세계이다 라고 할 수 없다. 그러한 한 가지 상황에 대한 연구에서나 일련의 문제에 대한 해결의 연구에서 사람들은 그 이전의 상태에서 전혀 예상할 수 없는 어떤 새로운 상태에 이를 수 있다고는 할 수 있다. 그러나 살아있는 존재들에 관해서는 한 생명체에서 다른 생명체로 전생하는 것은 가시적인 주위 환경이 무엇이든간에 적어도 과거 전생의 잠재력이다. 열반에 이르면 완전하고 참된 觀이 있게 된다. 그러나 우리가 현재 알 수 없는 것도 있다. 그래서 비록 붓다가 열반에 든 후, 어떤 사람이나 신도 그의 몸을 볼 수 없었지만[44] "사후에 여래가 존재한다, 존재하지 않는다, 또는 존재하기도 하고 존재하지 않기도 한다, 또는 존재하지 않고 존재하지 않는 것도 아니다."[45]라고 말하는 것이 옳지 않다고 하는 것은 당연한 것이었다.

주석자인 붓다고사(Buddhaghosa)와 우파팃사(Upatissa)가 취한 입장은 존자가 苦의 集을 통한 滅을 설법한 점에 대체로 일치하고 있다.[46] 우파팃사는 열반에 대한 직접적인 기술은 하지 않았으나 붓다고사는 『비수디마가(Visudhimagga)』[47]에서 그 주제를 다루고 있다. 거기에서 그는 11가지 종류의 '불' 즉, 탐욕, 진에, 미혹, 질병, 슬픔, 비탄, 고통, 우울, 고난, 늙음, 죽음[48] 등에 대해 말하고 있다. 붓다고사는 법이라는 단어에 관해서는 언급을 하고 있지 않으나, 반면 우파팃사는 "법과 열반과 열반에로 나아가는 길이 있다. 그 정진의 길은 무엇인가? 四念處, 四精謹, 如意足, 五力, 七覺支, 그리고 八正道. 이것이 열반에 이를 수 있게 하는 올바른 길이다."라고 하며 법에 대해 언급하고 있다.[49] 이는 붓다가 입적하기 바로 전에 비구들에게 설법할 때 직접 말하였던 덕목이다. "내가 여러분에게 가르쳐왔던 것이 과연 무엇인가? 내

---

44) D. I. 46 : *kāyassa bhedā uddhaṃ jīvita-pariyādāna na dakkhinti devamanussā*
45) See p. 41. note 3, and associated text.(Buddhist Ethics.)
46) *Vimuttimagga and Visuddhimagga, op, cit.*, p. 107.
47) Vism. 67–70.
48) *Rāgo ca doso ca moho ca vyādhi*
*jarā ca maraṇam pi ca sokam eva*
*paridevadukkham pi ca domanassaṃ*
*'pāyasam ekādasa aggim āha.*
49) *Vimuttimagga and Visuddhimagga, op. cit.*, p. 107.

가 본 진리는 무엇인가? 그대들은 법을 철저히 배웠고 몸소 실천해야만 할 것이다. 또한 수행하고 진지하게 받아들여야 한다. 그래야 지속돼온 종교적 삶이 영원하게 될 수 있다. 수많은 사람의 선과 행복을 위한 것이고 세상에 大悲(compassion)를 위한 것이며, 신과 인간 모두의 행복을 위한 이 법은 무엇인가?"[50] 하고 붓다는 제자들에게 묻고 있다. 그리고 위에 나온 것처럼 자신이 가르친 것들을 열거하였다.

## 열반에 대한 다른 정의

열반에 대한 붓다의 또다른 설명은 다음과 같다. 자신의 입적(parinibbāna)에 대해 이야기하다가 붓다는 다음과 같이 말했다.

"밤에 여래는 최고로 완전한 지혜(Highest Perfect Wisdom)를 터득하였으며 그날 밤 최후의 해탈, 열반의 조건인 '아무것도 남아 있지 않은 상태'에 이르렀다. 이 두 가지로 여래의 몸은 완벽하게 정화되었고 완전한 것이 되었다."[51] 다시, 비파시불이 사성제 중에서 두번째와 세번째를 깨닫고 번뇌로부터 해탈이 되었다고 판단하고서 비파시불은 법을 설하려 했다.[52] 그때 비파시불은 "이는 즐거움에 집착한 것이고 그 집착에서 기쁨을 느끼는 것이

---

50) D. II. 119 f.:*Katame ca te bhikkhave dhammā mayā abhiññāya desitā, ye vo sādhukaṃ uggahetvā āsevitabbā bhāvetabbā bahulīkātabbā yathayidaṃ brahmacariyaṃ addhaniyaṃ assa ciraṭṭhitikaṃ, tad assa bahujana-hitāya bahujanasukhāya lokānukampāya atthāya hitāya sukhāya devamanussānaṃ? Seyyathīdaṃ cattāro satipaṭṭhānā cattāro sammappadhānā cattāro iddhipādā pañc' indriyāni pañca balāni satta bojjhangā ariyo aṭṭhangiko maggo.*

51) *Ibid.* II. 134.

52) *Ibid.* II. 35.

다. 이런 연유로 인과와 '이것은 저것으로 말미암아 일어난다.'고 하는 법칙을 깨닫기 어렵다. 이런 것들 모두가 모든 심소의 숙정(concomitant), 재출생의 모든 근원을 捨하는 것, 갈애를 멸하는 것, 침착, 방해가 없고, 장애가 없는 상태, 열반을 깨닫기 어렵게 한다."[53]고 결론 내렸다. 위의 '모든 심소의 숙정 부분'부터는 『니카야』에서 열반의 정의로 자주 나오고 있다.[54] 연기설에 의하면 識의 멸은 행의 멸에 의해 이루어질 수 있으며, 행의 멸은 무명의 멸에 달렸다고 하고 있다. 행에 관계된 것들은 이미 앞에서 살펴보았기 때문에 우리는 갈애(taṇhā) 문제를 고찰해보고자 한다.

## 갈애 (taṇhā)

無明이 가장 커다란 불순임은 이미 언급된 사실이다.[55] 이는 무명으로 인해서 삶의 참된 본질을 잘못 인식하는 것이기 때문이며, 이러한 무명으로 인해서 현재 그가 알고 있는 형태로 계속 있으려는 강한 욕구 때문에 결국 스스로 죄악을 저지르게 된다. 또한 무명의 결과로서 살려고 하는 맹목적인 의지가 있게 되고, 우연한 것은 물론이고 전반적인 삶에 대한 갈애가 있게 된다.

苦의 근원이라는 드높은 진리는 무엇인가? 열정적인 기쁨과 관계된 재출생에 이끌려 이곳저곳에서 즐거움을 찾는 것이 갈애이

---

53) *Ibid.* II. 36.

54) *Sabbasaṅkharasamatho sabbūpadhi-paṭinissaggo taṇhakkhayo virago nirodho nibbanaṃ.* S. I. 136 : A.II. 118.

55) See p. 171, note 2.(Buddhist Ethics). Dh. V. 243.

다. 이는 欲愛, 有愛, 無有愛의 三愛라고도 한다.[56]

여기서 생에 대한 갈애는 현세의 실존뿐만 아니라 색계와 무색계에서의 실존 모두를 포함하려는 것이다. 이런 모든 형태는 적멸에 대한 욕구처럼 '갈애'로서 비난받고 있다.[57] 그 이유가 불교 경전에 종종 나타나는데 예를 들면, "갈애를 버리지 못하는 중생들은 그 마음이 유와 무유에 빠져 있어 악마의 굴레에서 헤어날 수 없고 현세에서 피하기 어려운 그 속박을 두려워하여 생사에 얽매이는 것이다. 바로 갈애를 버린 자, 유와 무유로 향한 갈애를 버린 자, 갈애를 멸하여 갈애가 없는 비구가 열반에 이르는 것이다."[58]

위의 원문은 「우다나품(Udānavarga)」의 갈애에 대한 장에 잘 서술되어 있고, 『법구경』과 여타의 팔리어 경전에서도 역시 기술되어 있으며, 붓다가 직접 설법한 것으로 보이는 다른 게송이 그 다음에 계속 나오고 있다. 이는 다음과 같다.

> 현세에서 극복하기 어려운 갈애에 얽매여 있는 사람은
> 항상 苦가 비 온 뒤의 香草(biraṇa)처럼 커질 것이다.
> 하지만 그 뛰어넘기 어려운 갈애를 초월한 사람은
> 마치 연꽃에서 물방울이 굴러떨어지듯이
> 온갖 가지 괴로움 역시 떨어져 사라진다.
> 나는 그대들에게 이처럼 좋은 것을 말하노니

---

56) *Katamañ ca bhikkhave dukkha-samudayaṃ ariya-saccaṃ? Yayaṃ taṇha ponobhavika nandi-raga-sahagata tatra tatrabhinandini, seyyathidaṃ: kamataṇha bhavataṇha.* Vin, I, 10;D.II, 308, III. 216, 275;M, I, 48, 299, III. 250 and *passim.*

57) See p. 24f.(Buddhist Ethics).

58) It. 50;cf. Uv. III. vv. 7, 8.

여기 모인 그대들은 향초를 뽑아
우시라(usira)의 香根을 보듯이
갈애의 근원을 뽑아 버려야 한다.[59]

「우다나품」은 다음에 無有를 강조하고 있다. "오랫동안 갈애에 사로잡혀온 사람은 계속 生死의 길을 따르며 끊임없이 이렇게 저렇게 오고가면서 有에 던져진다.[60] 그러나 갈애를 버림으로써 그는 유와 무유에 갈애치 않고, 윤회에서 벗어나며 그에게 더이상 갈애는 없다.[61] 그러나 산스크리트어에는 없는 '바나(vāṇa)' '갈애(craving)'와 같은 말을 사용한 것은 팔리 경전의 독특한 점이다. 바나는 타나(tāṇha)'나 닙바나와 같이 쓰이고 있다. 예를 들면 "갈애로 부터 떠남이 곧 열반이다(vāṇa saṅkhātāya taṇhā ya nikkhantattā nibbānaṃ)"가 그것이다.

위와 같이 인용된 것 말고 열반을 가리키는 용어들은 '비라고(virāgo) 니로드호(nirodho), 닙바남(nibbānaṃ)'과 같은 것들이 있다.[62] '태연자약' '無色' '無我'를 의미하는 비라고(virāgo)는 자주 '열반'과 동의어로 쓰이고 있으며, '니로드호'를 멸로 해석하는 것은 잘못일 수도 있다. 니로드호(nirodho)를 니(ni)와 로드호(rodho) '방해가 없는' '장애가 없는'의 합성어로 생각하면,

---

59) Dh. vv. 335, 336 and 337;Thag. 402;J. III. 387;Cf. Uv. III. vv. 9, 10, 11.
60) A. II. 10;Sn., v. 740;It, 15;Uv. III. v. 12.
61) Uv. III. v. 13;
*Taṃ tu tṛṣṇāṃ prahāya hi vitatṛṣṇo bhavābhave nāsau punaḥ saṃsarate tṛṣṇā h asya na vidyate.*(No Pali equivalents.)
62) See p. 179, note I. (Buddhist Ethics). S. IV. 279 ff.

별로 제시된 바 없지만 '붓다는 不動이다'[63]라는 말과 그리고, '무행법'[64]으로 분류하는 것에 일치하는 열반의 한 면을 볼 수 있다.

열반에 이르는 데 가장 근본적인 장애는 갈애와 무명에 있으며 갈애와 무명을 제거할 때까지는 열반을 올바르게 볼 수 있는 觀이 흐려짐을 알고, '心解(freeing of mind)와 慧解(freeing of insight)에 대해 생각해보기로 한다.

## 3. 심해탈, 혜해탈(ceto - vimutti, paññā - vimutti)

"비구가 붓다 밑에서 종교적 생활을 하는 것은 定(samādhi)을 함양하기 위한 목적인가."라고 마하리(Mahāli)가 붓다에게 묻자, 붓다는 "그것이 아니다. 그런 종교적 생활 속에는 고귀하고도 거룩한 무엇이 존재한다."[65]라고 답한 뒤 번뇌를 멸하여 생기는 최상의 상태, 즉 보살도를 열거하였다. 붓다는 계속해서 설하시길, "스스로 현세로부터 심해탈과 혜해탈을 깨닫고 경험하게 되어, 그곳에 이른 비구는 영원하리라."[66]라고 설하였다. 번뇌를 멸하는 것은 열반에 이르는 길과 일치하므로 사람들은 이러한 성취가 현실로부터의 심해탈, 혜해탈에 있다고 생각할 수 있다. 바로 위

---

63) See p. 173, note 6(Buddhist Ethics)

64) See p. 168, note 1(Buddhist Ethics)

65) See p, 83, notes I−3 (Buddhist Ethics).

66) D. I. 156 : *Puna ca paraṃ Mahāli bhikkhu āsavānaṃ khayā anāsavaṃ ceto-vimuttiṃ paññā-vimuttiṃ diṭṭhe va dhamme sayaṃ abhiññā sacchikatvā upasampajja viharati.*

에 인용한 『마하리 숫타(Mahāli Sutta)』에서 붓다는 그러한 깨달음에 도달할 수 있는 방법이 팔정도에 있다고 했다. 그렇지만 심해탈과 혜해탈은 명백히 언급하고 있지 않다. 따라서 우리는 불교경전의 다른 내용을 근거로 하여 그 관련성을 조사할 것이다.

'심해탈' '혜해탈'이 동의어라는 주장은 올바르지 않지만 심해탈이 항상 '혜해탈과 함께하며' 혜해탈은 항상 심해탈과 함께한다 라는 것 역시 옳은 것은 아니다.[67] 예를 들어 심해탈은 『테빗자 숫타(Tevijja Sutta)』, 『디가 니카야(Dīgha Nikāya)』 XIII에서만 나타나고 있으며 여기에 심해탈로 이르는 범처(Brahmavihāra)로서 알려진 상태에 대한 설명이 나오고 있는 것이다. 젊은 바셋타(Vāseṭṭha)가 붓다에게 브라마[68]와 함께 할 수 있는 길을 묻자, 붓다는 사만냐팔라(Sāmaññaphala)[69] 설법을 통해 계와 정을 설하고, 五障(five hindrance)의 멸을 포함하여, 그 이후에 얻어지는 즐거움을 설하였다. 그러나 선정 상태에 대한 설법 대신에 붓다는 다음과 같이 말하고 있다.

"자비심(mettā)으로 충만한 비구는 세상의 한 十方을 자비심으로 가득 채우며, 계속하여 두번째, 세번째, 네번째 모든 시방으로 나아간다. 위로나 밑으로나 세상 모든 곳에서 그는 넓고 무한하며 악의나 가해가 한치의 티끌도 없는 마음으로 자비심을 계속 베푸는 것이다. 바셋타여! 힘찬 나팔수가 어려움 없이 시방세계에 이를 수 있는 것처럼 자비를 통한 심해탈로써 이를 완수하는

---

67) See Pali Text Society's Pali-English Dictionary, p. 272 and 390.
68) D. I, 235 ff.
69) See p. 67, notes 1－3, and associated text.(Buddhist Ethics).

자는 그곳에 있지 않을 것이다. 바셋타여! 이것이 브라마와 함께 하는 길이다."[70]

붓다는 그 다음에 비구들이 어떻게 자신의 마음을 대비(karuṇā)와 다른 사람의 복을 위한 연민(喜, muditā), 그리고 捨(upekkhā)로 채우는가를 설법하고 있다. 붓다는 각각의 경우에 나팔수의 직유를 사용하였고 이를 따르는 자는 거기에 그대로 움직이지 않으면 안된다고 강조하면서 이것이 브라마와 함께할 수 있는 길임을 설법하고 있다. 이를 성취하려는 노력에서, 또는 불교의 가르침이 심해탈이라는 투영된 결과를 설명하는 것처럼 모든 4개의 범처가 설명되어야 한다. 너무 빈번하게 그리고 이 책에서와 마찬가지로 서양의 경전 번역서가 자비에 대한 번역을 주로 다루어왔기 때문에 大悲, 喜, 捨 등을 경시하는 경향이 있다. 물론 이러한 것은 결코 합리적인 것이 아니다. 브라만의 목적과 불교의 도는 결코 동일한 것이 아님을 확실히 해야 한다. 여기서 '브라만과 함께 한다'라는 표현은 바셋타가 한 것이며 붓다도 설법 동안에 이것을 계속 사용했다.

범처는 불교 이전부터 인도사상에서 잘 알려진 것이다. 또한 『사만냐팔라』의 대화편에 따른 그 위치가 『테빗자 숫타(Tevijja Sutta)』에서는 '범처'로 되어 있는 선정상태도 이와 마찬가지이

---

70) *Ibid*, 250 f,:*So mettā-sahagatena cetasā- ekaṃ disaṃ pharitvā viharati, tathā dutiyaṃ, tathā tatiyaṃ, tathā catutthaṃ. Iti uddham adho tiriyaṃ sabbadhi sabbattatāya sabbāvantaṃ lokaṃ mettā-sahagatena cetasā vipulena mahaggatena appamāṇena avereṇa avyāpajjhena pharitvā viharati. Seyyathā pi Vāseṭṭha balavā saṅkha-dhamo appakasiren'eva catuddisā viññāpeyya, evaṃ bhāvitāya kho Vāseṭṭha mettāya ceto-vimuttiyā yaṃ pamāṇa-kataṃ kammaṃ na taṃ tatrāvasissati na taṃ tatrāvatiṭṭhati. Ayam pi kho Vāseṭṭha Brahmāṇaṃ sahavyatāya maggo.*

다. 그러나 『사만냐팔라』에서 선정 상태는 단지 色禪定(rūpa jhāna)만이 기술되어 있다. 범처는 테빗자에 있고 혜를 다루는 부분이 다음에 나오고 있어서 우리는 단지 이를 다루고 있었던 사람이 거기에 없었던 것만 확신할 수 있는 것이다. 확실히 이 두 가지 경우에 도달할 수 있는 최고의 경지는 捨의 상태(upekkhā)이다. 따라서 양쪽의 경우 '혜(paññā)'에 대한 연구는 당연한 귀결이라 할 수 있다.

『마하니다나 숫탄타(Mahānidāna Suttanta)』[71)]에서 심해탈이 따르지 않는 혜해탈을 언급함에 있어, 붓다는 다음과 같이 유정의 7단계와 의식 二界를 설하고 있다.

첫째 단계 : 여기서는 인간, 어떤 신, 그리고 비참한 상태에서 태어난 어떤 사람들의 경우에서처럼 다양한 신체상태 및 이성의 상태들이 있다.

둘째 단계 : 여기서는 다양한 신체상태가 있지만 처음으로 브라만 계에서 다시 태어난 브라마류의 신들처럼 같은 이성을 갖는 유정이 있다.

셋째 단계 : 여기서는 유정이 광신(Ābhassara deva)의 경우처럼 일정한 몸을 갖고 있지만 다양한 이성을 갖는다.

넷째 단계 : 遍淨天(Subhakiṇha deva)[72)]과 같이 동일한 신체와 동일한 이성을 갖는 유정이 이에 속한다.

다섯째 단계 : 여기서 유정은 形의 受를 초월하며 대상의 상반

71) D. II. 55-71.

72) *Devas* of the *Rūpāvacara* who were reborn there because of their experience of Third *Jhāna*.

되는 성질을 受하지 않으며 대상의 다양성을 구별하는 데 무관심하여 즉, '공은 무한하다'는 공의 무한성의 識이 일어나는 의식에 이른 사람들이다.

여섯째 단계 : 여기서 유정은 의식의 무한성을 생각하는 식에 이른다.

일곱째 단계 : 여기서 의식은 '無'를 생각한다. 식이 없는 유정계는 처음 의식계이고 식이 너무나 미약해서 의식이 존재한다 할지라도 거의 존재하지 않는 곳이 두번째 의식계이다. 마지막 네 가지 단계는 무형의 식단계, 즉 이미 언급한 식으로 알려졌다.

붓다는 이러한 단계를 열거하였다. 이 단계들은 그 근원, 초월, 만족, 불이익, 그것으로부터 떠나는 방법 등을 알게 된 자가 이에 집착하는 것은 옳지 않다고 하면서 "진리에 따라 비구가 그 7단계와 二界, 그 초월, 그 만족과 불이익, 그리고 이로부터 떠나는 법 등을 알게 된 순간부터 그는 지견에서 자유로워졌다고 할 수 있다."[73] 붓다는 그 다음 비목카(Vimokha)라 알려진 해탈의 8단계를 열거하였지만 앞에 언급된 여러 단계들과는 아무런 연관이 없다는 것이다. 우선 먼저 해탈 가운데 처음 세 가지는 매우 간략하게 팔리어로 상술되었으며 네 가지 무색선정과 최후의 멸을 나타내는 나머지 다섯 가지는 팔리어 및 산스크리트 경전에서 쓰이고 있는 표준형으로 보다 격식있는 팔리어로 쓰여졌다.

해탈(Vimokkha)은 1) 物의 구성을 물질로 본다. 2) 무형을

---

73) D.II.70 : *Yato kho Ānanda bhikkhu imāsañ ca sattannaṃ viññāṭṭhitinaṃ imesañ ca dvinnaṃ āyatanānaṃ samudayañ ca atthagamañ ca assādañ ca ādinavañ ca nissaraṇañ ca yathābhūtaṃ viditvā anupādā vimutto hoti, ayaṃ vuccati Ānanda bhikkhu paññā-vimutto.*

인식한 후 物의 구성을(내적인 성질이 아닌) 외적인 것으로 본다. 3) '無喜'가 사물에 대한 그의 자세이다. 4)~5) 무색선정과 識의 멸.[74]

붓다는 이러한 단계에다 번뇌의 멸을 첨가하자마자, 그는 심해탈과 혜해탈이란 말을 병립시켜 사용하고 있다. 붓다는 "현세에 존재하는 모든 사물에 대한 심해탈과 혜해탈을 경험하고 깨달아 여기에 이른 자는 영원하다. 비구는 이 두 가지로 자유를 얻었고 나아가 이보다 더한 자유는 없다."[75]라고 결론지었다.

## 4. 득도의 기원

열반에 도달하기 위한 본질적인 조건은 혜해탈 즉 판냐 비뭇티(pañña-vimutti)이므로 여기서 우리는 팔정도에 관계하여 혜해탈의 '혜'를 고찰해보고자 한다.

팔정도에 대해서는 이미 자세히 살펴본 바 있다. 즉 '혜'는 정견, 정사유를 나타내고, '계'는 정어, 정업, 정명을 나타내고 '정'

---

74) *Ibid.* II. 70 f.;*Rūpī rūpāni passati ayaṃ paṭhamo vimokkho, ajjhattaṃ arūpasaññī bahiddhā rūpāni passati ayaṃ dutiyo vimokkho. Subhan'ṭ'eva adhimutto hoti. Ayaṃ tatiyo vimokkho. Sabbaso rūpasaññānaṃ samatikkamā paṭigha-saññānaṃ atthagamā nānatta - saññānaṃ amanisikārā ananto ākāso ti ākāsanañcāyatanaṃ upasampajja viharati ayaṃ catuttho vimokkho. Sabbaso nevasaññānāsaññāyatanaṃ samatikkamma saññā-vedayita-nirodhaṃ upasampajja viharati ayaṃ satthamo vimokkho.*

75) D. II. 71 : *āsavānañ ca khayā anāsavaṃ ceto-vimuttiṃ paññā-vimuttiṃ diṭṭhe va dhamme sayaṃ abhiññā sacchikatvā upasampajja viharati, ayaṃ vuccati Ānanda bhikkhu ubhatobhāga-vimutto, imāya ca Ānanda ubhato-bhāga-vimuttiyā aññā ubhato-bhāga-vimutti uttaritarā vā paṇītatatarā n'atthīti.*

은 정정진, 정념, 정정, 또는 정신집중으로 구성된다. 여기서 우리는 붓다가 최고도의 그룹인 戒(sīla), 定(samādhi), 慧(paññā)로 가르침을 나눈 것이나, 다음과 같이 짧게 자신의 가르침을 설명한 것을 상기할 수 있다. 즉 "모든 나쁜 행동을 금하고(諸惡莫作), 모든 선을 취하고(衆善奉行), 자신의 마음을 정화하는 것(自淨其意)"이다.[76] 후자의 경우에 있어서 '정'과 '혜'의 요소들은 마음의 정화에 관계할 수 있다. 팔정도에서 이 요소들은 상호 연관관계이지만 그들 모두에 공통적인 어떤 자질이 있다. 사람을 윤회하도록 하는 구속의 본질로서 무명과 갈애를 뽑을 수 있었던 것처럼 열반에 이를 수 있는 방법을 제시하는 어떤 근본적인 특징을 지적할 수 있다. 이런 특징들은 관(vīmaṃsā)과 유념(appamāda) 등이 있다. 가장들에게 행한 설법에서 붓다가 배양하도록 충고한 것들이 바로 道를 따라 나아가는 데 필요한 것이었다.

家長(magga)들이 현세에서 열반에 이를 수 있든 없든 간에, 그들이 현재 문제에 집착할 필요가 없다고 주장하는 것에 어떤 문제가 있을 수 없다. 가장들이 빈곤을 달갑게 받아들이고 검소하게 살려고 하는 취지에서 보면 결코 금욕생활이라고는 할 수 없다. 그러하기는 커녕 그는 편익한 곳에서 사는 것, 잘 어울리는 옷을 입는 것, 친구들에게 관대한 태도를 취하는 것을 성공이라 생각하였다. 사실 그는 물질적인 것이든 비물질적인 것이든 자신이 소유한 재산을 선을 위해서는 최대한 내놓을 수 있다. 가장과 신도 사이의 가르침의 차이는 스승에게 있는 것이 아니라 각기

---

76) Dh. v. 183.

그들이 추구하는 특별한 목적에 따라 달라지게 된다. 시간이 지남에 따라 가장이 자신의 특별한 대상들 속에서 가치 없음을 보게 될 때, 그래서 보다 높은 그 무엇을 찾으려 할 때, 그는 이미 그가 사용하게 될 덕의 습관을 얻은 것이라 할 수 있다. 더욱이 그가 그러한 덕을 실천함으로써 그는 더 나은 깨달음보다 지고한 삶을 추구하게 되는 어떤 심적인 단계에 이르게 될 것이다. 가장으로서 혼신을 다했던 것이 자신의 정신적 유아기의 시시한 장난감일지라도 이것들이 전혀 가치가 없었다고 할 수는 없다. 왜냐하면 그는 이것들을 합법적으로 추구함으로써 보다 집중할 만한 가치 있는 다른 것을 찾게 되었기 때문이다.

觀(vīmaṃsā)에 있어서, 심지어 주부들까지도 기술적이고 능률적이고 정력적인 태도로 그리고 탐구하는 마음으로 자신의 임무를 열심히 행하도록 하고 있다(dakkhā analasā tatrupāyāya vīmaṃsāya). 콜리야 사람인 브약가팟자(Vyagghapajja)와의 대화에서 붓다는 유념의 네 가지 특성을 다음과 같이 말했다.

"농삿일, 장사, 목축, 궁술가, 공무원, 기술자 등등 어떠한 활동에 관계없이 생계를 유지한다. 어떠한 기술을 갖고 있는지 관계없이 그는 자신의 일을 만족스럽게 수행할 수 있는, 능숙하고, 정력적이며 수완 있고 탐구하는 마음을 갖는다. 이것을 득도의 근원이라 한다."[77] 『칼라마 숫타(Kālāma Sutta)』에서 칼라마 사람들은 받아들이기 전에 모든 교리를 조사 연구했다고 한다.[78] 결국 탐구의 정신이 神通(iddhi)에 이르는 네 가지의 방법 중 하

77) A. IV. 281.
78) *Ibid.* I. 189 f.

나이다.[79]

붓다가 열거한 세 가지 신통력은 신비스런 신통력(iddhi), 예언(ādesanā), 가르침(anusāsanī)[80] 등이 그것이다. 처음 두 가지는 그 잘못된 사용으로 붓다는 "이는 나를 괴롭혔고, 당황케 했고, 구역질나게 했다."라는 말까지 했다. 그러나 세번째는 붓다에게 있어 진정한 신통이었다. 이는 정신집중, 선정을 위한 네 가지 긴요한 조건들을 배양함으로써 이를 수 있다. 즉, 노력하고자 하는 충동, 노력할 수 있는 힘, 절차에 대한 의식, 그리고 그 탐구[81] 『淸淨道論(Visuddhimagga)』에 따르면, '신통력을 얻는 길(如意足)'이란, 안내자로서 그 길을 가르쳐주며 준비를 통해 도의 결과가 되는 신통력을 이루고 있기 때문에 그렇게 불리운다. 신통력에 이른 자는 고의 멸에 이르는 옳은 길에 다다른 것이다. 따라서 탐구하는 마음의 중요성이 있게 되며, 평범한 일상생활로부터 이를 배양해야 함을 강조할 필요가 있는 것이다.[82]

유념에 관하여 "과연 내세에도 가치가 있을 수 있으며 현세에도 유익한 것이 있는가."하고 파세나디(Pasenadi) 왕이 붓다에게 물었던 경우를 생각해보자. 붓다는 한마디로 '유념(vigilance)'이라고 답하였다.[83] 유념(appamāda)에 대한 법구경의 내용은 이미 앞에서 언급했고 유념과 '불사의 상태'와의 관계를 언급했던 게

79) *Iddhi:* originally used in the sense of potential, a possession of latent power. Later the term came to signify 'wonder', 'an extraordinary happening'.
80) D. I. 212.
81) D. II. 213; A, II. 256.
82) Vism. 373. ff.
83) S. I. 87.

송도 앞에 인용했다.[84] 그러나 유념에 대한 마지막 언급은 붓다의 최후 설법에 나타나 있다. 『대반열반경(Mahāparinibbāna Suttanta)』에는 다음과 같은 말이 나와 있다. "자, 비구여! 나는 여러분에게 다음과 같은 사실을 확실히 해두고자 한다. '이미 조건화되어버린 것들은 언젠가는 멸하는 것들이니 유념으로 끊임없이 노력하라.'" 이것이 여래의 마지막 말이다.[85]

탐구하는 마음과 유념의 특성이 도를 끝까지 따르기 위한 기본적이고 더이상 축소될 수 없는 최소한의 것이라면 그것들을 배양하는 데 있어서 도대체 왜 신의 세계, 선정상태 등과 같은 문제를 도입해야 될 필요가 있었는가 하고 물을 수 있다. 그러나 붓다가 수세기 동안 이러한 관념들을 발전시켜왔던 사람들을 대상으로 설법하였다는 것과 그 관념들이 바로 그들 사상의 근본이었다는 것을 알아야 할 것이다. 사성제를 설명하시면서 붓다는 당대의 개념들을 비판하거나 아니면 그들의 용어를 그대로 사용하여 그 이면에 있는 개념을 다시 정리할 수 있게 배려하였다. 붓다는 예를 들어서 고행에 대한 문제에서 그랬던 것처럼 그 첫번째 대안을 언제나 채택할 마음이 나진 않았다.

맨몸의 수도승 가섭이 붓다에게 모든 금욕적인 실천행위들을 비난하는 것이 옳은지 어떤지를 물었다. 이에[86] 붓다는 가섭에게 고행이 오고 가는 것을, 의식이 현재와 환생을 유리시킴을 알므로 어떻게 모든 금욕주의를 비난해야 하는가를 물었다. 붓다는

84) Dh. v. 21; Uv. IV. I; cf. Acaranga sutr I.3.I.
85) D.II.156; *Handa dani bhikkhave amantayami vo vayadhamma sankhara appamadena sampadetha ti ayaṃ Tathagatassa pucchima vaca*
86) D. I. 161 f.

자신만의 혹독한 고행을 경험하고 그러한 고행의 실천이 觀의 발전에 아무런 도움이 안되었던 것을 알았지만, 가섭은 그러한 실천을 채택한 사람이 향상되거나 향상되지 못할 수도 있다는 사실을 깨달았다. 현재 용어의 쓰임새에 대해 살펴보면, 붓다는 브라만, 신, 귀신, 그리고 다른 영물에 대한 믿음을 이어받은 것으로 알려지고 있다. 붓다가 생존했던 시대에 통상 받아들여졌던 세계의 영역을 그가 이용했다는 점에서 이 주장은 사실적인 요소가 있다. 하지만 세계 또는 이를 제공하는 신이 붓다의 가르침의 필수불가결한 부분을 차지하고 있다는 주장은 옳지 않다. 왜냐하면 붓다는 인간보다 우월한 것도 생사를 벗어날 수 없으며 고에 속박된다는 것을 분명히 하였기 때문이다. 그러므로 신(deva)의 있고 없음이나 부연적 세계 등에 의해서 사성제는 전혀 영향을 받지 않는다.

현세에서 높은 도덕성을 유지하고 관을 앙양해온 사람들에게 더욱 완벽한 삶의 조건이 기다리고 있다는 사실에서 神(deva)들이 도구적이거나 또는 그 세계가 적용될 수 있다라고 하는 것은 業사상의 충분히 당연한 결과이다. 하지만 죽은 다음에 여래의 궁극의 탁월성 문제에 기인하는 신과 세계들은 분명히 불가능하다. 결국 이들은 불교의 주요사상을 발전시키는 데 유용하지 않았다. 붓다는 당연히 이러한 발전에 대한 설명으로 모든 다른 사상을 제외하고자 한 것이다. 붓다의 가르침 전반에 걸쳐 다음의 경구가 잘 지켜지고 있다. "그러나 이는 단지 이름이며, 미사 여구이며, 개념이며, 이 세상에 속하는 것이다. 그래서 여래는 그러한 어떤 것에도 속박되거나 얽매이지 않고 그것을 이용하고 있다."[87)]

선정상태(jhānic state)에 대해서도 역시 마찬가지이다. 이것은 극히 유용하며 가치있는 실행을 제시하고 있다. 붓다는 이를 여러 번 인용하고 있다. 그러나 붓다는 또한 만약 선정상태를 신봉한다면 그것은 윤회의 굴레 속에서 인간을 속박시키는 견망(Net of opinion)이 되는 설이라고 명명하고 있다.[88)] 자신의 두 스승이었던 아라다 칼라마(Ārāda Kālāma)와 우드라카 라마푸트라(Udraka Rāmaputra)에 대하여, 그들의 가르침 즉 각각 세번째 네번째 무색선정에 도달될 수 있도록 했던 그들의 가르침은 자신을 만족시키지 못했다는 견해를 분명히 하고 있다.[89)]

붓다는 보리수 나무 밑에서 성취한 자신의 깨달음을 설명하는 과정에서 선정상태를 언급하지 않았다. 하지만 붓다는 분명히 자신과 다른 붓다들이 연기설에 대한 사유과정에서 깨달음을 이루었음을 분명히 말했다.[90)] 브라만 자신들이 강조하고 있었던 무색계정은 정당했건 그렇지 않았건 간에 불교로 개종한 전 브라만들이 불경을 편집하거나 주석을 다는 일에 참여할 때 여러 번 사용되었던 것 같다. 여기 해탈(Vimokkha)의 경우는 즉시 사용된 어법의 형태들이기 때문에 이를 보여주고 있다. 『법구경』과 현재 알려진 어느 『법구경』에서도 선정상태가 명확히 언급되지 않았다는 사실은 지극히 주목할 만하다.

현재 사용되는 불교용어에 관해 아마 가장 이해하기 어려운 것

---

87) D. I. 202.
88) *Ibid.* I. 45.
89) See p. 35, note I(Buddhist Ehtics).
90) D. II. 30, 33, 35.

은 『법구경』의 「브라만품(Brāhmaṇavagga)」 그리고 『숫타니파타』의 「대품(Mahāvagga)」에 있는 유명한 게송에서 붓다가 사용한 그런 의미로의 브라만(Brahman)이다. 여기서 모든 게송은 다음과 같은 말로 끝맺고 있다. 'Tam ahaṃ brūmi barāhmaṇaṃ－내가 브라만이라고 부르는 사람－' 때때로 그랬듯이 만약 한 계급으로서의 브라만을 붓다가 적대한 게 사실이라면 게송에서도 그래야 할 것이다. 그런데 높은 깨달음에 이른 불자의 주목할 만한 특성을 설명하는 데 있어서 붓다는 왜 브라만이라는 말을 사용해야만 했을까? '진리를 추구하고자 했었던 사람들이 바로 카스트로 말해 브라만이었을지도 모른다' 라고 추측할 수도 있을 것이다. 그러나 그가 브라만, 사문 또는 어떤 다른 계급을 차지하든 간에 그는 진리를 향한 진정한 추구자로서 어떠한 조건을 충족해야 한다. 전문적인 칭호는 분명 영적(immaterial)인 것이어야 한다. 이런 조건들은 우리가 자세히 살펴본 붓다의 가르침 속에 잘 나타나 있으므로 『숫타니파타』[91]에서 한 단락을, 세부적인 게송들을 총 대표하는 것으로 그리고 현재 편리상 가장 잘 정돈된 것으로 여겨지는 것을 자세히 고찰하기로 하자.

620 : 나는 혈통 때문에 어떤 사람을 브라만이라고는 하지 않는다. 즉, 어떤 이가 재산을 많이 소유하고 있으면 그는 '보바디(bhovādi)'[92]이다. 소유하지도 않고 어떤 것에 집착하지 않는 자

---

91) Sn. vv. 620－47. The verses in the following translation are numbered accordingly.

92) '*bho*' is the vocative form of *bhavant*(Cf. Skt, *bhoḥ*, the shortened voc. of *bhagoḥ*, of Vedic *bhagavant*) : Sir, friend, my dear or you. A familiar term of address in speaking to equals or inferiors. *bhovādi* : A person who addresses

를 나는 바로 브라만이라고 부른다.

621 : 모든 結로부터 초월하여 어떤 것도 갈망하지 않으며 어떤 것에도 얽매이지 않는 자를 나는 바로 브라만이라고 부른다.

622 : 쾌락, 고리와 사슬, 그리고 이와 함께 하는 모든 것을 끊고 장애를 제거하여 깨닫게 된 자를 나는 바로 브라만이라고 부른다.

623 : 비록 죄를 짓지 않았을지라도 강인한 인내심으로 모욕, 냉대, 속박을 잘 견디어내는 자를 바로 브라만이라고 부른다.

624 : 종교적 의무와 도덕적 요구를 준수하고 탓함이 없고 절제되었으며 궁극적 몸을 가진 자를 나는 바로 브라만이라고 부른다.

625 : 물이 연꽃을 더럽히지 않는 것처럼, 겨자씨가 송곳 끝에 뿌려지는 것처럼 욕망에 의해 더럽혀지지 않는 자를 나는 바로 브라만이라고 부른다.

626 : 현재에서 고의 멸을 깨닫게 되는 자, 그리고 자아를 억누른 자, 현세에 속박되지 않는 자를 나는 바로 브라만이라 부른다.

627 : 심오한 혜를 가진 자, 道와 非道에 관해 올바른 지혜를 갖고 있는 자, 최고의 경지에 도달한 자를 나는 바로 브라만이라 부른다.

628 : 가장 또는 가장이 아닌 다른 자들과 어울리지 않는 자, 집이 없고 작은 일에 만족하는 자를 나는 바로 브라만이라 부른다.

---

others as 'bho', so assuming familiarity. If this familiarity is not justified, the speaker is implying his superiority. From '*bhovadi*' was inferred a brahman by caste as contrasted with a 'true' brahman.

629 : 나무막대를 내려놓고 움직이든 움직일 수 없는 것이든지 생명체에 상처를 입히거나 죽이지 않는 자를 나는 바로 브라만이라고 부른다.

630 : 적의에 대해 적의감을 갖지 않는자, 폭력의 와중에서도 평화로운 자, 현세에 급급한 사람들 속에서도 욕망이 없는 자를 나는 바로 브라만이라고 부른다.

631 : 탐욕, 증오, 자만, 다른 사물에 대한 멸시가 마치 송곳 끝에서 겨자씨가 떨어지듯이 그렇게 떨어져버리는 자를 나는 바로 브라만이라고 부른다.

632 : 그의 말에 그 누구도 화를 내지 않을 정도로 거칠게 말하지 않고, 명백하고도 진실하게 말하는 자를 나는 바로 브라만이라고 부른다.

633 : 길거나 짧든 곱거나 거칠든 유쾌하거나 또는 불쾌하든지 간에 현세에 주어지지 않는 것을 취하려 하지 않는 자를 나는 바로 브라만이라고 부른다.

634 : 현세와 내세에 대해 아무것도 소망하지 않는 자, 외적인 어떤 것에 의존하지 않는 자, 모든 것으로부터 초연한 자를 나는 바로 브라만이라고 부른다.

635 : 깨달음을 통하여 의혹이나 불확실성이 있을 수 없는 어떠한 마음의 여지가 없는 자, 심오한 불멸의 개념에 도달한 자를 나는 바로 브라만이라고 부른다.

636 : 현세에 선악에 대한 집착을 극복한 자, 슬픔이 없는 자, 결백하고 순진무구한 자를 나는 바로 브라만이라고 부른다.

637 : 달처럼 깨끗하고 밝은 자, 마음이 혼란스럽지 않은 자, 욕망의 지배를 받는 실존의 상태를 극복한 자를 나는 바로 브라

만이라고 부른다.

638 : 반복되는 실존에 대한 미혹을 초월함으로써 접근하기 어려운 수많은 장애가 놓인 길을 가로질러서 열반에 도달한 자, 중도를 지키는(meditate) 자, 욕망으로부터 초월한 자, 의혹과 속박이 없는 자, 마음의 변화가 없는 자를 나는 바로 브라만이라고 부른다.

639 : 현세에서 욕망을 버린 자, 집이 없는 자, 수도생활에서 유정의 단계를 초월한 자를 나는 바로 브라만이라고 부른다.

640 : 현세의 갈애를 극복함으로써 집착함이 없는 자, 갈애가 존재하는 유의 단계를 뛰어넘은 자를 나는 바로 브라만이라고 부른다.

641 : 인간의 속박을 끊고, 천상의 속박을 극복하여 모든 속박으로부터 자유로운 자를 나는 바로 브라만이라고 부른다.

642 : 집착을 버려 집착이 없게 됨으로써 평온해진 자, 미래의 환생에 대한 어떠한 여지도 갖지 않는 자, 모든 세계의 정복자나 영웅을 나는 바로 브라만이라고 부른다.

643 : 모든 점에서 有가 사라지고 다시 태어남을 보는 자, 집착이 없고 행복하고 깨달은 자를 나는 바로 브라만이라고 부른다.

644 : 신, '건달바(gandhabba)',[93] 인간 그 누구도 그의 길을 알 수 없는 자, 번뇌를 멸한 자, 아라한을 나는 바로 브라만이라고 부른다.

---

93) *gandhabba* : a heavenly musician belonging to the *Cātummahārājika* realm; a being ready to take a new existence is also called *gandhabba*. In this context it is of the former sense.

645 : 그에 대한 전세(before), 내세(afterward), 현세(between)가 존재하지 않는 자, 무이며 아무것도 소유하지 않으려는 자를 나는 바로 브라만이라고 부른다.

646 : 굉장한 힘을 가진 자, 숭고하고 영웅적이며 대성현이며 정복한 자, 욕망의 노예가 아니라 욕망으로부터 자유로운 자를 나는 바로 브라만이라고 부른다.

647 : 전생의 위치를 알며 그곳에서의 행복과 불행을 느끼는 자, 출생의 멸에 이른 자를 나는 바로 브라만이라고 부른다.

위의 게송은 그의 도에 따른 브라만의 다양한 단계를 예시해주고 있다. 629, 632, 633에 나타난 게송의 본질을 살펴보자면, 브라만은 살생하지 말 것이며(629), 진실되게 말해야 하며(632), 주어지지 않는 것을 취하지 않는다(633). 브라만은 인자이며(623), 소란의 와중에서도 평화로워야 한다(630). 브라만은 탐욕, 증오, 자만심을 극복한 자(631)이고 욕망에 유혹되지 않는다(625). 브라만은 갈망이 없는 상태(621), 의혹이 없는 상태(635), 갈애가 없는 상태(640)에 도달한 자다. 또한 인간 그밖의 어떤 종류에도 속박이 없는 자다(641). 선악에 대한 집착이 없는 자(631), 반복된 실존들에 대한 미혹의 고통을 받지 않는 자(638), 여기서 그는 고를 멸하는 방법을 알기 때문에 최고의 경지에 도달된다(626). 자아를 버리고(626) 속성을 지니지 않는 자(624)이며 그에게 있어 시간은 존재하지 않는다(643). 불변에 이름으로써 집착이 없어지거나 집착을 버림으로써 그는 완전히 평온해진다(642).

결론적으로 우리는 붓다의 가르침에 대하여 붓다가 직접 말한 두 가지 언질에 대해 주의를 기울여보기로 하자. 첫번째 비파시불 경우에서 언급되었듯이 붓다는 소수를 위해서는 법을 설하기를 거절했지만 대다수 중생을 위해서는 설법을 했다.[94] 두번째 견해는 붓다가 마지막 병환에서 회복하고 있을 때 아난다 존자와 붓다와의 대화에 관계된 것이다. 그때의 상황을 보면, 걱정에 휩싸인 아난다 존자는 다음과 같은 생각으로 위안을 얻고자 했다. '존자는 결코 비구 승가에게 몇 말씀 하지 않고는 열반에 들지 않으실 것이다.' 붓다는 아난다에게 "자, 승가가 나에게 무엇을 기대하는가? 나는 처음부터 끝까지 완전한 법을 설해 왔다. 여래는 자신의 가르침에 대해 아무런 이야기도 하지 않는 스승의 닫힌 주먹을 갖고 있지 않다. '내가 승가를 돌봐야겠다. 승가를 위한 계획을 준비하는 것이 나이다.'라고 생각하는 사람이 있다면 '어떤 것을 말하는' 사람은 다름 아닌 그 사람이다."[95]라고 대답했다.

붓다는 그 자신이 약속했던 대로 이미 자신의 법을 많은 중생에게 완전하게 가르쳤다. 佛法은 持戒라는 가장 근본적인 것으로 시작하여 끊임없이 궁극적 목적의 실현으로 나아가는 것이다. 거듭 강조한다면, 사성제의 실현으로 열반에 이르는 것이 바로 붓다의 완전한 가르침인 것이다.

---

94) D. II. 37, 39.

95) *Ibid.* II. 100 : *Kim pan'Ānanda bhikkhu-saṅgho mayi paccāsiṃsati? Desito Ānanda mayā dhammo anantaraṃ abāhiraṃ karitvā, na tatth' Ānanda Tathāgatassa dhammesu ācariya-muṭṭhi. Yassa nūna Ānanda evam assa ahaṃ bhikkhusaṅghaṃ pariharissāmīti vā mam'uddesiko bhikkhu-saṅgho ti vā, so nūna Ānanda bhikkhu-saṅghaṃ ārabbha kiñcid eva udāhareyya.* See also p. 33, note 2.

# 根本佛教倫理

*BUDDHIST ETHICS*
*Essence of Buddhism*

# 불교의 환경관과 말법사상에 대한 고찰

## 序

본고의 목적은 불교의 환경관을 살펴보아 자연의 환경오염이 스스로 이루어진 것이 아니고 그 자연에 살고 있는 인간들의 잘못된 마음 즉 오염된 마음이 자연환경을 오염시키고 있음을 조금이나마 밝히려고 하는 것이다.

먼저 인간의 三毒心을 如實知見하는 것이 급선무임을 자각케 하고, 無明心에서 벗어나야 함을 살펴본다. 그리고 불교의 환경운동의 상황과 원시근본 불교의 말법예언사상. 五濁惡世의 극한적인 말법의 구체적인 측면과 불교의 자연관 등을 고찰하여 보아 결국 인간의 참회를 통한 참다운 인간상인 菩薩行만이 이 세상을 구제할 수 있음을 살펴본다.

## 1. 불교의 근본적 환경관(인간과 자연)

불교에서 보는 환경은, 인간과 자연 즉 환경이 둘이 아니고 별개가 아니라고 보고 있다. 다른 종교처럼 인간과 자연인 환경이 어떤 전지전능한 신으로부터 만들어졌다고 보는 것이 아니라 자연과 인간은 곧 환경의 2대 요소로서 천지자연도 인간도 물질[1]〔色＝rūpa〕과 비물질〔非＝arūpa〕로 구성되었다고 분석하고 있다. 곧 물질은 비물질인 정신적 영향에서 나오고 비물질인 정신은 물질적 요소를 인위적으로 이합집산해 가면서 문명과 문화를 개발·발전시키고 있다고 하는 것이다. 즉 발전적 진화요 진보적 업보의 개념이다. 이 말은 인간이 편의를 위하여 손을 쓰고 머리를 써서 그 지능으로 물질적 단계를 초물질화하여 인류최대의 안락과 행복을 창출해 나가는데, 활용으로 인한 그 因果대로 그 應報를 받는다는 것을 지칭한 말이다.

여기에는 순수물질적 요소로만 썼던 것이 아니라 분수에 넘치는 과욕의 대상으로 자연을 대하고 인간을 대하여 인위적이고 조직적으로 개발이라는 미명하에, 편리라는 조건하에 貪慾心과 瞋恚心〔성냄, 신경질〕과 痴心인 어리석음을 내었던 것인 바, 이것이 三毒[2]이 되어 인류와 자연의 환경을 정신적 물질적 오염으로 이끌어가고 있는 것으로 간파하고 있다.

인간에 대한 불교의 환경은 眞面目이라든가 如實知見이라는 말로써 '꾸미지 않는 본성대로'나 '있는 그대로 보아라'는 것과 같은 원초적인 인간의 모습을 회복해 나가는데 그 주안점을 두고 있으며, 자연에 대한 인간의 환경적 조건은 말 없는 자연인 순수물질에 대한 고마움과 경외감을 가지고 탐욕심을 자제하여 파괴하는 것을 끝없이 자극하도록 경고하고 있다.

---

1) 色－물질의 불교적 표현, rūpa－4大(地·水·火·風)의 네 가지 물질 요소.
2) 三毒－貪·瞋(성냄). 痴(어리석음)의 세 가지 毒 같은 마음.

왜냐하면, 인간과 자연은 물질과 비물질인 정신으로 결합되어 유지, 발전, 소멸 또 새로이 生成[3]되어 가고 있는데 그 생성, 유지, 발전, 소멸의 싸이클이 급격한 변화에 직면하거나 그 因果律이 무너질 때 인간과 자연의 환경은 유지균형을 잃게되어 버린다. 누가 시키거나 벌을 준다거나, 믿는다거나 안 믿는다는 그러한 안이하고도 저속하고 비합리적인 것이 아니라 인간과 자연에 대한 직시, 直觀인 것이다. 자업자득 즉 스스로 지었고 그래서 스스로 받게되는 필연적이라고까지 말할 수 있는 단계가 되어 버렸다.

불교에서는 인간의 이러한 어리석음을 일러 根本無明이라고 부르고 있다. 無明[4](Avidyā)은 無知夢昧로, 根本煩惱(Kleśa)로서 곧 눈앞의 이익에 급급하여 애착하고 집착하는 정신적 어두움의 덩어리를 지칭한 말이다. 여기에서 인간의 눈이 멀어 죽어가는 환경을 보지 못하고 귀가 멀고, 코가 막혀버려 썩는 냄새를 맡지 못하며 외면하고, 독극물로 인해 자연이 오염되는 것을 방치하고 납과 수은의 중독현상이 몸에, 피부에 와 닿아 있는 지옥의 세상을 의식으로 인식하지 못하고 나만 살면, 우리 식구만 살면, 우리 민족만 살면 하는 소아병적인 사고방식이 그 사회와 그 민족과 전 인류를 파멸의 환경오염으로 줄달음질 치게 하고 있는 안타까운 현상이다.

---

3) 生成－Ontologie·창조의 반대적인 개념으로, 상대적 세계에서의 緣起的 發生의 내용이 강한 말.

4) 無明(Avidyā－불교의 근본적 업보윤회의 원초적 無知를 일컬음. 삼독심에 의한 이기적 識業.

한강다리 난간에 페인트 칠하면서 남은 페인트 그것은 거의 납 성분이 많이 포함된 독극물인데도 불구하고 강물에 버려 물고기가 떼죽음을 당하는 이 통탄할 인간의 분별없는 행위하며, 그것을 감시·감독·지도·계몽해야 할 공무원들의 안이한 행동은 자연보호와 환경정화의 운동이 단순한 시민운동이나 몇몇 단체의 운동으로 될 성질이 아니라 일선 고급·하급 공무원의 모든 행정업무에서부터 이루어지지 않으면 안 된다는 것을 여실하게 보여 주고 있는 것이다.

불교에서 본 환경은, 인간이 자각하지 않고 스스로 잘못을 懺悔[5]하지 않는 한, 그리고 적극적으로 放生[6](살려주는 일) 하지 않는 한, 인간과 자연은 둘이 아니므로 자연환경이 오염되어 公害가 되고, 자연이 죽으면 인간은 둘이 아닌 자연이 죽음으로 말미암아, 그 생명을 유지 보존하기가 어렵게 되리라고 판단하고 있다. 곧 환경은 인간과 자연의 안락이요 절대적 안주처이기 때문이다.

국토환경이 淨土면 西方極樂[7] 정토요, 인간들 마음 마음이 탐내고, 성내고 어리석어 분수 이상의 탐욕과 다툼과 전쟁과 삼림훼손과 눈앞의 이익에만 급급해하는 어리석음에서 벗어난다면 이것은 唯心淨土[8]로서 인류와 자연을 살릴 수 있는 마음의 극락이요 방생의 크나큰 공든 탑이 되는 것이다.

---

5) 懺悔－잘못을 뉘우치고 다시는 저지르지 않으려고 결심함.
6) 放生－생명의 자유로운 상태로 되돌려 주는 일. 자연, 인간방생.
7) 極樂(Suhāmati)－安養, 安樂, 妙樂의 극히 편안한 세계를 지칭.
8) 唯心淨土－心淸淨 國土淸淨

현세에서 극락(suhāmati:安養, 安樂, 安穩, 妙樂)을 맛보지 않고 어찌 來世의 극락만을 구할 것인가 자문해 본다. 극락이란 그 풀이대로라면, 수하마티는 安樂, 安穩인데 그것은 평안하고 안락하고 쾌적하여 불안하지 않은 상태를 의미한다. 불교에서는 이 세상을 苦海라고 보았다. 즉 고통과 괴로움의 세계란 말인데 원래 苦[9](Duḥkha, Dukkha)인 두카란 불안을 의미하는 말이다.

곧 현실세계는 불안이 연속되어 고정불변한 것이 없이 계속 無常[10](Anitya)하다고 보기 때문이다. 무상인 아니달야는 物·心의 모든 현상은 한 찰나에도 生滅 變化하여 常住하는 것이 없음을 적나라하게 표현한 말이다.

무상에는 찰나라는 짧은 시간 동안에 生(生成)·住(發展)·異(變化)·滅(消滅)하는 刹那無常이 있고 한 평생 동안에 생·주·이·멸의 4상(相)이 있는 것으로 여기에다 인간들이 탐욕과 이기심과 어리석음으로 인하여 자연을 더럽힌다면, 그것은 곧 인간정신의 말살이요, 자연환경의 근본정신을 뒤흔드는 것으로 찰나무상에다 오염공해무상으로 변전(變轉)되는 것이다. 이것은 인류의 환경을 그르치는 커다란 재앙이 아닐 수 없다.

불교에서는 이러한 인간의 인위적 자연적 재앙을 三災[11] 八難[12]이라 부르는데 삼재란 대삼재로는 火災, 水災, 風災의 큰 재앙 셋

9) 苦－Duḥkha, Dukkha－不安의, 무너짐의 無常의 현실상을 표현한 말.

10) 無常(Anitya)－生·老·病·死, 生住異滅, 成住壞空 등의 세계와 우주의 끊임없는 작용과 반작용의 緣生 緣滅의 현상계.

11) 三災－火災, 水災, 風災의 큰 재앙과 참화.〔도병재(전쟁), 질병재, 기근재의 소삼재도 포함함.〕

12) 八難－①王難, ②賊難, ③火難, ④水難, ⑤病難, ⑥人難, ⑦非人難, ⑧毒蟲難.

을 말하고 소삼재로는 刀病災, 疾病災, 饑饉災가 있다. 팔난은 王難, 賊難, 火難, 水難, 病難, 人難, 非人難, 毒蟲難 등이 그것이다. 이렇게 보면 천재지변이라기보다, 거의가 다 인간이 환경을 그르치고 망가뜨리는 인재지변으로 인간 스스로가 개오하지 않는 한 삼재앙과 팔난은 거듭될 것이라고 판단되어 진다. 이것이 輪廻[13]다. 그러나 인간이 합심하고 화합하여 인간과 국토와 자연을 사랑하고 생명존중의 가치의식을 높이 들고 일어날 때 환경의 정화는 얼마든지 얻을 수 있고 획득할 수 있으며 성취할 수 있는 인간노력의 맨 마지막 할일이라고 거듭 판단하고 확인하는 바이다. 그러면 다음에는 불교에서 하고 있는 환경운동의 실상은 어떠한지 살펴보자.

## 2. 불교의 환경운동

불교에서는 불교가 발생한 2천 5백여 년 전부터 그 생활·수도·교리의 가르침 자체가 환경정화운동이라고 먼저 진단한다. 왜냐하면 그 첫째가 不殺生 즉 방생[14]을 그 근본사상으로 하고 있으며 어떠한 생명일지라도 그 생명성에 있어서 놓아주고 잡지 말고 살생하지 말라이기 때문에 전쟁과 살육과 육식을 전면 금지하고 있다. 이것이 불교에서 행하고 있는 전반적이고도 지속적인 근본적

---

13) 輪廻－돌고 돌다는 뜻. 3生(전생, 금생, 내생) 윤회가 있고, 현상계의 모든 인과적 모양이 자업자득하는 모양도 윤회로 보는 것.
14) 음력 3월 3일·8월 15일에 행함. 金光明에 방생 참조.

생명운동으로 이것이야말로 환경파괴를 막고 파괴로부터 자연을 보호하는 지혜로서 나타난 것이다. 그 옛날 수도승에게는 풀 한 포기도 벌레, 미물일지라도 살생을 범하는 일이 없었다. 오늘날에는 기강이 무너져 어떤 단면에는 부정적인 면이 보이는 곳도 사실이나 이것은 근본취지와는 다른 것이고, 아직까지도 사찰을 중심으로 하는 많은 불교사원에서는 나무와 숲과 동물과 새와 다람쥐와 나비와 벌과 인간이 함께 어우러져 공존하는 환경 정화지역이 아니고 무엇인가. 따로이 띠를 두르고 환경정화를 외치는 것도 좋지만 산야나 공원이나 사원을 중심한 적막하고 깨끗하고 고요한 오염안전 지역을 지키고 있는 산사(山寺)야말로 자연과 인간을 살리는 환경정화지대임을 깨닫지 않으면 안 된다. 그러나 그러한 깨끗한 곳에 등산이라는 미명하에 놀러간 수많은 인파! 그들은 담배를 피워대고 아무데나 휴지와 깡통과 오물을 마구 버리니 고요한 산사는 놀이터가 되고 물질적 정신적 오염이 극에 달한 상태가 되고 만다. 이것은 정신적 무지의 황폐가 저지른 근시안적인 퇴페 놀이문화 내지는 극단적 이기주의에 빠진 타락한 인간군상들의 말로인 것이다. 산야가 오염되니 수질도 나빠지고 이것은 곧 그 자신 아니면, 그 아들 딸 아니면, 이웃과 사회국민이 응보를 받는 전 인간의 문제가 아닌가!

그뿐 아니라 오염된 산천은 동물과 식물의 놀이터가 아닌 그들 자연의 생명의 터전인 삶의 터전을 잃고, 병들고, 쫓겨나고 점점 멸종되어가니 인간의 이러한 자업자득은 신이 있은들 어찌 다 구제할 것인가. 인간은 자업자득으로 그 벌을 스스로 짓고 스스로 받을 뿐이다. 정신적 이기심, 극단적 배타심, 극단적 무관심성, 얌체성, 냉혈적인 표독성이 결국은 자연과 다른 인간을 죽여가고 있으며 그 자신 또한 서서히 그 응보를 받아 죽어가고 있음을 깨우치는 것이 불교의 자연환경운동이다. 더 구체적인 예를 들면 요즘 가정집이나 아파트에서 흘러나오는 수많은 생활오수는 우리의 자랑인 한강과 낙동강과 금강과 각종 산천의 모든 하천과 바다를 오염시키고 있는 주범이다.

불교사원에서는 절대로 고기가 식탁에 오르는 일이 없기 때문에, 또 부페식으로 자기가 먹을 만큼만 손수 떠먹고[15] 밥알 한 개라도 하수구에 버리는 일이 절대로 금지 되어 있기 때문에 제대로 지키는 사찰이나 신도의 집에서는 그 만큼 자연환경을 오염시키는 면이 극히 미미할 수밖에 없다. 빨래도 원칙적으로는 크게 사치한 옷들이 아니기 때문에 번다하게 세제를 쓰는 일은 드물다. 물론 도회지 가까운 조그만 포교당이나 사원에서는 세탁기를 쓰기도 하겠지만 산중 큰 절에서는 아직도 샘물에 또는 물을 데워 손수 빨래하는 것은 산천의 오염도를 그 만큼 줄이고 있는 것이다. 이러한 것 등등은 고대로부터 내려온 불교계의 자연환경 정화운동, 소리없는 자연 살리기 운동이라고 보여진다. 그리고 산사에서는 각종 야채를 심어 먹는데 절대로 농약을 뿌리는 일이 없으니 그 야채는 벌레도 먹고 사람도 먹고 자연식품을 먹고 있으니 벌과 나비가 그 삶을 지탱할 곳이란 산사 밖에 더 있을까 생각해 본다.[16]

그렇다면 이와 같은 자연환경운동을 어떻게 사회화 전국민화

---

15) 발우공양－부페식의 간단, 간편, 다수의 공통식사 처리방법.
옛부터 내려오는 승단의 전통적인 식사법. 사원식사예절의 하나.
16) 산사의 자연환경의 변함없는 모습이다.

시킬 수 있는 것일까 그 구체적인 실현은 어떻게 해야되는 것인가를 곰곰히 생각해 보자.

물론 불교계에서는 환경되살리기 운동을 공식적으로 지난 3월경에(92년) 서울 영화사에서 소수단체 모임으로 발족하였다. 그러나 어찌보면 불교교리인 부처님의 지론인 인과응보[17]사상이나 自作自受[18]나 自業自得[19]의 진리에 의거한 많은 불자들은 어떤 의미에서는 현대판 환경론자이고 환경실천자이기 때문에 사회일반이 산에 대해서, 들에 대해서, 공기에 대해서, 산사에 대해서, 공원에 대해서 어떠한 예의와 염치를 가지고 대하는가가 더 큰 급한 문제라고 보여진다.

여기에는 공원관리와 산사관리를 맡고 있는 문화부나 환경부나 불교 종단이라는 3개 부처에다 각 지역 환경보호 단체와의 그 지역환경 되살리기와 보존 협회가 형성되어 유기적인 활동이 전개되어야 하며 우리나라는 아직도 관 주도로 적극 지원하다가 지역관련단체가 스스로 자발적 참여가 되도록 유도 되어야 한다고 생각한다. 여기에서 특히 중요한 것은 불교종단적으로 전국 사찰주변 환경정화운동을 대대적으로 실질적으로 스님네와 신도가 앞장서는 일이다.

띠를 두르는 것이 아니라 손수 정화와 설득에 앞장서는 일이다. 이것은 하계수련대회 기간이나 겨울수련대회 기간에 으레히

---

17) 因果應報－세상에는 어느 것 하나 우연이 없다는 말. 현우경, 인연경, 비유와 인연설화 등 다수 참조.
18) 自作自受－스스로 짓고 스스로 받는다는 세상의 이치.
19) 自業自得－스스로 지은 업은 남주지 않고 스스로 받는다는 뜻.

사찰에서 초·중·고·대·일반인의 수련과정의 일부로 사원은[20], 이미 아침 5시나 6시경에 경내 일체 청소가 끝나 깨끗하고 맑고 청아하다. 이것이 환경정화다. 각각의 집앞이나 골목을 쓸거나 공원이나 아파트 잔디에 널려있는 휴지를 줍지 않는 잘난 민족, 움직이기 싫어하고 허드렛일하면 위신떨어진다고 믿는 국민, 허리굽혀 휴지 한 장 줍지 않고 분리형 수거함에 마구잡이로 던져 넣어 분리수거를 엉망으로 만드는 민족, 이러한 사회현상은 군살이 붙을 수밖에 없다. 먹고 마시고 움직이지 않으니 어깨도 허벅지도 허리에도 궁둥이에도 살이 찔 수밖에 없다. 안찐다면 비정상이다.[21]

이러하니 환경정화는 뒷전으로 물러나고 서나 앉으나 살빼기 이야기, 에어로빅이다 디스코텍이다 거기에 정력강장제의 남용으로 전 세계의 물개와 전국의 개들과 중국의 곰들의 원한이 남쪽 한국으로 몰려 들고 있지 않은가! 원혼들이 많으니 점점 정신적으로 비정상이 되어 이제는 사람을 죽이고 팔아먹고 강간하고 매춘으로 또 팔아 먹으니 바야흐로 수요에 대한 공급이라? 이것은 우리네 사회의 몰지각한 인간성, 비인간화의 무섭고도 끔직한 타락상이 그대로 응보로 연출되고 있는 현실이다.

이것은 일과성으로 그대로 지나치기는 실로 심각한 문제로 남의 집 불난구경식의 안이한 생각을 할 때는 이미 지났다고 본다.

---

20) 아침사찰일정:새벽 3시 새벽 종성, 도량석 시작, 북·종·운판·목어사용→아침예불, 축원, 기도발원문 낭독, 좌선, 독경, 염불→도량청소, 공양 등으로 일과 시작.

21) 비정상적인 인식이 비정상적인 육체를 양산시키고 있다. 내면세계가 곧 외면의 표출이다.

이제는 살리느냐 서서히 같이 죽어가야만 하느냐의 양자택일의 갈림길 위에 서 있는 상태다.

결국은 불교에서 보는 환경은 인간이 주도로 하여 자연을 파괴하는 것을 계속하느냐 아니면, 자연을 알맞게 더 이상 파괴하지 않고 보존 보호하여 함께 사느냐하는 냉철한 인식과 실질적인 실천만이, 어느 쪽이든 그 응보를 가져오는 철저한 인간 스스로의 책임과 의무로 판단하고 있다. 불교에서 더 심도있게 논의되고 있는 미래 인간에 대한 예언과 극심한 오염인 오탁악세에 대해서 알아보자.

## 3. 원시불교의 불타의 말법 예언

부처님이 슈라아바스티 기원정사에 계실 때 코살라 국의 프라세아짓 왕은 어느 날 열 가지의 꿈[22]을 꾸었다.

첫째는 병 세 개가 나란히 있는데 두 병은 수증기가 서로 왕래하고 가운데의 빈 병은 수증기가 들어가지 않는 것이었다. 둘째는 말이 입으로 먹고 또 꽁무니로도 먹는 것이었다. 셋째는 작은 나무에 꽃이 피고, 넷째는 작은 나무에 열매가 맺는 것이고, 다섯째는 한 사람이 새끼를 꼬면 그 뒤에 있는 양이 그 새끼를 먹는 것이고, 여섯째는 여우가 좋은 평상에 앉아 금그릇으로 밥을 먹는 것이고, 일곱째는 어미소가 새끼 송아지의 젖을 먹는 것이고,

---

22) 十夢－증일아함경 Ⅱ. 舍衛國王夢見十事經.

여덟째는 소 네 마리가 사방에서 울며와서 서로 합할 듯 말 듯하다가 흩어지는데 소위 행방을 모르는 꿈이었다. 아홉째는 큰 방죽에 물이 있는데 중앙은 흐리고 네 귀퉁이는 맑은 것이고, 열째는 시냇물이 새빨간 것이었다. 왕은 이 꿈을 꾸고 나서 나라와 자신에게 어떤 화가 있지 않을까 두려워하였다. 그 이튿날 왕은 불안한 나머지 君臣과 道人을 불러 꿈에 관한 예기를 하였다. 그러나 좋은 답을 들을 수 없어 왕은 할 수 없이 부처님을 찾았다.

이에 부처님은 이렇게 풀이해서 말씀하셨다. '먼저 왕이 꿈을 꾼 것은 먼 후세 나타나는 일로 왕과는 직접 상관이 없다. 하지만 후세의 사람은 법과 금하는 것을 두려워하지 않고 음탕하고 이익만 탐해 왕이 그런 꿈을 꾸게 된 것이다. 특히 후세의 사람은 질투가 심해 만족을 모르고 의지와 자비심이 없어 함부로 기쁘고 마음대로 노해 부끄러움을 알지 못한다. 왕의 꿈은 바로 이것 때문에 나타난 것이다.' 이어 부처님은 그 꿈을 하나 하나 풀이하였다.

첫째 세 병이 나란히 있는데 두 병은 서로 김이 통하고 한 병은 김이 통하지 않는 것은 후세의 사람이 빈궁한 친척과 고독한 사람을 돌보지 않고 오직 있는 사람끼리 서로 주고 받는다는 것이니 왕이 꿈을 꾼 것은 오늘이라는 미래에 대한 꿈이다. 계속해서 부처님은 둘째, 말이 입으로 먹고 또 꽁무니로 먹는 것은 후세의 관리들이 나라의 녹을 먹으면서 뒷구멍으로 부정수입(收入)을 한다는 것이니 왕이 꿈을 꾼 것은 바로 이 때문이다. 오늘의 우리의 사회는 자연 공해 이전에 공직자들의 부정부패라는 사회공해가 만연하고 있는 것을 우리는 직시하고 있다. 셋째, 작은 나무에 꽃이 핀 것은 후세의 사람은 탐하고 음란하고 욕심이 많아

나이보다 빨리 늙는다는 것이니 왕이 꿈을 꾼 것은 바로 이 때문이다. 넷째, 작은 나무에 열매가 맺는 것은 후세의 여인이 어린나이에 아이를 낳고도 부끄러움을 모른다는 것이니 왕이 꿈을 꾼 것은 바로 이 때문이다. 이러한 현상은 동양보다 서양에서 두드러지게 나타나며 산업사회에서 황금만능주의와 자유로운 이성교제에서 발생된 각국의 미혼모의 심각한 문제다.

다섯째, 한 사람은 새끼를 꼬고 그 뒤의 양이 새끼를 먹는 것은 후세에는 남편이 돈을 벌기위해 집을 나가면 아내는 외간 남자와 통하면서 재물을 탕진한다는 것이니 왕이 꿈은 꾼 것은 바로 이 때문이다. 인간사회의 불륜이 낳는 인간공해를 지적한 것이다.

여섯째, 여우가 좋은 평상에 앉아 금그릇에 밥을 먹는 것은 후세에는 귀한 사람이 천하게 되고 천한 사람이 귀하게 된다는 것이니 왕이 꿈을 꾼 것은 바로 이 때문이다. 급변하는 현상계를 나타낸 것이다. 일곱째, 어미소가 새끼 송아지의 젖을 먹는 것은 후세의 사람들은 예의가 없어 어미가 다른 집 남자를 꾀어 딸과 자게하고 그것으로 생활을 해도 조금도 부끄러움을 모른다는 것이니 왕이 꿈을 꾼 것은 바로 이 때문이다. 부처님은 '모든 인간을 衆生이라고 부르지만 다른 말로 天子라고도 부른다.' 천자라고 할 때 모든 인간은 하늘이 기르는 자손이 된다. 이리되면 인간은 모두 부모형제자매나 다름이 없게 된다. 이렇게 되면 어머니는 포주요, 딸은 창녀가 되는데 후세에는 私娼을 직업으로 먹고사는 사람이 부끄러움을 모른다는 뜻으로 오늘날의 실정을 그대로 예언하고 있다.

여덟째, 소 네 마리가 사방에서 울며 와서 서로 합할 듯 말 듯하다가 행방을 모르게 흩어진다는 것은 후세의 제왕과 관리 그리고 백성이 인과응보의 과보를 두려워하지 않고 음탕하고, 탐하고 자주 노해 비가 제때에 오지 않는다는 것이니 왕이 꿈을 꾼 것은 바로 이 때문이다. 이것은 오늘날의 권력부패와 이익집단을 위한 살육과 음모 테러 등의 인간만행이 이에 해당한다. 아홉째, 큰 방축의 물이 중앙은 흐리고 네 귀퉁이가 맑은 것은 후세에는 세상의 중심을 이루는 곳에서는 부모를 공양치 않고 어른과 늙은이를 공경치 않으며 반성하는 빛이 없어 뒤를 돌아보지 않지만 변두리에서는 부모에게 효도하고 어른과 늙은이를 공경하며 반성할 줄 아니 왕이 꿈을 꾼 것은 바로 이 때문이다. 열째, 시냇물이 새빨간 것은 후세의 나라들이 치열한 싸움을 벌여 시냇물까지 빨개진다는 것이니 왕이 꿈을 꾼 것은 바로 이 때문이다. 이것은 오늘날 세계 제1, 2차대전과 그외 각 지역의 각종 민족·종교·영토분쟁 등등의 끊임없는 전쟁을 의미한다. 이 이야기는 증일아함경에 실려있는 것으로 오늘날의 종말적(終末的)인 인간실상과 세계상을 적나라하게 펼치고 있는 놀라운 예언이다.

## 4. 五濁惡世[23)]末法[24)]시대

원래의 인간존재는 번뇌가 없는 천복을 받고 태어난 존재인데, 마음의 수양을 하지 않아서 그 福力이 떨어져 번뇌와 業(Karma)[25)]이

23) 五濁惡世－阿毘曇順正理論, 薩遮尼乾子經
24) 末法時代－正法 5백년, 像法 1천년, 末法 1만년.
25) 業(karma)－身業, 口業, 意業의 3業(十善業 혹은 十惡業이 發生－苦海가 生成됨).

생겨났다. 이것은 바로 인과응보의 법칙으로 이 법칙을 어겨 혼탁한 시대를 살게 되었는데 이를 불교에서는 정법시대, 상법시대 그리고 말법시대로 구분하고 있다.

①정법시대는 불멸후 5백년간을 말하며 이 시대는 인간의 마음이 청정해 불법(因果應報=緣起의 법칙)이 잘 지켜지고 수행의 결과가 잘 나타나는 시대를 말한다.

②상법시대는 불멸후 5백년부터 천5백년 사이를 말하며 이 시대는 인간의 마음이 정법시대만 못하지만 그래도 인간의 마음이 선량해 신앙심이 견고하고 세상이 순박하여 생활이 순탄한 시대를 말한다.

③말법시대는 불멸후 천5백년부터 일만년까지를 말하며 이 시대는 계율[26]이 잘 지켜지지 않아 인심이 흉악하고 절도, 사기, 강도, 살인 등 여러 가지 나쁜 일이 橫行하여 세상이 어지럽고 생활환경이 고된 시대를 말한다. 바로 현재 우리가 살고있는 시대는 말법시대로 불교에서는 이 시대를 특히 五濁惡世[27]라 하여 경고와 예언을 하고 있다. 다섯 가지의 탁한 것, 흐린 것을 의미하는 것인 '탁 '의 범어는 「Kaṣāya」로 무엇인가 석연치 않고 깨끗치 않아 여러가지로 支障을 초래한다는 뜻으로 좋지 않은 찌꺼기인 각종 公害를 가리킨 것이니 바로 환경공해다.

阿毘曇順正理論과 薩遮尼乾子經에 자세히 설해져 있다.

첫째는 劫濁으로 자연과 인간의 환경이 달라짐에 따라 일어나

26) 십계-열가지 지킬 계율. 不殺生 등 소극적, 적극적 형태의 持戒.
27) 오탁(五濁)범 panca-kaṣaya, 오재(五滓), 오혼(五渾) 즉 나쁜 세상에 대한 5종의 더러움.

는 재난으로 기근과 질병, 그리고 전쟁이 이 겁탁시대다.

흉년, 기근, 기상이변 등은 月藏經[28]에서는 饑饉極儉短이라하여 극심한 흉년으로 굶어죽는 경우를 말하고 있다. 아프리카[29], 방글라데시 등은 모두 기상이변에서 오는 것으로 경전에는 亢旱及水瞭라 해서 '심한 가뭄과 홍수'를 예언하고 있다. 1980년 중공은 가뭄과 홍수의 피해를 같이 입었다. 즉 북쪽은 오랜 가뭄으로 논바닥이 거북처럼 갈라지고 남부는 태풍이 몰아쳐 심한 홍수를 겪었다. 1992년 8월말의 미국 플로리다주의 허리케인, 9월의 하와이 허리케인의 재난 등, 시간이 갈수록 대기의 먼지가 계속 증가한다. 공장과 자동차 그리고 비행기에서 나오는 미세한 분진이 하늘을 덮어 이로 인해 日射量이 줄고 지상의 수분이 증발 안 돼 한발의 요인이 되고 있다. 오염된 바다의 해수 증발이 적어 구름량이 적어져 한발이 일어나게 되고, 화산재가 하늘을 덮는 현상으로 고기압이 많이 형성되면 한발이요 여기에 저기압이 있으면 홍수가 되는 것으로 亢旱及水瞭는 오늘날의 산업사회와 공해, 그리고 기상이변과 기근을 다 예언한 것이라 할 수 있는 놀라운 예언이다. 다른 말법시대에는 질병이 많이 나타난다. 프랑스의 라·로쉬푸코(1623~1680)[30]가 발표한 질병의 기원을 보면 모든 병은 다 마음에서 나오고 있다. 그러니까 먼 옛날 마음의 고통이 전혀 없었던 黃金時代에는 질병이 전혀 없었고 그 다음

28) 大方等大集經 Ⅱ. 29-60권 大集部 2. 月藏經

29) 에치오피아, 소말리아, 수단 등등의 아프리카는 내우외환의 종족갈등, 정치적 패권주의가 가미되어 천재지변보다 인재지변에 다 죽어가고 있는 참상이 연출되고 있는 현실이다.

30) 라-로쉬푸꼬(1623~1680)-佛人, 疾病起源씁.

銀時代에는 純潔을 잃지 않아 역시 병이 생기지 않았다.

그러나 청동시대에 들어오면서 인간은 마음의 괴로움이 많아져서 미미한 병이 생기고 철시대에는 온갖 불행과 욕망 그리고 사악과 부패가 나타나 많은 질병이 생기게 되었다. ①인간의 野心은 심한 熱病을 낳고, ②선망(羨望)은 황달과 불면증을 일으켰다. ③懶怠는 중풍과 쇠약증의 원인이 되고, ④분노는 호흡곤란과 가슴의 염증을 만들었다. ⑤공포심은 가슴이 울렁거리는 병과 인사불성을 만들고, ⑥허영심은 정신착란증을 일으켰다. ⑦인색은 독두병(禿頭病)과 피부병을 발생시키고, ⑧비애(悲哀)는 괴혈병을 낳았다. ⑨잔인한 짓은 결석을 거져오고,⑩ 중상과 무고는 마진과 두창, 그리고 猩紅熱을 만연시켰다. ⑪질투심은 괴저(壞疽)와 공수병을 일으키고, ⑫예측치 못한 불행은 뇌일혈을 만들었다.

이것은 〈라·로쉬푸코〉가 발표한 질병의 근원으로 부처님의 가르침과 다를바가 없다. 더욱이 그는 기원전 7백여년의 희랍시인 헤시오도스가 지은 「일과 나날」이라는 서사시에서 인간이 점점 타락하여 처음의 황금이던 것은 은과 청동 그리고 철로 된다는 것을 인용하여 병도 이에 따라 많이 생긴다고 하였는데 이는 불교에서 정법·상법·말법시대를 거치면서 인간이 점점 타락해서 질병이 많이 생기는 인간성 상실시대인, 滅法時代로 간다는 내용과 흡사하다.

물질문명이 발달하면서 인간의 貪心이 많이 생기고 산업사회가 형성되면서 환경이 달라져 이에 따른 다른 병이 새로 나타났다. 탐심은 문명병을 낳고 마음이 안정치 못한 사람은 신경성 질환이 생겼다. 환경의 변화는 공해병을 유발하고 식생활의 변화는 또 다른 병을 발생시켰다.

그뿐만 아니라 복잡한 사회구조는 사회공포증까지 엄습시켜 원인도 규명할 수 없는 각종 병이 나타나고 있다. 이러한 모든 원인은 인간사회의 정신적 타락이 혼탁을 부채질하고 복잡한 생활환경에서 발생되는 것이다. 말법시대에는 전쟁이 끊임없이 동서남북 어디서나 일어난다고 한다.

2차세계대전 이후 1백 70국 중에서 45개국이 재래전에 휘말리고 있는 것이 그것이다. 중동 및 페르시아만 지역이 10군데, 아프리카가 10군데, 아시아가 10군데, 중남미가 7군데 그리고 유럽이 6군데 이상이고, 가장 심각한 지역은 캄보디아지역으로 현재 UN군이 진주했고, 동티모르, 아프리카니스탄, 이란, 이라크, 쿠웨이트, 레바논, 이스라엘, 시리아, 이라크·터키간의 쿠르트족, 유고내전, 필리핀 좌파 게릴라 준동과 과테말라, 엘살바도르, 남아연방, 중공과 베트남, 중공과 티벳, 한반도의 남북한 대립, 최근의 LA의 흑인폭동으로 흑·백의 인종분규에 끼인 황인종의 희생 등등은 말법시대의 생생한 증거가 되고 있다. 둘째는 見濁으로 말법시대에 이르러 나쁜 견해[31]와 나쁜 교법이 홍성하여 진리를 주장하는 사람은 많으나 善緣을 닦는 이가 없고 세상이 어지럽게 되는 것을 말한다.

〈月藏經에,〉

白法善朋少 밝은 도리와 양심가진 집단은 적고, 黑法惡黨增 좋지 못한 짓과 악당만이 늘어난다. 於彼濁惡世 아~ 저 탁하고 모

31) 나쁜 견해란—邪見으로 인과응보를 부정하는 정법과 합리성을 부정하는 마음의 생각.

진세상에 無有明智人 오늘의 이치를 슬기롭게 아는 사람이 없구나! 所住阿蘭若 아란야가 있는 곳에서, 樂法安穩住 佛法을 좋아하고 편안히 의지해 살면, 彼持我正法 그도 나의 正法을 갖고, 能令多衆信 여러 사람으로부터 신임을 받는다. 鬼神敬神故 귀신도 공경해서 믿는 고로, 遮障諸怖畏 양심에 두려울 것이 없다고 되어 있다. 말법시대에는 인물의 빈곤과 양심의 부재로 세상이 어지럽게 된다는 것이다.

세계 제2차대전의 발발 배경이라든가, 1933년의 일본의 만주침공, 중일전쟁, 일본의 베트남 침공, 이를 말린 마쓰오카 외상을 군부에서 축출·미국과의 전쟁선포, 영국, 카나다, 호주, 뉴질랜드, 인도, 버마의 전쟁선포, 당시 고노에 총리의 미·일 전쟁회피를 위한 노력도 허사되고 군부의 극렬분자는 고노에 총리저격사건을 저지르고 말았다. 김일성집단의 남침강행으로 인한 골육상잔은 사악한 악당들이 저지른 말법시대의 난동인 것이다. 셋째는 煩惱濁이니 인간이 苦와 樂에 미혹해서 貪, 瞋, 癡를 일으키는 것을 말한다. 여기에서 貪은 자기 뜻에 맞는 사물에 대해 애착을 갖는 마음을 가리키고, 瞋은 자기 뜻에 맞지 않는 사물에 대해 미워하고 분하게 여기는 마음을 가리킨다. 癡는 어두운 마음으로, 모든 현상과 도리를 분명히 모르는 어리석은 마음을 말한다. 불교에서는 이를 삼독이라 하는데 그것은 바로 이로 인해 열 가지 惡業이 싹트기 때문이다. 따라서 인간은 三毒[32]을 없애야 마음이 淸淨해지고 번뇌가 없어진다. 그러나 말법시대에는 十惡이

---

32) 三毒-삼독의 마음, 세 가지 독과 같은 마음을 일컬음.

무성하게 일어나는데 이를 번뇌탁이라 한다. 十惡業은 ①殺生, ②偸盜(도적질), ③邪淫(간음), ④妄語(거짓말), ⑤兩舌(이간질), ⑥惡口(저주), ⑦綺語(아첨말), ⑧貪慾, ⑨瞋恚, ⑩邪見(痴:어리석은 견해)으로 온 세상이 혼탁하게 하는 요인이 되고 있다고 판단하고 있다. 넷째는 命濁으로 중생의 수명이 시대가 흐를수록 번뇌가 점점 많아 수명이 짧아진다는 것으로 인간의 수명이 번뇌와 연관이 있다는 것을 말한다. 즉 인간의 마음이 청정하면 오래 살고 그렇지 않으면 수명이 짧아진다는 뜻이 된다. 의학적으로도 거짓말을 하는 사람은 항상 앞뒤 말을 맞추어야 하기 때문에 만성 아드레나린 분비 과잉상태에 들어가 지나친 교감신경의 흥분이 계속되면서 결국 그로기 상태에 빠진다는 것이다. 특히 심장맥관계통에 미치는 '스트레인'이 막중해서 고혈압, 심장병, 중풍의 원인이 되어 명이 줄어든다. 그러나 자기 참회를 통하면 마음이 정화되어 장수한다는 것이다.

다섯째는 衆生濁으로 중생들이 도덕관념이나 윤리개념이 희박하여 제 부모나 스승, 그 밖의 어른을 몰라보는 예의범절을 어기는 일들이다. 福業을 닦는 청정한 계율생활은 하지 않고 두려움 없이 철면피하게 남에게 손해를 끼치며 오히려 파괴적인 행위만 일삼는다.

월장경에서 이를「堅著於惡事 自高輕蔑他」라 했는데 이는 나쁜 일에 집착해서 자기를 높이고 남을 경멸하는 행위를 말한다. 견착어악사는 나쁜 일에 굳게 몸을 투신한다는 것으로 인간이 윤리나 도덕을 떠나 이해관계에 의해 행동하는 것을 말한다. 그리고 자고경멸타는 자신을 제외한 타인은 경위야 어찌 되건, 다 무시하고 자기 혼자 잘난 체하며 멋대로 행동하는 것을 가리킨다.

오늘의 현대인 모습이다.

월장경에서는 이런 성직자와 스님과 중생의 생활을 적나라하게 다음과 같이 보여주고 있다.

(博福衆生等) 박복한 중생 등이
(於我法出家) 내 법에서 벗어나
(不樂於三乘) 삼승에 즐거워하지 않고
(亦不畏後世) 또 후세의 두려움을 모르고
(活命故出家) 살기 위해서 출가하여
(多詐無羞恥) 많은 거짓과 수치를 모른 채
(貪求諸名利) 모든 명예와 이익을 탐하고 구한다.
(處處諂嫉妬) 곳곳을 다니며 아첨과 질투를 하고
(源離於禪誦) 불교에서 멀리 떠나
(善捨諸善法) 모든 선법을 버리고
(夜則多睡眠) 밤에는 잠을 많이 자며
(晝則樂言訟) 낮에는 말을 많이 하며
(樂讀外雜典) 잡전만을 즐겨 읽고
(捨離佛所說) 부처님의 가르침을 떠나
(復與女人通) 여인과 통하고
(嚴飾身衣服) 좋은 옷을 입으며
(爲求名利故) 명예와 이익만을 위해
(但營世俗業) 오직 세속업만 하고
(常爲他作使) 항상 불도를 떠나 다른 일을 하며
(通治諸信命) 거기 종사해서
(往返俗人家) 속세의 집을 다니면서

(販賣以自活) 장사로써 생활을 한다.
(樂作諸田業) 모든 전업을 좋아하고
(叉復憙鬪爭) 또 싸움을 좋아하며
(見諸善比丘) 모든 착한 비구와
(梵行多聞者) 덕망있고 많이 배운 이를 보면
(嫉妬復瞋罵) 질투하고 또 미워하고 욕을 하며
(不容彼坐臥) 그들과 같이 생활을 안하고
(而作麁穬語) 추한 말을 하고
(誹謗及毁呰) 그들을 비방하고 헐뜯으며
(於諸俗人邊) 모든 세상사람들에게
(稱揚不善業) 좋지 않은 일을 한다고 말한다.
(言此詐比丘) 이런 가짜 중은(성직자는)
(是賊最惡人) 바로 도적이고 제일 나쁜 사람이다.

부처님은 이와 같이 혼탁한 시대의 파계승이나 사이비 성직자들을 거울보듯 꿰뚫어 보고 있다. 그리고 말법시대의 파계승이나 사이비 성직자, 빗나간 중생의 생활을 다음과 같이 말하고 있다.

(於我滅度後) 내가 멸도한 후
(佛法慾滅時) 불법이 없어지고자 할 때
(所有出家者) 불도에서 벗어난 사람이
(面無有慚恥) 체면은 없고 부끄러움만 있으니
(遠離功德智) 공덕지에서 멀리 떠나
(懈怠不精進) 게을러서 정진을 안하고
(捨道學世業) 불도를 버리고 세상일만 배운다.

(不樂持禁戒) 계율 지키기를 싫어하고
(無廉與俗交) 염치도 없고 못된 사람만 사귀고
(多言復無羞) 말이 많고 부끄러움이 없으니
(貪取不僧物) 불승의 물건을 탐내서 갖고
(染著五欲樂) 오욕의 낙에 물이 든다.
(如是比丘等) 이런 중들은(성직자는)
(資生與俗同) 속인과 똑같은 생활을 하고
(疑惑多貪財) 남의 물건을 많이 탐내
(邪淫怒嫉妬) 간사하고 음란하고 성내고 질투하고
(見住蘭若者) 참된 수도자를 보면
(說其諸過惡) 그 사람의 잘못만 이야기하고
(不樂讀誦經) 경은 보지 않고
(嗜睡多憙鬪) 잠이나 실컷자고 다투기만 좋아한다.
(如是等沙門) 이와 같은 중들은 (성직자는)
(厭賤禪蘭若) 참된 비구를 싫어하고 천히 여기고
(堅著於惡事) 나쁜 일에 잘 나타나
(自高輕蔑他) 자기를 높이고 남을 업신여긴다.
(沙門及俗人) 이와 같은 것은 속인과 똑같다.
(慳貪不捨施) 보시에는 인색하고
(瞰食佛僧物) 불승의 물건은 잘 씹어 먹어
(多遭種種病) 종종 병을 많이 만난다.
(無有玆愍心) 자비와 민망한 마음이 없어
(少力惡喜鬪) 적은 힘으로 싸우기를 좋아하고
(以是天不雨) 제때에 비가 오지 않아
(潤澤悉枯涸) 모든 것이 윤택치 않아 마르고

(饑饉遍世間)　세상에 기근이 와서
(果實無滋味)　과일의 맛이 없고
(乏少於飮食)　음식이 적어
(瞋諍相侵奪)　서로 눈 흘기고 싸운다.
(造十不善業)　열 가지 나쁜 업을 저지르고
(少福無供養)　복이 적어 먹을 것이 없고
(法味不純厚)　법미가 순하고 두텁지 않아
(行法心亦薄)　법을 행하는 마음 또한 박해서
(迭共作鹿想)　서로 옳지 않은 생각만 한다.
(殺害無慈愍)　자민한 마음이 없어 남을 해롭게 하고
(不孝於父母)　부모에게 불효하고
(亦不供尊長)　어른을 존경해서 받들지 않는다.
(多修世俗行)　세상에 나쁜 일만 배워
(疑惑復嫉妬)　의심하고 다시 질투해서
(貪染於邪法)　못된 길로 물이 든다.
(貪求無厭故)　그릇된 법을 좋아하고 탐욕이 많아
(是而久流轉)　이 때문에 끊없는 고통이 따른다.

위의 예언과 불법[33] 즉 인과응보의 철칙을 무시한 생활은 저속하고 또 인간과 자연과 환경을 동시에 혼탁하게 만드는 것임을 여실히 증명하고 있다. 그리고 이것은 자기자신은 물론이고 자기와 연관된 모든 사람과 존재와 세계에 계속되는 응보로서 계속적

---

33) 佛法-緣起의 인과법. 상대적 세계에서의 인과법칙 즉 ①力學的因果關係 ②因緣和合의 關係 ③相依相關의 關係 ④法住法界의 關係의 인과법칙을 말함.

으로 나타나는 것이다. 이것이 불교에서 보는 극단적인 환경론이다.

## 5. 불교의 자연관

### 1) 우주의[34] 생성구조

인류의 오랜 옛적부터 오늘에 이르기까지 커다란 의문과 끊임없는 연구의 대상으로 되어있는 것은 사실 자연과 인간에 관한 것이다. 종교, 철학, 과학 등 모든 분야에 종사하는 사람들이 우주는 무엇이고 천지는 어떻게 해서 발생하게 되었는가 하는 그 발생요인에 대하여 많은 이야기와 의문을 제기해오고 있었던 것만은 확실하다. 이러한 일들이 인류 최대의 과제물로 등장하게 된 것은 당연한 일이라고 할 것이다. 보통 종교인들이 말하듯이 쉽게 편리한 데로 처리해 버리는 이야기로 과연 어떤 조물주나 신이 있어 우주의 삼라만상을 창조했단 말인가. 각기 종교마다 주장한 창조설대로라면 하늘에는 창조했다는 신들이 서로 잘났다고 쟁패를 부리고 있어 지상자연계에 살고 있는 사람들도 쟁패를 부리고 있는 것일까? 무슨 의도로 왜 어째서 발생시켰을까? 신이 창조하였다면, 과연 신들의 정체는 무엇이고 어떻게 생겼단 말인가?

---

34) 宇宙－공간과 시간의 확대된 개념이 우주다.

그렇다면 그 신과 신들은 또 무엇이 창조했단 말인가? 아니면 자연 그대로 이루어졌다면 그대로 이루어지게 된 원인과 동기는 어떻게 해서 생겼는가? 이 모두에 대해서 정확하게 답하는 사람은 없을 것이다. 그러나 불교적인 입장에서 부처님이 말씀하신 法界緣起[35] 즉 우주만법은 모두가 예외없이 인연따라 일어나고 인연따라 없어지는 것으로 이 인연은 누가 만드는 것도 없어지는 것도 아니라는 말씀을 들어보면, 법계연기는 重重無盡하고 圓融無碍한 큰 조화를 나타내고 있다. 먼저 시간 공간에 대한 개념과 우주에 관한 개념을 알면 인류의 발생이나 만물의 생멸과정이 다소간 풀리리라 본다.

흔히들 우리는 우주다, 자연이다 하지만 그 우주와 자연에 대해 정확하게 무엇인지 정의를 마땅히 내리지 못하고 있는 형편이다. 불교사상에서는 우주는 공간과 시간을 말하는 것으로 천지의 모든 물질이 내재하여 있는 공간을 宇라 하고, 가고 오는 것(旺古來今) 즉 遷流(흐르는 것)를 宙라 한다. 시간은 從적이요 공간은 橫적이라고 볼 수 있다. 덧붙인다면 공간과 시간 사이에 내재하여 있는 모든 만상을 우주라 하는 것이다. 쉽게 살펴 본다면 공간에 무한히 떠있는 별들(星群)은 물론 지구나 태양계의 별들, 별들 간의 물질 혹은 비물질까지도 시간 사이에 생멸되어 가는 현상이 천태만상이지만, 이것을 우주라 말하는 것이다. 지극히 큰 것〔極大〕과 지극히 작은 것〔極小〕은 테두리(邊)와 겉(表)을 볼 수 없는 것이다. 한계와 끝이 없는 것으로 이것을 宇라 한다.

---

35) 法界緣起-無盡緣起라고도 한다. 六相圓融과 十玄緣起로 緣起理法의 극치다. 重重無盡하고 圓融無碍한 緣生緣滅의 온세계를 지칭한 불교의 우주세계관.

과거의 시작이 없고 현재의 머무름이 없고 미래의 끝이 없는 것을 宙라 한다. 시간은 한없는 연속의 과정이다.

과거를 추리해가면 과거의 무한한 과거가 있고 현재를 보유하려고 하나 지나가며 새로운 현재가 연속되고 미래 역시 한정없이 다가오고 있다.

세상이 없어지고 태양과 달이 없어져도 공간에는 시간이 흐르게 마련이다. 과거, 현재, 미래의 시간개념에는 무한한 공간이 새로운 형태로 이루고 변화하여 가고 있는 것이다. 그래서 공간과 시간에는 시작(始)과 끝(終)이 없는 것이며 흐름도 없는 것이다. 시간과 공간이 흐르고 지나가는 것이 아니라 이 속에 내재하여 있는 물질이나 비물질이 특성(自性)대로 직접적인 원인(因)과 간접적인 원인(緣)으로 움직이고 있으며 생멸의 연속으로 물질이 변화하는 것이 시간이 흐르는 것 같지만, 시간이 흐르는 것이 아니라 물질이 생멸변화할 따름이다. 이것이 생기면 저것이 없어지고(此生故彼滅) 저것이 생기면 이것이 없어지는(彼生故此滅) 연속으로 모든 만상 물질이 變易하는 것이다. 그것에는 늘어나고 줄어드는 것이 없다.

불교는 무시무종의 종교다. 즉 시작도 없고 끝도 없다는 것이다. 그래서 움직이는(行) 원인이 직접적(因)이건 간접적(緣)이건 모든 물질은 永遠이라는 것이 없으며 有常한 것이 없는 것이다. 그래서 諸行無常[36]이니 是生滅法이라 했다. 모든 움직임은 영원하지 못하다는 것이다. 공간과 시간 즉 우주는 느는 것도 없고

---

36) 諸行無常－불교에서 보는 세상에 대한 직관의 하나. 四法印의 하나.

줄어드는 것도 없는 不增不滅[37]이며 그 근본인 본질이 생기고 없어지는 것도 없는 不生不滅인 것이다. 또한 모자라거나 남는 것도 없는 無缺無餘[38]인 것이며 본래가 더럽고 깨끗한 것도 없는 不垢不淨[39]인 것이다.

### 2) 우주와 자연

자연은 모든 물질(色)과 비물질(非色)의 특성이 그 특성따라(自性) 스스로 이루어지고 흩어지는 그런 것을 자연이라 한다. 자연은 인위적으로 有爲的으로 혹은 有目的的으로 이루어지고(生) 흩어지는(滅) 것이 아니라, 비인위적으로 無爲로 또는 無目的的으로 스스로 움직여 형성되어가고 무너져 가는 과정을 말한다. 生住異滅이니 成住壞空이니 生老病死가 그것이다. 그러므로 色卽是空 空卽是色이라 했으니 물질이 형성되어(色) 다시 흩어지고(空) 흩어진(空) 것이 다시 인연(因緣)의 행(行)으로 형성되어(色)가는 과정을 말한다.

그것은 현대과학으로는 '質量不變의 원리'[40]라고 볼 수 있다. 더 깊이 설명한다면 자연이 스스로 행(움직임)과 집착에 따라 변화 된다고 볼 수 있는 것이다.

집착이란 형성력과 같은 구심력을 뜻하는 것, 인간의 마음이

---

37) 般若心經.
38) 信心銘.
39) 般若心經.
40) 질량불변의 법칙－모든 존재가 가지고 있는 에너지는 우주공간에 불변적으로 존재한다는 것.

집착하는 것은 어떤 행동의 동기가 결과를 낳게하는 노력의 초보적 단계라고 볼 수 있다.

마음 속에 내재하여 있는 우주 즉 마음은 모든 것에 근본이 되는 것으로 무명에 의한 집착이 형성력을 이루어 자성과 자질이 변화하는 과정 즉 행으로 생성소멸하는 것이다.

한 물질이 이루어지는 과정(process)을 시간이라 하며 이루어진 단계에 변화과정을 자연이라 하는 것으로 보아야 한다. 즉 '시간은 흐르지 않고 만물이 흐르므로 만물의 行이 없으면 시간의 존재는 없는 것이다.'[41]

생성의 변화과정은 비물질이 물질로, 물질이 비물질로 반복 순환됨에 있어서 시간의 근원적 시작과 끝은 없는 것이다. 과거, 현재, 미래를 三世라고 한다. 삼세를 통하여 짧은 시간과 긴 시간이 있는데 짧은 시간은 刹那(10분의 1초)라 하고 긴 시간을 劫이라 한다. 흐르지 않는 본체의 시간 속에 들어가면, 즉 열반(Nirvāna)[42] 하면 시간의 길고 짧은 것이 없는 것이다. 길고 짧음은 우리의 인식작용에 의한 것뿐이며, 공간의 넓고 좁음도 인식작용에 의한 것이지, 길고 짧고 넓고 좁은 것이 인식작용을 떠나면 이러한 주·객관적 대상은 없어질 것이다.

法性偈에서 無量遠劫卽一念 즉 헤아릴 수 없이 멀고 아득한 시간도 한 생각에서 나오고 一念卽是無量劫 즉 한 생각은 곧 헤아릴 수 없는 영겁의 시간이라고 했다. 그래서 우주(공간·시간)도

---

41) 存在가 있으므로 時가 있고 空이 있으며 존재의 業이 없으면 時도 空도 없다는 것.
42) Nirvāna열반. 타오르는 불꽃을 훅불어 꺼버리는 寂滅, 寂靜으로 大自由와 大平等 無障無碍의 경지.

'한 마음'에서 비롯된다고 보는 것이다.[43)]

현대과학에서 광속을 절대속도라 한다. 그러나 이 세계에는 마음을 떠난 절대는 없는 것이다. 빛이 1초에 30만km를 달린다면 이것도 역시 시간에 대한 상대요, 대기의 상태 또는 물체의 장벽이 있어 투과치 못함은 역시 공간의 상대인 것이다. 그러나 마음만은 시간과 공간에 절대적인 것이다. 절대라는 것은 대상이 없는, 상대가 끊어진 것을 말하는 것이다.

이 세계의 절대적이고 전지 전능한 것은 오직 '한 마음 깨달은 부처'뿐이 없는 것이다. 부처란 말이 Buddha로 이 말은 깨달은 사람 즉 自覺者의 의미이다. 그러므로 환경의 절대적 자각자인 인간이 환경에 대한 무감각이 될 때 그것은 인간자신의 포기인 것과 마찬가지가 되는 것이다. 이러하므로 인간의 마음은 時·空의 거리를 초월하여 절대적이다. 그러니까 마음을 떠난 모든 개체나 물질(色)이나 비물질(空)은 대상이 없으며 상대성을 벗어나지 못하는 것이다. 자연과 인간에서 불교의 존재론(ontologie)은 緣起論 또는 因緣論이라고도 하는데 이는 한마디로 '상대성의 원리'라고 풀이 될 수 있다. 아인슈타인이 상대성의 원리를 발견해서 수학이나 과학적 공식에 적용하였다면 부처님은 훨씬 그 이전에 연기라는 상대적인 세계의 원리를 발견하고 종교적, 철학적, 윤리도덕적 인과관계로 명쾌하게 이론적으로 전개하여 가르침을 주신 것이다.

이러한 緣起의 理法은 ①서로 상호간의 力學的 因果關係요 ②因

---

43) 法性偈

緣和合의 關係요 ③相依相關의 關係임을 꿰쳐보여 그대로 자연적 법칙의 순환 즉 輪廻轉生의 현상계를 꿰뚫어 보신 것이다.

이 세상에 조물주가 있다면 조물주 이전의 시간은 어떠한 시간이었겠으며 조물주 이전에는 누가 있었겠는가? 또한 그 조물주는 누가 만들었나 조물주가 본래 혼자 본래 스스로 있었다면 이것은 바로 자연[44]일 수밖에 없다. 조물주가 있다면 어느 공간에 있겠는가? 그것은 바로 자연내에 있는 것이며 그것은 또한 인간의 인식범위 내에 있어 인식이 없으면 없는 것이다. 『般若心經』에 나오는 '無眼耳鼻舌身意 無色聲香味觸法' 그것이다. 조물주니 신이니 하는 따위는 마음의 장난이며 인간의 마음이 어두운 탓에 집착으로 짓는 幻影이나 思象 즉 마음의 허상에 불과하다. 신은 마음이 만들었고 우리의 마음은 우리의 의식 작용을 지배하며, 모든 것에 앞서는 것이다. 왜냐하면 세계적으로 그 많은 신은 다 어디에서 나온 것일까? 그렇다면 자연은 구체적으로 어떻게 형성되었는가?

서양에서는 만물을 신의 창조로 보고 유일적 획일사상을 전개하고 있지만 오늘날 자연과학의 발달 발전을 통해 보았을 때 오히려 다양성을 추구하는 불교의 자연관에 거의 귀착되는 바 즉 형체를 가진 물질의 세계를 크게 넷(地, 水, 火, 風)으로 나누고 더 작게는 108개의 塵境 즉 원소로 나누고 있으니 모든 만물은 마음에서 나왔고 마음은 모든 것에 앞신다고 하였다. 본성이 혼미하여 원인과 결과를 낳는다고 하였으니 본성이 혼미함은 곧 망

44) 自然-아무 간섭없이 생성과 소멸을 무상하게 반복하는 스스로 그렇게 의연히 존재하고 있는 천지공간. 생성의 원리와 법칙이 인과로 존재하는 곳.

상이며 번뇌이니 이러한 번뇌는 眼·耳·鼻·舌·身·意 여섯 기관(六根)을 통한(六感) 작용에 의하여 생기는 것이다.

눈(眼)은 물체(色), 귀(耳)는 소리(聲), 코(鼻)는 향기(香), 혀(舌)는 맛(味), 몸(身)은 촉각(觸), 생각(意)은 이치나 진리(法)를 느끼게 하므로 서로 상호간에 연결되어 6×6=36이 되고 여기에 과거, 현재, 미래의 삼세를 통한 감각작용인 바 36×3세=108개의 번뇌와 망상으로 물질을 형성하게 되는 것이다.

천지자연의 地는 견고한 성품을 가진 것 같아도 항상 견고한 성품을 가진 것이 아니요, 水의 성품은 머물러 있는 것이 아니며 火는 간접적인 원인을 假借하여 生하는 것이며, 風은 動搖하는 것으로 장애가 없는 것이다. 지는 凝集의 結塊요, 水는 온기의 運生이며 火는 더운 氣의 발생이며 風은 모든 물질의 흐름을 말하는 것이다. 만물은 지·수·화·풍의 四大의 인연에 의하여 발생되는 것이라 볼 수 있다. 응집과 습기와, 열기와, 흐름의 緣生은 마음의 작용에 의하여 이루어지는 것이라고 볼 수 있다.

오늘날 전세계적인 기후나 변화의 조짐은 수억겁 년의 지각의 변동이나 화산의 폭발에 의한 자연적인 것이라고도 볼 수 있겠지만, 이러한 자연적 현상과 아울러 인위적이거나 의식적이든, 또는 무의식적이든 저지르는 인간들의 행동작태, 예를 들면 원폭·수폭의 실험, 공장의 매연, 자동차의 배기가스 등으로 일어나는 산성비, 산림벌채로 인한 사막화 현상, 오염으로 폐허화된 호수나 쓰레기장화 하는 늪지대 등으로 인간 마음의 작용은 더러운 곳으로 치닫고, 이기심과 경쟁심과 무자비한 상업적 실적주의나 군비경쟁으로 인한 전쟁 등으로 우리 의식은 오염되고 말았다. 즉 잘못된 마음이 그대로 자연을 오염시키고 의식의 황폐화가 바로 자연의 황폐화로 직결되고 있음을 우리는 잊어 버리거나 간과해서는 안 된다. 서양에서는 신이 인간을 창조하고 그 먹이로 자연을 창조하였으니 당연히 잡아먹어야 한다는 사고방식과 교육으로, 자연을 정복하고 이웃을 정복하고 타민족을 정복하고 급기야는 세계대전을 일으켜 공존의 세계와 역사가 아닌, 살육과 배타와 질시의 경쟁만을 가중시켜왔다.

여기에서는 생명존중이 자기와 관계 있는 것 이외에는 적용되어지지 않는, 적이 아니면 동지라는 흑백논리로서 자연을 보아왔기 때문에, 이것이 자연을 개발하고 편리한 생활을 영위하는데 조금 도움을 주었을는지 모르지만, 그것으로 인하여 받는 상대적인 반응은 아주 심각한 것이다. 앞서 말한 불교의 존재론은 緣起論이며 이는 인과응보라고 하는 작용과 반작용의 행위에 의한 활동이며 파장임을 우리는 인식해야 한다. 개인과 개인, 자연과 인간, 인간과 자연 사이에는 저절로 이루어지거나 우연히 마련되는 것은 하나도 없다.

身, 口, 意, 三業으로 인한 즉 常, 樂, 我, 淨의 마음이 아닌, 흔들리는 마음, 괴롭고 번민하는 마음, 무언가 부정하고 갈등하고 있는 마음, 더럽고 추잡하고 감추는 우리의 마음이 몸(身)으로 ①죽이려고 하고 죽이고, ②훔치려 하고 훔치고, ③간음하고 심리적이든 행위이든 저지르게 하고 입(口)으로는 ①거짓말로 속이려 하고 속이고, ②이간시키려하고 이간 시키고, ③아첨하려하고 아첨하고, ④저주나 악담을 하려하고 저주, 악담등을 서슴없이 저지르니 이는 모두가 마음(意志) 즉 자기 자신이 자기 자신을 올바르게 파악하지 못하는 소치에서 나온다. 즉 자기가 객관적, 보편적, 타당합리성으로 스스로나 사물이나 남을 보는 것이 아니라 ①자기의 이익이나 추구하려고 하는 이기적인 탐욕과 욕구 욕망 등에 사로잡혀 눈에 보이는 것이 없어지기 때문이며, ②이러한 목적을 맹목적으로 달성하려고 억지부리는 과정에서 나오는 자기 기만적인 성냄이나 신경질이나 자기갈등의 화냄이며, ③여기에서 생기는 이러한 욕망과 자기 기만 등이 어리석음이다. 위에서 본 身3, 口4, 意3이 모두 무명에서 발생되는 것이다.

### 3) 자연의 변이과정

불교에서는 우리의 마음 이외에 조물주 같은 것은 용납되지 않고 있다. 지, 수, 화, 풍을 '名四大'라 하고 持, 攝, 熟, 長을 '用四大'라 한다.

즉 땅의 쓰임은(地) 지지하고(持) 견고한(堅) 바탕을 이루는데 있고, 물(水)의 쓰임은 모든 만물에 스며들어 생명을 이루는 시점으로 포용하고 섭수(攝)하는 반면 습하고(濕) 차가운 성품을 가지고 있으며, 불의 쓰임은 만물을 성숙시키고(熟) 따뜻하게(煖)하여 長養하는데 있고, 바람(風)의 쓰임은 변화하고 흐르며(長) 운동(動) 시키는 매개체 역할을 한다. 이 名四大에 空과 識을 합하여 六大라 하고 이 여섯 가지의 조화로 만물이 생성소멸하고 형태를 드러내고 있는 것이다. 이것이 불교의 천지창조인 생성의 윤회 원리이다.

태양계는 우주내의 일부분인 은하계의 중심부에서 한쪽가로 처져있는 조그마한 星群이며 지구는 우주전체로 볼 때는 한 점에 불과하다. 그리고 우주는 시작도 끝도 없는 것이며 다만 生滅이 연속될 뿐이다. 이와 같이 생명체도 생멸이 연속될 뿐 이라고 불교에서는 파악하고 있다. 이것이 윤회전생의 이론이다. 업보윤회라고 표현하는 것이 적절할 것 같다. 현대과학에서는 인류의 조상이나 생물들은 외계의 우주에서 생명의 發芽가 전하여 왔다는 '외계도래설'을 주장하고 있다.

생명의 부류를 불교에서는 12부류의 생과 오온의 작용과 12가지 인연에 의하여 생명은 연속된다고 파악하고 있다. 12부류의 生은 『능엄경』과 『금강경』에 기록되어 있으며 그것은 卵生, 胎生, 濕生, 化生, 有色, 無色, 非有色, 非無色, 有想, 無想, 非有想, 非無想으로 習性이나 習業力에 따라 본성이 혼미하여 응집력이 發하고 집착하는 관계로 생명이 발생했다고 기록되어 있다.

모든 생명은 오온과 십이인연으로 생겨 집착, 애착에 의하여 쌓여 모아져서 강력한 자석과 같이 몸을 이루고 상대에 영향을 주어서 이것으로 말미암아 번뇌의 끝없는 생사윤회를 도는데, 眞性을 덮는 無明을 깨달으면 離苦得樂의 涅槃樂을 이루게 된다. 이러한 세계는 자연대로의 순리로 가는 세계이며, 그렇지 않고 상대의 계속된 세계나 무지의 계속된 迷한 세계는 결국 自·他를 파멸로 이끌어 가는 것이다. 그러면 자연에 대한 悟는 그대로 자비와 연민의 생명존중의 동체대비의 사상이며, 覺이며 이것은 바로 같은 근원, 같은 요소로 이루어졌고 또 그와 같은 근원이나 요소로 돌아간다는 자연의 理法, 그것을 파악한 마음이며, 자연과 환경에 대한 迷는, 나는 나고 너는 너다라는 상대적인 것으로 차별과 이익추구의 무지 몽매며, 같은 한 근원과 같은 요소임을 파악치 못하는 마음가짐이다.

예를 든다면 수돗물을 먹으면서 한강이나 수원지 되는 곳에 마구 폐유나 오염물질을 버리는 악덕업자들의 심보 같은 경우다.

이 경우는 그 오염된 물이 자기에게 또는 자식이나 후손들에게 먹여지는 인과응보에 눈감고 있는 경우이고 더우기나 여타 많은 국민에게, 생명에게 당장 해독이 되고 있음을 방관하고 있는 경우다. 그러나 생명존중의 중요성을 간파한 보살[45](Boddhisattva 실천자)은 생명도 살리고 그 생명이 있는 공간인 자연과 환경도 살리는 동체대비의 구현자다. 자기도 속이고 남을 속이고 산야나 강, 바다를 더럽히는 중생은 자연에 역행하는 대역죄를 범하고 있음을 볼 수가 있다. 현재 일어나고 있는 인간성 상실이나 가치관 전도니, 청소년 범죄니 하는 것은 인간의 심성이 곧 자연이고 자연 그것이 곧 우리의 심성임을 깨닫지 못하는 어리석고 마음의 여유나 여백을 잃어버린, 망각한 세대의 방황의 모습이라고 보여진다.

불교의 자연환경관은 이와 같이 철저한 자기근원의 문제로 돌아가서 동체대비의 보살정신으로 자연과 내가 둘이 아니라는 일심청정자이고 이는 곧 불국정토의 보살로서 중생계와 모든 천지자연에 대한 원대한 원력을 품고 있는 실천자로서 표상되는 제불보상의 심신으로 나타난다.

## 結

이상에서 살펴본 바에 의하면 불교의 환경관은 인간의 이기적

---

45) 보살—불교의 이상적인 인간상. 4홍서원을 세우고 6바라밀을 실천하는 자.

無明心을 타파하고 인과응보적 환경에 대해 如實知見하는 것이 중요함을 인식하게 되었다. 불교의 역대로 내려오는 전래의 방생적 사상을 널리 알려야 하며, 이 과정에서 원시불교에 나오는 부처님의 말법예언을 큰 거울로 삼아 五濁惡世의 극한적 삼재팔난의 현상태를 극복해야 함도 절실하게 깨우치게 되었다. 결국 우리의 자연환경은 내면적인 인간의 참회가 수반되어야 함을 우리는 직시하게 된다. 참회를 통한 보살행만이 현상계의 모든 악법을 물리칠 수 있음을 여실히 고찰할 수 있다. 자연의 생명은 곧 나의 생명이라는 것이 불교의 자연환경관이며, 나와 자연과는 뗄레야 뗄 수 없는 둘이 아닌 관계임을 안다면, 또 이러한 것을 깨우친다면 오늘날 훼손되어가는 자연환경과 인간심성의 상실도 막을 수 있을 것이다. 심성은 곧 자연의 본바탕이기 때문이다.

# 원시근본 불교를 中心한 佛敎와 基督敎의 十戒 比較考

## 序

원시불교사상은 자연법인 緣起의 理法에 근거하는 業報的 因果應報[1]의 상대성에 기인하여 간파된 조직적이고 철학적인 이론과, 사상체계와 윤리도덕적 규범으로 이룩되고 있다. 따라서 원시불교교리는 교리체계 내에서 규범적 측면이 독립적으로 다루어져 있지 않은 것이 아닌가 하는 경우가 있으나 실은 교리 자체 내에 인간의 규범적 의무가 대단히 많은 비중으로 내포되어 있다. 이러한 점이 소위 기독교의 사상이라고 하는 것과 비교해 볼 때 커다란 차이이며 분명히 구분해야 할 기초적 지식이다. 원시불교사상은 기초적인 성격으로서 五戒[2]를 지키도록 하고 있다. 이것은 부정적인 금지사항이 아니라 적극적인 생존의 삶의 태도를 견지

1) 中阿含經 卷第3 業相應品 思經 第5. 十業. 雜阿含卷第4.
2) 五戒:범. Pañca śilāni. 불교에 귀의하는 재가남녀나 비구, 비구니 불교도 전체에 통하여 마땅히 지켜야 할 5종의 계율.

시키는 기준이다. 표현상 不殺生, 不偸盜, 不邪淫, 不妄語, 不飮酒라는 것은, 죽이지 말라라는 강조에 자비로 생명을 살리라는 적극적인 뜻이 내포되어 있으며, 훔치지 말라라는 강조에 나누어 주어 베풀어라, 사음하지 말라의 강조에 형제자매처럼 사랑하라는 적극적인 의미이며, 거짓말하면 안 된다는 강조에 진실만을 말하라는 긍정적인 내용이 함축된 것이며 술 먹어 취하지 말라의 강조에 지혜로써 실수하지 말라는 적극적인 계행이 담겨져 있는 것이다. 원시불교사상을 성립시키는 계율은 고대불교 이래로 대단히 많이 다양하게 발달되었다. 원시경전의 三毒의 가르침은 인간의 佛性을 말살시키는 無明[3]으로 간주되고 있다. 여기서 특히 貪, 瞋, 痴 중 치는 윤리적이라기 보다는 실존적이고 12인연 중의 무명이 바로 痴로 연결되고 있다. 윤리적 계율의 요소가 윤회전생의 우주론과 연결되고 있는 것이다. 기독교의 죄의식의 근원이 원죄에서 유래된다고 하나 불교에서는 무명이 바로 죄업의 근원이라고 확신하고 있다. 불교에서는 개인의 책임과 자유의 문제에 분명하지 않은 것 같은 면이 없지 않으나 그것은 自業自得, 自燈明, 法燈明 등의 부처님 가르침에서 보이듯이 본인 의지의 자유성과 책임성이 내외적으로 표출되어 있음을 看過해서는 안 된다.

기독교에서는 이런 점을 부정하려는 의도가 있다. 오히려 기독교의 원죄라는 죄의식은 허무맹랑한 조작성이 있으며, 애매성이 있으며, 독재성, 강압성, 억압성 등으로 개인의 책임도 자유의 문

---

3) 無明, 범. Avidyā. 불교의 진리를 알지 못하는 당체, 또는 眞如에 대하여 非眞如를 일컬음. 근본번뇌의 하나. 無知와 같다.

제도 지시나 복종에 기인한 부자유와 무책임이다. 원시불교에서는 죄의식에 대하여 懺悔[4]를 대단히 강조하고 있다. 개인적 집단적 참회는 소승에서 대승에로의 대전환적인 미래 불교의 중요한 영역이다. 계율의 철저한 준수도 바로 원시근본불교의 수행적 완성이고 원시근본불교의 세계관 인생관과 일치되는 것이다.

타율적 계율준수보다 자율적 계율에 힘입어 평등과 자유의 보편타당성에 입각한 계율준수가 바람직하다.

불교의 계율성립과 기독교 戒名 성립의 내용을 비교 검토하고 그 합리성과 불합리성을 표출시켜야 한다. 계율의 비교 검토는 교리의 이해와 함께 양 근본사상의 성격적 차이를 보다 깊은 차원에서 상호이해를 위한 바람직한 것으로 생각된다.

인간의 타락과 사회의 부도덕적 전락은 계율과 계명으로 과연 억제되고 구제될 수 있는 것일까? 얼마간의 역할은 있다 해도 적극적이고 진실된 사실에 입각한 윤리성과 도덕성이 결여 된다면 그 효과와 사상적 진가는 발휘될 수 없을 것이다. 이에 원시근본불교와 기독교의 내용비교 법신불과 신, 불타와 예수 특히 계율비교를 통해서 양교의 이해와 오류의 폭을 줄이고 21세기를 맞이하는 전진적이고 진솔된 면을 가다듬어 나가는데 일조가 되었으면 한다. 먼저 법신불과 신 등을 고찰해 보기로 한다

---

4) 참회－범, 懺摩의 준말. 회(悔)는 그 번역, 범어와 한문을 아울러 쓴 말. 스스로 범한 죄를 뉘우쳐 용서를 비는 일. 布薩, 自恣, 3宗참법, 3품참회 등이 있음.

# 法身佛과 神

## 1. 法身佛

불교에서 부처님이라고 하면 釋尊[5]을 보통 생각하겠지만, 사실에 있어서는 두 가지 뜻이 있다. 그 하나는 물론 석가모니 부처님을 가리키나, 또 하나는 석존을 부처[6]가 되게 한 진리 자체를 두고도 佛이라고 한다.[7] 이것을 法身佛[8]이라고도 하고 本佛이라고도 하는데, 이것이 있으므로 하여 석존이 부처님이 되었을 뿐만 아니라, 역대로 내려 오면서 불제자들 가운데 悟道에 이른 祖師들은, 모두 이 이치가 있음으로 하여 成道의 길을 성취한 것이다. 따라서 조사들은 석존과 동일한 道를 얻어 성불의 경지에 도달했더라도, 다만 불제자인 까닭에 불타라 하지 않을 따름이다.[9] 이 이치는 지금뿐만 아니라, 인류가 존속하는 한 영원히 계속될 것이고 영원히 계속된다함은 법신불이 상주불멸로 영원하다 하는 것을 의미하며, 이것이 영원하기 때문에 인간은 누구나 이 도를 닦으면 다 동일한 불타가 된다는 이치도 함께 영원한 것이다. 그러면 인류가 도를 닦기만 하면 누구나 부처가 될 수 있게 해 주

---

5) 석존은 釋迦世尊의 준말, 세상의 존귀자란 뜻.
6) 부처는 Buddha, 佛陀로 깨달은 사람. 세상의 이치를 다 아는 聖人을 의미.
7) 佛에 生身 法身 有二種. 諸佛所成就無學法 名佛一雜阿毘曇心論 第10.
8) 화엄경 노사나품 및 법화경 수량품.
9) 成佛은 32相80種好를 完佛이라 하나, 禪家의 見性成佛, 蜜敎의 卽身成佛, 기타 四滿成佛도 成佛이다.

는 그 본불이라는 것은 도대체 어떤 것일까. 불교에서는 이것이 우주를 있게 하며, 이것이 영원한 과거로부터 영원의 미래까지 존속케하는 當體라고 되어 있다. 또 이것의 체성은 그 이름이 범어로 毘盧遮那[10](vairocana) 즉 遍一切處라 하였으니, 온 우주에 편만되어 어디든 미치지 않는 곳이 없다고 한다. 따라서 이는 만물의 생명체 근원이요, 우주의 본체라고 하는 것이다.

인생은 이것이 있으므로 이성이라는 빛이 있으며, 이로 인하여 무지에서 지혜로, 암흑에서 문명으로의 향상발전을 기할 수가 있는 것이다. 과학도 물론 이 범주에 속하고, 철학 내지 모든 학문도 다 이 범주에서 벗어나는 것이 없다. 또 우주가 일정한 궤도를 돌고 원자가 일정한 원리 밑에 회전하여 지수화풍의 원소는 이른바 堅濕煖動의 성질로 말미암아 持攝熟長의 작용[11]하에 만물이 형성되고 소장하며 유지되는 것이 모두 이 本佛이 있음으로 하여 가능한 것이다.

인간이 이 이치에 통하면 智者, 聖者가 되는 것이요, 이 이치에 어두우면 이른바 범부, 중생으로 괴로움의 바다에서 헤매게 된다. 그러면 이 본불, 즉 법신불이야말로 우주의 주체요 조물주라고 명명할 수 있다. 사실, 세상의 혹자들은 불가의 부처나 예수의 하나님이나 또는 유교나 단군의 하느님[12]이나 동일한 것이 아니

---

10) 光明遍照라 번역. 부처님의 眞身을 나타내는 칭호. 부처님의 身光·智光이 理事無碍의 法界에 두루 비치어 圓明한 것을 의미함.

11) 阿毘達磨 俱舍論 5章 色法

12) 하느님－ᄒᆞ놀놈→하늘님. 하날님→하느님, 하나님으로 한국조선민족의 시조신인 단군할배의 할아버지인 민족신을 일컫는 말이다. 기독교의 신은 여호와(Ehova)요. 하느님이 아니다.

겠느냐고 주장하는 이가 많다. 그래서 종교의 궁극은 다 마찬가지이니 어느 것이 옳고 그르고가 없으며, 어느 것이 낫고 못하고가 없다. 이를테면 산의 정상에 오르는 것이 목적이라면 동에서 오르나 서에서 오느나, 또 남에서 오르나 그 길만 다를 뿐 도달하는 정상은 한 가지라는 것이다. 이 논리대로라면, 종교는 부처거나 신이거나 하느님이거나 동일한 것은 틀림없겠다. 그러나 여기에 반론을 제기하는 사람도 없지 않다고 본다.

## 2. 神과 創造

신의 존재를 인식시키는 가장 큰 이유 중의 하나는 천지창조라는 것이다. 만약 천지창조라는 것이 성립될 수 없다면 신의 존재도 인정할 길이 없어진다. 설사 예수가 아무리 뛰어난 사람이라 할지라도 신의 존재가 없다면 메시아의 노릇도 그리스도의 노릇도 처음부터 없는 것이 된다. 예수는 이런 말을 한 일이 있다. '내가 아무것도 스스로 할 수 없노라. 듣는 대로 심판하노니, 나의 원대로 하려 하지 않고, 나를 보내신 이의 원대로 하려는 고로 내 심판은 의로우니라'[13] 또 '내 교훈은 내 것이 아니요, 보내신 이의 것이니라'[14] 고. 이와 같은 말에서 잘 알 수 있듯이 신은 예수의 배경이요, 근원이므로 이 신의 존재인식을 위한 천지창조야말로 기독교의 근본인 것이다. 여타 신의 존재를 알게 한다는

13) 요한복음 5장 30절(이하로 5:30식으로 표시함)
14) 요한복음 7:16

啓示[15]라든가, 이른바 被造物[16]을 통한 神知識등은 이에 비하면 다 부수적인 것이라고 할 수가 있다. 그러한 의미에서 볼 때, 이 창조설 하나만 가지고서도 그리스도교 전체를 판단할 수가 있다고 보아지는 것이다. 이 창조 연대는 예부터 기독교계에서 산출한 것이 있으니[17] 이에 의하면 인류의 조상이라는 아담의 창조가 기원전 4천 년이라고 일러옴으로 이에 기원후 2천 년을 합하면 6천 년이 되는데, 아담의 창조는 천지창조 6일 중에 있었던 일로 돼 있으므로 천지창조는 곧 6천 년 전이라는 계산이 되는 것이다. 그렇다면, 하늘과 땅, 산과 바다, 강, 호수, 초목, 새, 짐승, 인간 등 모든 만물이 6천 년 전 일시에 창조되어 오늘에 이르고 있다는 말이 된다. 실제 어떤 저명한 신학자는 '6천 년 보다 이전에 인간이 있었다는 결정적인 증명은 아직 없다.'[18]고 까지 덧붙이고 있다.

그러면 과연 이 말을 오늘의 과학적 지식에 비추어 믿을 수 있다고 보겠는가. 지금 고고학적 자료에 의하면, 무려 25만 년 전의 인골화석이 독일에서 발견[19]되고 있고, 극히 최근에는 이디오피아에서 3백만 년이나 전의 것이 발견[20]되고 있다 한다. 뿐만 아니라 인류가 살고 있는 이 지구는 46억 년에서 50억 년의 생

15) 李鍾聲著 神論 p. 9.
16) 上揭書 p. 62.
17) Henry H. Halley 著, 聖書 핸드북 p. 37. 39.
18) 上揭書 성서핸드북 p. 38
19) 學園社刊 대백과사전 5권 p. 233.
20) 1985년초 KBS 3TV. 人類의 祖上 放映(호모하빌리스 Homo Habilis)

성연대[21]를 가졌다고 말하고 있고, 이 우주는 몇 백억 년, 몇 천억 년이 되는지 알지도 못하고 있다. 창조설은 오늘날 과학적 지식 앞에 부정되지 않을 수 없지 않는가? 이미 창조라는 것이 부정된다면 그것을 창조했다는 신도 따라 부정되지 않을 수 없지 않겠는가. 그런데 기독교계에도 이 난문제를 어떻게든 합리적으로 설명해 보려고 무던히 애쓰고 있다. 그 한 예를 들어보면 '인간 창조는 성서 연대에 따르면 B.C 4천 년 경이 된다. 그러나 천지창조는 훨씬 이전이었다'[22]고 애매모호한 말을 하고 있다. B.C 4천 년이라고 되어 있으면서 어찌 훨씬 이전이라고 말할 수가 있는가. 또 성서에는 '천지 창조'라는 표현으로 되어 있는데, 요사이 우주 과학이 발달되므로 해서 이에 발맞추기 위하여 '우주창조'[23]라는 말로 바꿔 쓰면서 마치 수백억 년 전 신이 창조한 것처럼 말하기 시작하고 있으나 이것 또한 비성서적일 뿐 아니라, '종교와 과학은 분리되어야 한다'[24]고 주장하고 있으나 앞으로 과학지식에 배치 모순되는 종교가 사회의 중추적 역할을 할 수 있을까 염려되어진다. 사랑[25]때문에 천지를 창조하고 천재지변이나 흉년, 유행병 혹은 전생으로 인해 인간을 대량 몰사케 한다든가 또는 신 자기는 영원하면서 인간에게는 老, 病, 死 등을 준다는 것 등은 모두가 다 신의 사랑으로서의 창조의지와는 모순되는 것이다. 그런데 처음에는 영원하게 만들었는데 인간최초의 조상인

21) A. 베리저. 一萬年後上 p.170
22) 전게서 Halley 聖書 핸드북 p 68.
23) 前揭書 神論 p 175. 여호와의 증인「관심을 가진 하나님이 계신가」p 5. 3줄
24) 前揭書 神論 p 267
25) 上揭書 神論 p 202. 203.

아담과 하와(이브)가 신에게 죄를 지은 까닭[26]에 그와 같은 불행들이 있게된 것이라고 한다. 그러므로 인간 불행의 책임은 신에게 있는 것이 아니라 바로 인간에게 있다는 것이다. 이 대답도 결정적 모순을 내포하고 있다. 왜냐하면 신이 全知[27]全能[28]이라고 한다면 인간이 죄를 지을 것을 미리 알 수 있었을 것이 아닌가. 그런데도 죄를 짓게 했다는 것은 사랑도 아무것도 아닌 것이 되며 사랑의 의지로 천지를 창조했다는 것은 거짓말인 모순이 되고 만다.

## 3. 3外道 批判

부처님 당시 즉 원시불교시대에 인도의 사회에서는 세 가지 큰 사상이 존재했는데 그 하나는 決定論[29]이고 둘째는 神意說[30]이고 셋째는 偶然說[31]이 있었다. 이 결정론은 인간의 운명은 전생으로부터 결정되어 있어 숙명적으로 어쩔 수 없다는 것이다. 신의설도 결정론과 비슷한 것으로 모든 것은 오직 신의 뜻대로 된 것이

---

26) 로마서 5:12에서 창조신화(창세기 2:17, 3:3)를 인용, 이것을 인류의 죽음 등 불행의 원인으로 삼고 있다. 그리고 오늘날 인간이 지은 불행의 씨는 제2차적인 원인이라고 하고 있다.
27) 神論 p 175.
28) 창세기 17:1. 신론 p 178
29) 이 호칭은 이미 木村泰賢:원시불교사상론(1923년). p 111. 전집 제3권91968년). p 109에 사용되고 있다. MN(Majjhima-Nikaya) Ⅱ. p 214. 중아함경 권4(大藏經 권 Ⅰ. p 108下)
30) SN. Ⅲ. p 69. 잡아함경 81경. cf. SN. v. p 126. 대정장 권 Ⅰ. p 108하
31) 實井伯壽 인도철학연구 제2. (1925. 1965) p 408 참조

며 그러기에 믿고 따르는 길밖에 없다는 것이다. 여기에서 발생된 종교가 인도의 인류 최초 고등종교인 힌두교인 바라문교이다. 우연설은 우연이 있기 때문에, 결정된 것이 하나도 없다. 그러기에 먹고 마시고 섹스하고 마음껏 인생을 즐기며 가는 것이라고 역설하고 있다. 여기에 대해 부처님은 비판[32]하기를 인간 의지의 자유와 노력을 부정한다는 것을 다같이 비판하고 있다.

과거의 업인이 현재의 업과를 갖게한다는 점에서는 숙명론적 요소를 완전히 배재할 수는 없다 할지라도 현재의 업인이 미래의 업과를 가지게 된다는 점에서는 인간의 의지의 자유를 인정[33]하고 그것을 근거로 노력 정진하는 점에서는 불교가 숙명론과는 구별되어지는 첫째의 특색이라 하지 않을 수 없다.

## 4. 神을 비판한 사람들

과학이 발달하고 인간의 지각이 열리기 시작할 때 먼저 神意說에 비판을 가한 이는 코페르니쿠스(Coperunicus 1473－1543)가 서양에서는 선두주자일 것이다. 그때까지만 해도 유럽의 우주에 대한 지식은 천동설 즉 인간이 사는 이 지상을 중심으로 해와 달이 도는 것으로 생각했던 것이다. 이것을 과학적으로 관찰한 코페르니쿠스는 태양이 지구를 도는 것이 아니라, 지구가 태양을

---

32) 필자 1986년도 박사학위논문 초기불교의 업설에 관한 연구 p 24~29 참조 중아함 장수왕품 외도비판, 권 제19. 장아함 권 제17.
33) 上揭論文 p. 26 上

중심으로 하여 돈다고 하는 이른바 지동설을 주장하였다. 그러나 구사상인 천동설에 젖은 그 당시 사람들은 이 새로운 지식을 믿지 않았을 뿐 아니라, 당시의 기독교계의 선구적 엘리트요 개혁자였던 루터까지도 여호수아서 10장 12~13절 [34]을 인용하면서까지 사람이 사는 지구가 천지의 중심이지 어찌 태양이 중심일까 보냐고 격렬히 반박했었다. 그후 갈릴레오(Galileo 1564－1642)가 자기의 연구 결과 코페르니쿠스의 지동설이 옳다는 것을 인정하였기 때문에 종교재판을 받은 것은, 위의 루터의 어이없는 반박과 함께 천주교, 기독교의 미신설을 노출하는 유명한 이야기다. 비이성적, 비과학적 또는 반이성적 종교는 믿을 수 없다고 하고 종교는 불필요하다고 주장하는 사람들이 있다. 여기에 속하는 사람들은 고대로는 소크라테스[35] 플라톤[36] 근래는 데카르트, 스피노자(Spinoza 1632－1677), 로크(John Locke 1632－1704), 흄(David Hume 1711－1776), 프로이드(Sigmumd Freud 1856－1939) 등이요, 현대로는 휴머니즘(humamism)이라는 이름으로 전세계에 퍼지고 있다. 1851년 영국의 홀리오크는 世俗人團(The Secular Societies)을 조직하여 철학과 윤리체계에 있어서 반종교적 운동을 전개하였고 니이체(Nietzsche 1844－1900)의 철학적 진단에 의한 '신은 죽었다'고 외친 실존적 주장과 유명한 실존철학자 하이데거(Martin Heidegger 1889~)나 작가 샤르트르(Jean

---

34) 여호수아서 10장 12~13절. 이스라엘 민족이 전쟁에 이기도록 신이 해를 중천에 머물게 했다는 터무니 없는 허구의 이야기를 인용한 루터의 이야기다.
35) 소크라테스는「에우치프론과의 대화에서」비신앙적, 이성의 인간임을 잘 알 수 있음(增谷文雜著 불교와 크리스트교 비교연구 p 141)
36) 플라톤의 초월적 이데아라는 것은 그의 이성적 사고에서 나온 것으로 볼 수 있다.

-Paul Sarter 1905~), 카뮈(Albert Camus 1913-1960)[37] 등이 대표적이라 할 수 있다. 그 밖에 사회사상가나 학자들 중에 오거스트 콩트(Auguste Conte 1798-1857)는 실증철학으로 세상 최고 존재는 신이 아니라 인간[38]이라 하였으며, 포이에르바하(Feuerbach hudwig Andreas 1804-1872)는 인간의 감정이 신을 만들어 낸 것[39]이라 하였고 헤겔(Hegel 1776-1831)같은 이는 신은 인간과 동격이라 하여 인간으로 격하시키기까지 하였으며, 이 세상은 인간의 예지적 이성이 최고임을 변증[40]하였다. 그리고 또 대문학가 톨스토이(Tolstoi, Ler Nikolaevich 1828-1910)는 기독교 교회에 너무나 많은 미신[41]이 섞여 있다고 하면서 그 신앙을 포기하였으며[42] 영국의 평화주의자 버트런트 러셀(Russell, Bertrand Arthur William 1872-1970)은 조물주 이론을 믿을 수 없어 무신론자가 되었다[43]고 말하고 있다. 이렇듯 여러 방면에서 신을 부인하는 사람은 많다. 그들의 부인은 무턱대고 하는 것이 아니다. 나름대로의 진지한 연구에 의한 결과임은 말할 것도 없으리라. 앞으로도 신의 종교가 있는 한 이것이 없어질 때까지 이성과 예지의 도전을 끊임없이 받게 될 것이다. 구약성서 창세기 제1장에서는 신의 말씀으로 빛이 있으라하니 빛이

---

37) 蔡弼近 著 비교종교론 p 27
38) 불교의 견해와 거의 일치되고 있으며, 覺者가 되면 인간가치는 빛이남(人間存在=衆生=佛)
39) 불교의 一切唯心造 사상과 거의 동일하다.
40) 헤겔의 변증법 참조.
41) 迷信-없는 것을 있다고 우기고 믿는 邪道的인 맹신.
42) 톨스토이 참회록 제10장.
43) 러셀 자서전(양병탁 역) p 66.

있었다는 식으로, 말만 하면 인간이건 짐승이건 모든 것이 금방 있게 되는데, 제2장에서는 흙으로 빚어 이런 것을 만들었다고 하였으니 앞뒤도 맞지 않을 뿐 아니라, 무(無)에서 창조했다(creatio exnihilo)는 말과도 모순된다. 그리고 제1장에서는 모든 만물을 다 지어놓고 마지막에 사람을 만든 것으로 되어 있는데, 제2장에서는 아담이 맨먼저 지음을 받고, 다음 초목과 동산과 하천과 모든 만물을 만든 순서로 되어 있다. 그러니, 이렇듯 제1장과 제2장의 설이 서로 다르므로 어느 것을 믿어야 할지 모를 지경이며, 정말로 신이 지은 것인지 사람이 편집을 잘못한 것인지, 당시의 창조설을 맞추다 보니 이런 차이가 나버린 것인지 알 수가 없는 것이다. 기독교 신학자들도 난점으로 크게 여기고 있는 사실이다. 이 창조설도 시대에 따라 경중이 있었으니 2세기초 서방교회 교부들은 예수가 신의 아들이라는 점은 크게 믿으라 하면서 창조설의 강조는 보이지 않는다[44]하고 3세기경의 오리게네스는 모든 것을 있게 했다는 것을 극력 강조했다[45]하나, 8세기경에 와서는 '천지의 창조자'(creatorem coelietterae)라는 구절이 '첨가'[46]되었다는 것으로 보아, 창조주의 개념이 확립되기까지 상당한 우여곡절을 겪은 흔적을 엿볼 수 있다. 그리고 전지전능자가 6일 동안 창조할 것도 없는데 7일에 쉬었다함은 다분히 인위적인 사고에서 나온 것임을 알 수 있다. 신이 인간을 창조할 때 자

44) 2세기초 서방교회의 教父 이그나티우스(Ignatius)의 신앙규정(神論 p 255).
45) 전게서 神論 p 256.
46) 창세기 2:2

기 형상대로 창조했다[47]는 말은, 우선 이것은 육체적으로 신의 형상을 닮았다[48]는 해석과 신은 영인데 어찌 육체적으로 닮았겠느냐 그것은 인간 윤리도덕 등 영적으로 닮은 것이다[49]라고 하면, 아니다 영과 육을 함께 닮은 것이다[50]라는 등 신학자들 간에 역사적으로 서로의 견해를 부인하며 설왕 설래되고 있다. 확정된 통일안이 없는 것이다. 그러면 다음에 불교의 생성관을 살펴보자.

## 5. 佛敎의 生成觀

불교에서는 창조설을 주장하지 않는다. 왜냐하면 창조로 세상이 된 것이 아니고 과거의 因緣에 의한 三種世間을 설명하고 있기 때문이다. 하나는 器世間이요, 둘째는 衆生世間이요, 셋째는 智正覺의 세계를 확립하고 있기 때문이다.

### 1) 기세간=우주세계

기세간이란 인간을 비롯한 만생명이 담겨 사는 그릇이란 뜻으로 우주 삼라만상 국토를 말한다. 이 우주국토는 끝없는 허공과

---

47) 창세기 1:27
48) 폰라드(Vonrad)의 말. 神論 p 279.
49) 아우구스티누스의 전게서 신론 p 281.
50) 칼빈의 말. 전게서 신론 p 281.

시간 그리고 천체로써 이루어졌다고 한다. 따라서 이 허공과 시간은 아무런 변함이 없으나 그 속의 천체 등 물질은 생성변화한다는 것이 불교의 기본 우주관이라 할 수 있다. 어떤 식으로 변화하느냐 하면, 成, 住, 壞, 空, 4期 또는 4劫설이 그것이다. 즉 세상물질은 어떤 것이든 한번 이루어 지면(成) 얼마간 머물다가(住) 파괴변화(壞)될 때가 오며 필경에는 공(空)으로 돌아간다는 것이다. 그러나 천체는 너무 크기 때문에 이 4기는 세월을 표현키 어려우므로 劫數로써 표현한다. 즉 成劫, 住劫, 壞劫, 空劫의 4겁설이다. 이 천체의 4겁설은 불교경전[51]에 의하면 우주공간에는 '極微'라고 하는 미세한 물질이 항상 떠다닌다고 한다. 이것이 어떤 기회가 오면 자연히 모이기 시작하는데 그 모습이 氣體로 바람을 일으켜 도는 형상과 같으므로 風輪이라고 한다. 이때의 넓이는 16억 喩繕那(Yojana), 약 512억 킬로미터[52]나 된다고 한다. 이것이 수천 도의 고열을 내면서 응결되는 것이 액체와 같으므로 水輪이라고 한다. 또 이것이 점차 식기 시작하여 고체현상을 이루므로 金輪이라고 한다. 이렇게 하여 지반이 생기고 산과 바다와, 식물과 동물이 생기기 시작하는 때까지를 '成劫'이라고 하는 것이고 소요시간이 약 20겁쯤 걸린다고 하였다. 다음은 維持期가 계속되는데 이 시기를 '住劫'이라고 한다. 이의 세월도

51) 俱舍論 器世間篇
52) 1유선나(혹은 由旬)는 小는 40리, 大는 80리라 하므로 우주론에서는 大를 말할 것이므로 이를 적용하여 계산한 숫자

20겁[53]쯤 걸린다고 하였다.

이때가 지나면 파괴기가 오는데 그 징조로 생물계 즉 인간계는 소위 小三災라 하여 刀兵劫, 疾病劫, 饑饉劫이 연달아 일어나며, 자연계도 소위 大三災라하여 火災, 水災, 風災가 수십 차례에 걸쳐 일어나 천체를 파괴한다고 한다. 이것이 '괴겁'이다. 그리고 마침내 극미상태로 돌아가 우주공간에 떠다니게 되는데 이때가 '공겁'인 것이다. 그러나 이것으로써 끝이 아니라 이 극미는 다시 기연이 익어지면 또 천체를 이루어 성주괴공을 되풀이하게 되는 것이 지구나 우주의 별들이라는 것이다. 그러니까 현지구는 주겁 중에 있다 할 수 있고, 무수한 별들도 성겁 중에 있는 것, 주겁 중에 있는 것, 괴겁 중에 있는 것, 공겁 중에 있는 것이 되는 셈이다. 그러면 이 성주괴공은 언제부터 시작한 것일까? 그러나 이 되풀이는 계속 되었으므로 시작이 없으며 또 미래도 이 되풀이는 계속되므로 끝이 없는 것이다. 말하자면 無始無終의 연속의 우주세계라고하는 것이다. 이것은 오늘날의 우주생성설과 별로 차이가 없다고 보고있다. 까닭에 세상의 신의 창조설이라든가 소위 알파와 오메가[54]라고 하여 신이 곧 시작이며 끝이라고 하는 말을 정면으로 부정하지 않을 수 없게된다. 그리고 또 이 천체들은 세계를 이루는데 있어 불교에서는 三千大千世界[55]설로 설명한다. 삼천대천세계란 쉽게 말해서 해와 달이 있는 인간계를 1세계로

53) 정확하게 20中劫. 1중겁이 319,900,000년이므로 6,399,200,000년이 됨.
1중겁은 1小劫의 20배. 1소겁은 15,998,000년(日本齊籐唯雄 著 불교학개론에서의 계산)

54) 요한계시록 21:6, 신론 p 340.

55) 俱舍論 器世間篇.

하여 이것이 천 개 모인 것을 1小千세계, 1소천세계가 천 개 모인 것을 1中天세계, 1중천세계가 천 개 모인 것을 1大天세계라 하여 도합 3천 대천세계로 10억의 세계가 된다. 이것은 마치 오늘날의 인간이 사는 지구는 태양계에 속하고, 태양계는 은하계에 속하고 은하계는 성운계에 속[56]하는 것과 같다 할 수 있고, 또 삼천대천세계에는 인간보다 나은 천상이라는 고급세계가 있다고 하면 이보다 못한 하급세계가 있다고 하듯 은하계는 지구문명보다 월등한 초문명세계도 있고 이보다 못한 후진세계도 있을 수 있다고 하는 설과도 합치된다고 할 수 있다. 그리고 또 삼천대천세계가 하나가 아니라 무수한 삼천대천세계가 펼쳐져 있다고 하듯이 성운계도 무수하게 펼쳐져 있다고 하는 것과도 일치되고 있다. 이렇듯 불교의 우주관은 오늘날의 우주관과 별 차이가 없는데 반하여 창조설은 신에 의하여 천지가 생겼다고 할 뿐 아니라 하늘의 별은 신이 만들어 붙여놓았다고 하는 설과는 대조적이라 할 것이다.

### 2) 중생세간=생물세계

중생이라고 하면 인간을 비롯하여 여러 짐승과 조류, 어류, 파충류, 곤충, 벌레, 세균까지 말할 수 있겠으나, 요는 움직이는 생물은 다 중생인 것으로, 불교에서는 이것을 네 종류로 구분하여 胎生, 卵生, 濕生, 化生으로 불리운다.

---

56) 은하계도 성운의 종류에 속한다는 말.

태생이라함은 출생 때 태로 나는 동물을 말하고, 난생이라 함은 알로 나는 동물을 말하고 습생이라 함은 습한 곳에 생기는 작은 동물을 말하고, 화생이라 함은 의탁한 데 없이 홀연히 생기는 것을 말함이다. 그러면 이와같은 생물들은 도대체 왜 있는 것일까. 최초의 종자는 어디서 와서 현재의 중생계가 형성된 것일까. 여기에 대한 해답은 두 가지로 말할 수 있다고 보아진다. 즉 하나는 자기가 사는 국토에서 생겼다고 보는 것으로 이를테면 물이 있는 곳은 저절로 동물이 있는 것이 그것이다.

이것은 다윈의 진화론과 흡사할지 모른다. 불교적 용어로는 因緣生起論이라고 한다. 다른 하나는 외래설로 오늘날도 그저 한 추측이 있지만, 불교에도 옛 문헌에 그것을 추측할 만한 기록이 있다. 그것은 구사론에서 말하는 刦初人[57]이라 하는 것이 그것이다. 겁초인이란 기세간이 생긴 가장 시초에 나타난 인간을 말한다. 이것은 진화를 해서 생긴 인간이 아니라, 화생을 하여 홀연히 나타난 인간이다. 그렇다면 이는 오늘날 과학적으로는 당장에 증명될 수 없는 일이므로, 이는 틀림없이 문명이 발달한 외계인이 우주를 탐험하다가 지구를 발견하여 정착한 사람이 아닌지 모르는 것이다. 불교에서는 삼천대천세계설로 우주에는 초문명세계가 얼마든지 있는 것으로 되어있고, 또 사실 은하계같은 데에서는 지구와 유사한 천체가 많다고 하는 것을 보면, 이것은 가능한 것이 아닌가 생각되어진다.

---

57) 구사론 제8. 불교사전(법홍사간) p961.化生條 '겁초에 나는 사람들'

### 3) 지정각세간

세계는 보통 기세간과 중생세간뿐이지만, 이 두 세간을 이루고 있는 진리가 있어 이를 깨친 자를 佛陀=智者, 覺者라고 하는 바, 깨쳐서 불타가 되면 偏見, 邪見을 떠나 바르고 완전한 지혜세계를 이룬다. 이를테면 무지한 자가 보는 세계와 지혜있는 자가 보는 세계가 다 같은 세계라도 다르듯이 말이다. 이것이 최대로 확대된 것이 부처세계인데, 가령 盧舍那佛은 華臟世界를, 寶勝如來는 歡喜世界를, 아미타불은 極樂世界를 이루는 것과 같으니, 이것을 지정각세간이라 하는 것이다. 그러니까 중생의 눈으로는 사바세계밖에 안 보이고, 부처의 눈으로는 다 淨土世界로 보인다는 것과 같다고나 할까. 불교의 이상과 목표인 涅槃과 解脫은 이러한 이상세계인 자유와 평등의 慈悲世界 구현에 있는 것이다.

## 佛陀(Buddha)와 예수(Christ)

이제까지 불타와 신을 다루면서 교조의 상이한 배경과 그 사상을 시대적 상황으로 알아보지 않으면 안 된다. 아무리 창조주가 있고 根本佛陀가 있다 하여도, 석가모니(Śakaymuni)라는 부처와 예수가 이 세상에 출현하지 않았던들 부처의 존재도 신의 존재도 우리 인간에게 인식되기는 어려웠으리라 생각된다. 세계 최고의 성자로 일컬어지는 부처와 예수 이 두 분은 각각 어떻게 태어나고, 어떤 경로로 성자가 되었으며, 우리 인류에게 진실로 어떤 것을 가르쳤는가 그 차이점을 비교 요약해서 살펴보자.

## 1. 부처와 예수

불경을 보면 사람이 태어나기 전의 생애 즉 전생이라는 것이 있는데, 예수도 이것이 있는가 보다. 요한복음 16장 5절에 보면 예수가 신을 향하여 말하는 중에 '아버지여, 창세전에 내가 아버지와 가졌던 榮華…'운운 한 것이 그것이요, 成約聖書[58] 15면에 그리스도의 해설에서 '천지가 창조되기 이전에 그리스도는 아카샤에서 聖父神과 聖母神[59]과 함께 거닐고 있었다.'가 그것이다. 이 두 가지가 다 천지창조이전이라 하니 이 세상에 나기 전 전생이라는 뜻이 된다.[60] 전생이란 불교에서 말하는 三生因果法에 의하여 윤회를 하는 데서 생기는 과거생이 전생인데 예수도 창조전의 전생에 이른바 하나님과 같이 살다 신의 보냄을 입어 이 세상에 마리아의 태중을 빌어 태어난 셈이다. 예수가 창세전에 아버지와 함께 '영화'롭게 살았다고 하는 것이나, 성부신과 성모신과 함께 '거닐었다'고 하는 것이나, 다 사람의 형상을 한 예수의 전생몸이 있었던 것을 분명히 보여주고 있다. 기독교에 三生因果와 輪廻法이 없는 교리에서 어찌 이같은 전생이야기가 있을 수 있는가. 예수께서 전생이 있다면 모든 기독교인에게도 전생이 없을 수 없다. 신의 독생자만 전생이 있고 다른 교인에게는 전생이 없다는 말은 있을 수가 없는 것이다.

---

58) 1985년 安炳燮 역. 예수의 감추어졌던 행적을 기록했다는 책.
59) 여기에서는 예수의 前生身의 父母神이 있는것으로 돼있음.
60) 또 다른 문제도 있으니 즉 창조전에는 아무것도 없었다는 말(無에서 創造－신론 p254)과도 모순이 되고 있다.

이와같이 예수의 출생에 있어서는 그 교리에도 어긋나는 전생 같은 이야기가 있다는 것을 말한 바 있었지만, 부처님은 불교의 교리대로 삼생인과법에 의하여 과거 전생이 있었다함은 당연한 이야기가 아닐 수 없다. 그래서 석가세존 부처님은 전생에 도솔천이라 하는 하늘 세계에서 護明菩薩이라는 이름으로 있었다고 한다. 그런데 이 도솔천의 수명이 그곳 나이로 4천 세인데, 호명보살은 이 햇수가 다 되어 그 곳을 떠나 인간 세상에 태어나도록 되어 있었다고 한다. 인간계 어느 곳에 날 것인가를 살펴 마침내 인도의 가비라국 정반 왕의 부인 마야 왕비에게 태어나기로 했다고 한다. 이 무렵[61]인도에는 대소 16개국이 있어 이를 통일하여 무력을 쓰지 않고 다스리는 轉輪聖王이 출현하기를 고대하고 있었고, 또 종교도 96종[62]이나 있어서 사람들의 정신을 혼란케 하고 있었으므로 이 종교들을 통일하는 붓다(佛陀) 즉 大覺者가 나오기를 고대하고 있었던 터였다고 한다. 이런 때애 맞추어 부처님이 출생하게 되는 것이므로 기독교에서 말하는 메시아를 기다리는 뜻과 같다고나 할까. 또 예수의 어머니 마리아가 수태했을 때 천사가 와서 예수라 하는 위인이 태어날 것을 일러 주었다고 하듯 마야부인도 수태를 할 적에 호명보살이 흰코끼리[63]를 타고 하늘에서 내려오는 꿈을 꾸어 성인이 태어날 것을 알게 했다고

---

61) BC 7C경(BC 624년 음 4·8일 석가모니 탄생, 624+1995=2619년 전 탄생, 예수보다 624년 먼저 탄생함.)
62) 불교에서 불교이외 다른 종교사상을 96종 外道라 지칭했다－보통 6師外道로 대표되고 있다.
63) 象牙가 6개난 흰코끼리라 함. 六牙白象이라 칭함.

한다. 또 예수도 신성함과 깨끗함을 보인다는 뜻에서 처녀에게 잉태되는 것으로 되어 있지만, 부처님도 비록 아버지는 있었으나 아기를 낳아보지 못한 마야부인에게, 그것도 보통 사람과는 달리 오른쪽 옆구리로 잉태되었다 하고 날적에도 그 오른쪽 옆구리로 태어나서 신성함과 깨끗함을 보인 것으로 되어 있다. 또 예수는 날 적에 부모가 베들레헴이라는 곳에 호적하러 갔다가 여관을 구하지 못해 마굿간을 빌렸는데, 그 곳에서 태어나 말구유에 뉘어졌다고 하고, 부처님은 어머니가 해산을 위해 친정으로 가는 도중 룸비니 동산에서 난 것으로 되어있어 여행 중에 난 것은 동일하다고 할 수가 있다. 또 예수도 태어날 적에 많은 천군과 천사들이 신을 찬송하여 '하늘에는 영광, 땅에는 평화'라 불렀다고 하지만, 부처님은 사방 7보로 28보를 걷고 우주를 나타내며 '天上天下 唯我獨尊'이라 하여 지극히 높은 진리의 시현자가 될 것을 외치는 동시에 세계중생을 제도할 것을 책임지고 낳음을 나타내었다고 한다. 또 예수는 팔레스티나 지역에서 태어났으므로 중동이라는 지역을 논하지만 부처님은 지구상의 지붕이라는 히말라야산 아래에서 태어났으므로 이에도 무엇인가 시사하는 것이 있다고 보아진다.[64)]

또 예수는 동방박사라는 이들이 천문을 보고 예수가 장차 왕이 될 자라는 것을 알고 별의 인도를 받아 찾아간 일이 있다고 하지만, 부처도 아시타라는 神仙이 가비라성의 瑞氣를 보고 찾아와 태자의 상을 보고 장차 세상에 있으면 轉輪聖王이 될 것이요, 만

64) 세계의 중앙이니 유럽, 아프리카, 아시아 대양주를 놓고 보면 히말라야 남쪽 가비라국은 세계의 중심이 된다. 단 남북미주는 서양으로 보고…

약 출가를 하면 부처가 될 것이라고 예언하여 아무래도 부처님이 될 것이라고 말한 것으로 되어 있다. 또 예수는 세상에 태어나자 헤롯왕이 죽이려 하여 애매한 다른 아기들만 대량 학살하는 비극을 동반하였지만, 싯달타 태자가 탄생했을 적에는 16국왕과 帝官귀인이며 바라문 長者들이 각각 남자아이를 탄생하고 기타 34종의 祥瑞가 있었다고 한다. 또 예수는 12세가 되던 해에 예루살렘의 선생들과 토론을 벌여 놀라게 했으며, 직접 신의 제사에도 참여하는 어른스러움을 보였다고 하는데 부처님의 소년시절에도 29가지의 무예와 64종의 학문에 통달하여 스승이 놀라워 하였다고 한다. 예수는 13세부터 29세까지의 17년 간의 행적은 공식적으로 알려진 바가 없다고 하나 부처님은 이밖에도 부왕의 農耕祭에 참여하여 흙에서 일어나는 벌레들을 새들이 쪼아 먹는 것을 보고 약육강식의 세상을 알았다거나, 인간의 늙음과 병드는 것과 죽음을 보고 세상의 무상함을 깨쳐서 그 까닭을 알고자 하였으며, 이로부터 해탈하기 위해서는 출가 수도를 할 수밖에 없다 하여 일국의 왕위를 버리고 입산하여 6년간의 고생끝에 대각을 성취하여 부처가 되었다고 한다.

예수는 그 전기에 의하면 30세 경에 홀연히 나타나 신의 성육신이 무슨 세례가 필요한지, 사가랴의 아들 요한이 창시한 세례를 받으러 요단강에 왔으나 부처님은 스스로 대각한 후 이 세례와 맞먹는 具足戒를 제자들에게 주기 시작했다. 그리고는 四念處[65], 四

---

65) 四念處 ①身念處－부모에게서 받은 육신이 부정하다고 관하는 것.

正斷[66], 四神足[67], 五根[68]五力[69]七菩提分[70]八聖道分[71]등 37助道品으로 번뇌와 생사 해탈법을 가르쳤으며, 세상은 緣起法으로 이루어져 있으므로 諸行이 無常하고 諸法이 無我함을 깨달아 不生不滅인 열반의 경지에 이를 것을 지도하였다. 그리고 우주는 相依相存의 인과관계와 영원한 생명인 實相의 힘으로 만유는 존재하는 것이니, 이 원리대로 인류는 十善業[72]과 菩薩道를 행하여 평화와 행복의 세계인 정토를 이룰 것을 가르쳤다. 그리고 예수의 신에 대한 의존심과는 달리 이 우주에는 어느 누구도 의지할 곳은 없고, 오로지 자기 마음을 깨쳐 의지하는 自燈明 法燈明[73]의 인간 휴머니즘적 진리를 세상에 선포한 것이었다.

예수는 처음부처 끝까지 신만 믿고 자기만 믿으면 구원의 천국이 열린다고 하였지만, 부처님은 그 어떤 신을 믿으라거나 자기를

---

65) 四念處 ②受念處－마음의 낙이라고 하는 음행, 자녀, 재물 등은 참낙이 아니오 모두 고통이라고 관하는 것.
③心念處－우리의 마음은 항상 있는 것이 아니고 늘 생멸변화하는 무상한 것이라고 관하는 것.
④法念處－위의 셋을 제하고 다른 만유에 대하여 실로 자아인 실체가 없다고 보는 무아관.

66) ①明得定－對경의 空無함을 관함.
②明增定－상품의 심하관(尋伺觀)으로 대경의 空無를 관함
③印順定－忍位에서 下品如實觀을 일으켜 대경의 공무함 인정하고, 뒤에 자기 心識의 공무함관.
④無間定－5篇－位에서 上品 如實智를 일으켜 자기의 심식이나, 그 대경이 모두 空無함을 印可 認許하는 정. 여기에서 바로 見道의 眞理를 보게 됨.

67) 四神足＝四如意足, 여의는 뜻대로 자유자재한 신통 족은 여의족, 이 정(定)을 얻는 수단에 욕(欲). 정진(精進)·心·思惟의 넷. ①욕여·의족 ②정진여의족 ③심여의족 ④사유여의족

68) 五根 ① 범 pancendriyani 5관 즉 5감각 기관인 눈.귀.코.혀.몸의 5근
②五力이라고도 한다. 신근력(信根力), 진근력(進根力), 염근력(念根力), 정근력(定根力),혜근력(慧根力)

믿으라고 하지 않고, 깨달음의 법을 믿고 의지하라고 가르쳤다. 이것이 自燈明 法燈明이다. 신이라고 하는 것은 당시 B.C 7C경 인도의 최고 신 브라흐마(Brahma:梵神=創造神이며 당시 절대신으로 받듬)였는데, 이 브라흐마로부터 인간이 네 계급으로 갈라져 나왔다고 하는 인도의 전통적인 고정설을 부처님은 정면으로 부정하여 인간평등을 부르짖었으며, 그 브라흐마신을 비롯한 모든 신은 정법을 옹호하는 護衛神將이라고 그 존재를 격하시켜 부정하였다.

그리고 예수는 '사랑'이라 하는 것을 폈다고 한다. 이 사랑이라 하는 것은 그의 말에 의하면 아버지가 나를 사랑하신 것같이 나는 너희를 사랑하니 너희도 나를 사랑하고 아버지를 사랑하며 너희들끼리도 사랑하라[74]는 것이었다. 이것은 한마디로 본능에서 나오는 사랑이다.

---

69) 오력=오근 1. 신근력 2. 진근력 3. 염근력 4. 정근력 5. 혜근력

70) 七菩提分 범 Sapta-sambodhyangani
① 澤法覺分-지혜로 모든 법을 살펴서 선한 것은 골라내고, 악한 것은 버리는 것.
②精進覺分-가지가지의 수행을 할 때 쓸 데 없는 교행은 그만두고, 바른 도에 전력하여 게으리지 않는 것.
③喜覺分-참된 법을 얻어서 기뻐하는 것.
④除覺分-그릇된 견해나 번뇌를 끊어버릴 때에 능히 참되고 거짓됨을 알아서 올바른 선근을 기르는 것.
⑤捨覺分-바깥 경계에 집착하면 마음을 여읠 적에 거짓되고 참되지 못한 것을 추억하는 마음을 버리는 것.
⑥定覺分-정에 들어가 번뇌 망상을 일으키지 않는다.
⑦念覺分-定·慧가 고르게 수행함.

부모는 으례히 자식을 사랑하게끔 되어 있다. 이 사랑은 맹목적인 사랑도 될 수 있는 사랑이다. 따라서 이 사랑은 자기 혈육에만 한정될 수 있는 사랑이기도 하다. 그러므로 이것은 가족적 사랑이라고 할 수가 있다. 그래서 이 사랑은 타교인이나 자기네에게 쌓이지 않는 사람에게는 배타적인 사랑도 될 수 있다. 그러나 부처님이 가르치는 자비[75]는 동정에서 나온 사랑[76]이라고 한다. 내가 아프니 남도 아프겠지하고 동정하고, 내가 괴로우니 남도 괴롭겠지 하고 동정하는 사랑이다. 또 내가 즐거우니 남도 즐거워야 하지 하고 남에게 즐거움을 나누어 주고 내가 행복하면 남도 행복해야 하겠지 하고 역시 같이 나누는 그런 동정의 사랑이 자비다. 그렇다면 이것은 남과 남을 결합하는 작용을 하는 사랑이다. 결코 부모가 자식에게 갖는 본능적 사랑하고는 질적으로 다르다 할 수 있다. 절대로 배타성이 없는 사랑이니 이것을 그보다 차원 높은 사랑이라 해도 과언이 아닐 것으로 생각된다. 물론 예수의 사랑이

---

71) 八聖道分=八正道支
①定見-바른 견해
②正思惟-바른 생각
③正語-바른 말
④正業-바른 행위
⑤正命-바른 직업
⑥正精進-바른 노력
⑦正念-바른 결심
⑧正定-바른 집중. 삼매.

72) 十善業:①放生. ②施食. ③梵行. ④實語. ⑤直語. ⑥軟語. ⑦和合語. ⑧不淨觀. ⑨慈悲觀. ⑩因緣觀.

73) 스스로를 등불로 밝히고 진리만을 등불로 삼아라. 부처님 최후 유훈.

74) 요한복음 15:9, 10, 12.

75) 慈悲:중생에게 樂을 주는 것을 慈라하고 苦를 없애 주는 것을 悲라 한다.

76) 日本 增谷文雄 著 佛敎와 그리스도 비교 연구 p 68. 同苦同悲 參照.

라 해서 남을 사랑하지 않는다고는 하지 않지만[77], 남를 동정한 데서 나온 이성적인 사랑과 자기 혈육을 사랑한 데서 나온 親緣의 사랑과는 구별되어지는 것임을 말할 수 있다는 것이다. 그리고 예수는 전도를 상당히 과격하게 한 줄 안다. 화평을 주러 온 것이 아니라 검을 주러 왔다거나 뱀들아, 독사의 새끼들아라고 욕을 한다거나, 무화과 나무에 따먹을 열매가 없다고 말려 죽여버린다거나, 혹은 신전 안의 장사꾼들의 기구를 둘러엎어 버린다거나 하는 행동을 서슴치 않았다. 또 누구든지 나를 부인하면 나도 하늘에 계신 내 아버지 앞에서 저를 부인하리라[78]라고도 했다. 이와 같은 것 등이 확실히 자기와 반대되는 자에게는 격렬한 배타성과 공격성이 작용한 것이라 생각된다.

그러나 부처님은 평생 忍辱을 닦고 성 한번 내지 않고 중생교화에 힘쓰셨다. 욕을 당하여도 보복이라는 것이 없다. 부처님의 설법은 언제나 성내는 것을 三毒[79]의 하나로 쳐서 三惡道[80]에 떨어지는 원인이라 했다. 욕설이나 거친 행동은 十惡[81]이라 해서 지옥 등 모진 果報가 온다고 하며 제자들을 경계했다. 인간의 결점을 108번뇌로 표현하여 이를 없애는 것이 수도요 성불의 길이라 했다. 여기에다 예수의 그와 같은 언행을 적용한다면 불제자는 될 수 없는 것이 된다. 예수는 제자 유다가 배신을 했다고 해서 화가

---

77) 손이 안으로 굽는 다분히 한계적인 것이라고 추정된다.
78) 마태복음 10:33. 눈에는 눈, 이에는 이라는 대적 원리(출애굽기 21:24)
79) 貪·瞋·痴 이 세 가지는 自他에 직접적 해독이 되므로 삼독이라 함.
80) 지옥(地獄), 아귀(餓鬼), 축생(畜生)
81) ①殺生. ②偸盜. ③邪淫. ④妄語. ⑤綺語. ⑥兩舌. ⑦惡口. ⑧貪慾. ⑨瞋礎. ⑩愚痴등 十善의 反對的인 행위.

있을 것이라느니 태어나지 않음만 못하다느니 하였다. 부처님도 調達[82]이 자기를 죽이려 하고(3번) 모반을 했으나 오히려 이를 가엾이 여기며 조용히 참은 것으로 되어있다. 예수는 그 과격한 행동 때문인지 유대인 제사장들의 모함을 받아 지배국의 법에 의하여 십자가라는 형벌로 비참한 죽음을 당할 때, '아버지 여호와시여 나를 버리시나이까'하고 호소하였다.

이에 비해 부처님은 여러 외도들의 음모가 없었던 것은 아니나, 언제나 무사히 해결하여 조용히 넘길 수가 있었다. 사실상 폭도들이 공격해 온다 해도 부처님의 슬기와 위신력으로 결국 歸服하거나 소멸되곤 하였다. 그래서 불교를 평화의 종교라고도 한다.

입멸 때에도 3개월 전에 이미 예고하였다. 쿠시나가라의 사라쌍수 사이에 조용히 자리잡아 임종 직전까지 설법하여 오히려 제자들을 위로하면서 열반에 들었다.

예수는 죽은 지 3일만에 부활을 하여 그대로 승천해 신에게로 가서 그 우편에 앉았다고 하지만, 부처님은 그 법신이 영원히 살아있어 우리 중생을 항상 깨우침으로 인도한다고 한다. 이 죽음에 있어서도, 그 사후에 있어서도 깨달음의 자각적(Bodhi) 종교와 계시(Revelation)의 비자각적 종교의 차이를 잘 나타내고 있다. 그리고 예수를 受肉身이라 하여 신이 직접 육신을 입고 태어난 것으로도 말하고, 아들이 육신을 입었다고도 말하여 어느 것인지 분간할 수 없는 점이 있으나, 하여튼 과거로부터 미래로 영원하다 하는 것을 나타내는 것으로 보이며, 부처도 현실적으로는 도솔천에

---

82) 調達:제바달다(Tevadatta 提婆達多의 다른 번역)

서 하생하여 부처가 된 것으로 되어 있지만 無量劫 이전에 이미 성불한 분인데 이 사바세계 중생을 건지려고 일부러 인간의 몸을 빌어 나타났다고도 경전에 씌어있다.[83)]

## 2. 敎理의 相異性

불교의 교리라고 하면 우주의 현상계와 근본체를 논하는 緣起論[84)]과 實相論, 인생의 원리를 논하는 四諦法[85)]과 十二因緣法[86)], 현실 세계와 초월의 세계를 논하는 세간법과 출세간법, 도의 심천, 광협을 말한 小乘大乘, 權敎, 實敎, 顯密二校, 始敎, 圓敎, 終敎, 頓悟, 漸悟, 如來禪祖師禪…, 수행법의 차례로는 三十七助道品에 菩薩五十二階位, 그 실천강령에 있어서는 六度[87)] 四攝法[88)]) 十波羅密[89)], 佛의 깨침에 있어서는 이 전부를 포함한 阿耨多羅三藐三菩提[90)] 十力[91)] 四無所畏[92)] 十八不共法[93)], 그 우주관에 있어서는

83) 法華經 壽量品 等其他
84) 相對性 原理 ①力學的 因果關係 ② 因緣和合의 關係 ③ 相依相關의 關係 ④ 法住法界關係
85)苦,集,滅,道의 차안,彼岸의 세계
86) 無明으로부터 일어나 老病死에 이르는 실존론적 근본죄업의 12가지 윤회전생.
87) ①天上界 ②人間界 ③阿修羅界 ④餓鬼界 ⑤畜生界 ⑥地獄界
88) ①布施攝 ②愛語攝 ③利行攝 ④同事攝
89) ①布施 ②特戒 ③忍辱 ④精進 ⑤禪定 ⑥智慧 ⑦方便 ⑧願 ⑨力 ⑩智
90) 無上正等正覺의 최고의 진리 즉 연기의 이법.
91) 부처님의 10가지 힘.
92) 불. 보살이 설법할 때 두려운 생각이 없는 智力의 4가지.
93) 부처님의 18공덕을 말함.

三界[94] 二十五有[95] 無量三千大千世界[96] 無始無終 그 인간 존엄행에 있어서는 三千威儀와 八萬細行, 기타 물질세계와 정신세계를 논하는 色法과 心法, 有爲, 戒, 定, 慧, 解脫知見, 現實佛國土化 등 이런 것을 한마디로 표현하여 八萬四千法問이라고 하는 바, 이렇게 浩瀚無邊한 교리를 여기에 다 말하고 있을 수도 없고, 기독교의 교리에 맞추어서 필요한 것만 간추려 살펴보자.

### 1) 常住不滅觀과 永生觀

예수는 죽었어도 죽지 않고 부활하여 다시 승천하여 영구히 살아있을 뿐 아니라 종말에는 재림하여 온다고 하였다. 그러면 부처님은 쿠시나가라에서 입멸하여 없어졌다고 하는가. 그렇게 말하지 않는다. 법화경 수량품에 보면 부처는 원래 微塵數劫이전에 성불이 된 분이나, 이 세계 중생을 건지려고 일부러 화신을 나타낸 것뿐이라고 하는 것이다. 다시 말하자면, 부처님이 도솔천에서 하생한다든가, 마야부인에게서 태어났다든가, 혹은 출가하여 보리수 아래에서 성불하고 일생 설법하며, 80세에 열반에 드는 등의 모양은 한낱 化現에 불과한 것이고, 본래의 부처는 그대로 있다는 것이다. 이것을 本佛의 垂迹이라고 한다. 이렇게 하기를 이곳에서만 한 것이 아니라, 끝없는 과거로부터 타세계의 사바세계에도 무한히 그렇게 化現하였기 때문에 그 수가 끝이 없으므로 천백억 화신

---

94) 欲界,色界,無色界의 三界.
95) 중생이 나서 변경하고 죽어 변경하는 迷의 존재를 25종으로 나눈 것.
96) 불교천문학의 무량한 우주세계.

이라고도 한다. 까닭에 근본 佛의 부처님은 이 세상의 생사와는 관계없이 언제나 존재하는 것이기 때문에 상주불멸하다고 하는 것이다. 그러니까 예수는 신의 아들로 사람으로 태어났다가 산 채로 승천하여 지금도 살아있다고 하고, 부처는 이 세상에 자기 화신을 보내어 도로 회수했다고 하는 것이니 여기에 차이점을 보인다 하겠다. 그리고 불교에서는 부처의 육신은 비록 갔지만, 그의 법신은 상주불멸로 남아 있다고도 말한다.

불교에서는 기독교에서와 같이 산 채로 영생한다는 것은 없다. 물론 인간은 누구나 영원히 살고 싶은 것이지, 죽고 싶은 사람은 아무도 없을 것이다. 그래서 죽은 저승에서가 아니라 살아있는 그대로 영생을 갈망한 나머지 산 채로 영생한다는 교리를 개발한 것 같으나, 불교에서는 이 세상은 어디로 가도 죽음을 피할 수 없다 하여 이를 7불가피중[97]의 하나로 꼽고 있다. 그러므로 이 세상에서 죽지 않기를 바라는 것은 어리석은 생각이라 하여 오히려 죽음을 초월하는 死生觀을 택한다. 이 육신은 늙고 병들어 못쓰게 돼버리기는 하나, 내 영혼은 죽음을 겁내지 않고 태연히 웃으며, 갈 수 있는 길을 생각하는 것이다. 바로 그 길이 불교에서는 사람의 몸속에 불생불멸하는 참 자아가 있다하며, 이것은 설사 사람이 죽더라도 죽는 것이 아니며, 다만 헌 옷을 벗고 새 옷을 갈아 입기 위한 과정에 불과하다고 보기 때문에 참자아는 그대로가 영생인 것이다. 그러나, 이대로는 업력[98]에 윤회만 할 뿐 옳은 영생이 아니므로 다음 네가지 법을 행해야 진실로 영생인 것이다.

97) 한결같이 피하기 어려운 7가지 ①생 ②노 ③병 ④사 ⑤죄 ⑥복 ⑦인연
98) ①布施 ②持戒 ③忍辱 ④精進 ⑤禪定 ⑥智慧의 이상적인 실천 원리.

즉 그 하나는 선행을 많이 하여 다음 몸을 받을 때 복을 많이 타고나는 영생으로, 이것은 보통 사회 사람의 영생법이요, 둘째는 보살행으로서 6바라밀[98]을 실천하여 생사가 되풀이(윤회)될 때마다 그 인격이 향상되어, 필경 성불이 되는 영생이고, 셋째는 성불은 뒤로 돌리고, 무조건 6바라밀을 행하여 세상 중생이 없어질 때까지 苦樂을 같이하여 廣度衆生에만 힘쓰는 것이며, 넷째는 염불, 독경, 절, 선정 등의 수행을 하여 소위 西方淨土의 아미타불 국토에 태어나는 것이 그것이다.

### 2) 극락 천국 지옥

천국은 기독교에만 설정된 것이 아니다. 여타 종교에도 있다고 하지만 불교에도 역시 천국이 있다. 그러나 타교들은 이 천국이 목표로 되어 있으나, 불교에서는 목표로 되어 있지 않다. 그러면 천국[99]이란 어떤 곳인가. 기독교에서 말하는 천국과는 많이 다르다. 우선 기독교는 새 하늘, 새 땅 예루살렘 식으로 한 군데만 설하나, 불교에서는 欲界 6天, 色界 18天, 無色界 4天 도합 28천이 있다고 한다.

이 하늘 세계는 각각 복락을 받는 정도가 다르고 수명도 차이가 있다. 이러한 세계에 어떤 사람이 가느냐 하면 이승에서 善福을 많이 지은 사람이 간다고 한다. 이 선복이 되는 행위에는 十善業이라고 하는 것이 있다. 이것은 불교라는 종교를 믿지 않아도 행

---

99) 기독교식의 표현이 천국이나 불교에서는 天上 혹은 天堂이라고도 하며 불교에서는 33天堂을 말하고 있으며 그 33天堂 위에 극락이 있다고 말하고 있다.

할 수가 있으므로 사회 사람들의 자선가나 착한 사람들이 가는 곳이다. 그러나 이 하늘 세계는 한 가지 결점이 있다. 그것을 소위 福盡墮落이라고 하여 자기가 세상에 있을 때 지은 복만큼 받으면 더 있을 수 없어, 거기서 죽어 다시 인간계로 떨어져 태어나야 하는 것이다. 이것은 설사 하늘 세계의 수명이 수십 겁 또는 수백 겁이 된다 하더라도 필경 그와 같이 되지 않을 수 없기 때문에 불교에서는 별로 탐탁하게 여기지 않는다. 그리고 기독교의 천국은 세상 종말시에 모든 사람과 부활한 사람을 다 모아놓고 양과 염소를 가려 염소로 된 자는 영원한 불 속에, 양으로 된 자는 영원한 천국으로 보내져 세상을 끝내 버리는 것이지만, 불교에서 말하는 천국은 이미 말한 대로 복진타락이라는 것이 있어서 신진대사가 되므로 인구가 넘치는 일이 없이 영원히 계속된다. 다음 지옥이라고 하는 것도 기독교와 같이 단순한 것이 아니라, 刀山지옥 鑊湯지옥, 寒氷지옥, 劍樹지옥, 拔舌지옥 등 기타 무수한 지옥이 있으며, 日日一夜에 萬死萬生의 無間 고통을 영겁토록 받는다고 하는 바, 이곳에는 세상에서 십선의 반대인 십악을 지은 사람들이 자기 죄업의 業風에 불려 떨어져 간다고 한다. 그러나 이곳도 역시 자기가 지은 죄만큼 고통을 다 받아 버리면 도로 인간으로 올라와 태어나므로 지옥이 넘치는 일이 없다.

보통 말하기를 기독교는 천국, 불교는 극락이라고 비교를 하는데, 사실은 불교에도 천국이 있는데 여기에는 33天(혹은 28天)의 천국을 두고 있으며, 그러나 극락세계라는 것은 이것을 완전히 초월하려 벗어난 세계를 말하며, 차원을 달리하고 있다. 그러면 극락세계란 도대체 어떤 세계인가. 그런데 이것을 말하기에 앞서 극락도 두 가지가 있다는 것을 말하지 않을 수 없다. 즉 이승에서의 극락과 저승에서의 극락이다. 먼저 이승에서의 극락이라 함은 여기에도 두 가지로 나누니 하나는 見性悟道를 한 자가 이 세상의 모든 괴로움을 극복함으로써 얻어지는 마음의 편안함을 말하고 다른 하나는 보살행을 하는 자가 중생과 고락을 같이 하면서 그들을 건진다는 것이 무한한 기쁨이 되어 만든 괴로움을 초월할 수 있는 것을 말하는 것이다.

다음으로 저승의 극락이란, 흔히 말해지는 서방정토 아미타불의 극락세계이다. 서방이란 서쪽의 해가 지는 방향이니 곧 미래 후대를 의미하는 것이다. 이곳으로 가기 위해서는 보통 방법으로는 갈 수 없다. 천상의 세계는 십선업을 닦기만 하면 저절로 가게 된다지만, 극락세계는 아무리 십선업을 닦아도 갈 수 있은 곳이 아니다. 그래서 특수법이 필요하다는 것인데, 그 특수법이란 다름아니 南無阿彌陀佛이라는 六字念佛법인 것이다. 경[100]에 보면 아미타불의 이름을 지성껏 부르면서 극락발원을 하면 이 사람이 명을 마칠 때에 아미타불의 화신이 와서 즉시 데리고 간다라고 하였다. 즉 아미타불이라는 이름은 아무리 많은 죄라도 소멸시키는 힘이 있어 누구든지 염불을 지성으로만 하면 다 왕생한다고 한다. 그러면, 그곳에는 어떻게 나는가. 날 때에는 모태에 들어가 나는 것이 아니라 化生이라고 하여 바로 어른으로 된 육신을 얻어 七寶, 연꽃 속에 난다고 한다. 날 때에는 부처님을 즉 佛身과 같은 금색으로 32상을 갖추어 나며, 거기에 六神通[101]까지 얻어나 온 우주를 마음대로 순식간에 왕래할 수 있다고 한다. 그리고 음식과 의복과

---

100) 淨土三部經
101) ①天眼通 ②天耳通 ③他心通 ④宿命通 ⑤神足通 ⑥漏盡通

집은 저절로 있어 걱정이 없으며 늙거나 병들거나 죽는 일이 없고, 흐르는 물소리, 바람소리, 온갖 새소리와 자연의 음악소리가 다 무상법문이며, 이것을 들으면 저절로 공부가 되어 十地菩薩位와 等覺妙覺位를 얻어 日生補處라고 하여 성불전의 최고 보살위에 도달한다고 한다. 그렇게 되면 희망따라 그곳을 떠나 타세계 어디든지 가서 성불[102]이 된다고 한다.

그리고, 이 세계의 넓이는 끝이 없어 시방삼세의 중생이 다 와도 차지 않으며, 온갖 보배의 나무들은 전세계에 알맞게 무성해 있고, 아미타불의 보광도량의 나무는 그 높이가 무려 4백만리[103]나 된다고 한다. 따라서 모든 나무와 꽃들이 온갖 광명을 놓아 그 정사와 궁전과 누각들이 잘 정비되어 있고, 그 한가운데는 이곳의 주인인 아미타불이 한량없는 보살과 제자들을 거느리고 항상 無盡설법을 하고 있다고 한다.

기독교에서 거듭난다(重生)는 말이 있다. 불교에서는 그와 같은 말에 해당하는 것은 三生으로 見聞, 解行, 證入이 그것이다. 견문이 거듭난다함은 진리를 처음 듣고 이를 믿으면 과거의 그 사람이 아니라 새로난 사람이며 그 진리를 이해하고 실천하면 다시 새로난 사람이 되며, 그 진리를 완전히 깨치면 범부의 껍질을 온전히 벗고 성자의 지위에 들어가게 된다.[104] 이것은 마치 매미가 껍질을 벗듯[105], 누에가 허물을 여러번 벗고 나방이 되듯, 완전히 승화되

---

102) 成佛 직전까지는 거기서 지내고 성불 때는 다른 세계로 가서 자유자재로 산다고 함.

103) 無量壽經 上卷 '其道場樹 高四百萬里 其本圖圍 五千由句'

104) 超凡入聖의 경지

105) 蟬脫(蛻)

는 상태를 말한다. 불교는 이렇게 도의 성취까지 세 번을 거듭난다고 볼 수 있다. 불교에서는 사람의 자아를 두고 如來種이라고도 하고, 如來種性이라고도 하며, 또 如來臟[106]이라고도 한다. 여래는 쉽게 말해서 부처라는 말이니 여래종이란 사람의 자아가 부처가 될 수 있는 종자라는 말이요, 여래종성이란 여래의 종자가 되는 성품을 가졌다는 말이며, 여래장이란 사람에게 탐욕과 노여움과 어리석음 등 온갖 번뇌가 있지만, 그 속에 물들지 않는 自性淸淨한 것이 감추어져 있으니 이것이 바로 부처종자라는 것이다. 대반열반경 제8에 보면 '나란 곧 여래장의 뜻이다. 일체중생에게는 다 불성이 있다. 즉 이것이 나라는 것이다. 이러한 나는 본래로부터 한량없는 번뇌에 싸여온 까닭에 중생은 볼 수가 없었다. 마치 어떤 가난한 여인의 집안에 많은 순금이 감추어져 있었는데도 집안 사람들이 알지 못하고 있었던 것과 같은 것이다.'라고 하였다. 그러므로 이 순금을 찾아내면 큰 부자가 될 수 있듯이, 여래종성을 찾아내면 스스로 여래가 되는 것이다. 즉 이 여래의 종자를 가꾸어 자라게 하면 부처가 되지 않을 수 없다는 뜻이니, 사람이 정해진 법대로 수행만 한다면 누구나 다 성불할 수 있다는 말이 된다. 그래서 불교에서는 일체 중생이 皆有佛性 즉 모든 사람이 부처가 되어야 한다고 하는 것이다.

사람은 태어날 때 어디로부터 와서 죽으면 다시 어디로 가는 것인가? 이 문제에 대해서 기독교 등을 믿는 종교에서는 확실한 해답을 못하고 있다. 단지 인간이 태어나는 것은 여호와 신이 아담

---

106) 유마경 불도품 69. 화엄경(60화엄)入法界品 39－1. 大方等如來藏經,승만경 등등.

과 하와(이브)를 창조하여 그 부부가 자손을 늘인 것이 뒤의 인류라고만 하여, 죽으면 그 영이 어떻게 된다는 말이 없이, 그저 호흡이 끊어지면 흙으로 돌아가서 소멸한다고 하여, 죽으면 그것 뿐이지, 혼이 있거나 사후가 있다고는 하지 않고 있다. 이것은 마치 식물이 낳다가 죽으면 그것 뿐인 것과 같다고 본 것이다. 그러다가 예수가 나서 신의 능력으로 죽었다 부활하였으니 이를 믿으면 죽더라도 예수 재림시에 부활하여 승천하게 될 것이라고 믿고 있고, 믿으라고 선전하고 있다. 그러나 이것은 제3자가 볼 때 순전히 믿음의 강요일 뿐, 여기서 만일 예수의 부활이나 신의 존재가 사실상 미신이라고 한다면, 인간은 풀씨처럼 났다가 풀씨처럼 사라져 영혼도 사후도 아무것도 없는 것이 된다. 말하자면 오늘날의 유물론자의 말과 같은 것이 되고 마는 것이다. 그리고 기독교계 일부 교파나 혹자가 말하듯이, 사람이 죽으면 그 영혼이 영계 생활을 한다고 하였는데, 그렇다면, 첫째 문제가 되는 것은 그 영이 언제부터 있었느냐 하는 것이다. 그들은 전생이라 하는 것을 인정치 않으므로 사람의 영이 생기는 것은 인간으로서 모태에 잉태 될 때에 생기는 것이 된다. 그렇다면, 부모는 자식의 육신만 태어나게 하는 것이 아니라, 영혼까지도 태어나게 하는 즉 영혼까지도 창조하게 하는 셈이 된다.

부모가 영혼까지도 창조하는 것일까. 그러나 기독교인은 신이 그렇게 되도록 만들어 놓았다고 궤변을 늘어 놓을지 모른다. 만일 그렇다면, 그렇게 해서 靈肉이 생긴 인간은 죽으면 그 육신을 벗고 영혼만 영계로 가서 사후 생활을 하는 것이 되는데, 그렇다면 인간계는 영을 대량생산하는 장소이고, 영계는 죽어 모이는 장소가 되고 만다. 이렇게 되면, 영계는 결국 만원이 되어 터져나갈 때가 올 것이 아닌가 하는 그 불합리를 어떻게 할 것인가? 그러면 불교에는 사람의 영이 어디로부터 와서 죽으면 어디로 간다고 하는가. 이에 대해서도 불교의 三生因果法에 의한 윤회설로서 대답하게 된다. 즉 인간은 전세에 죽었던 영혼이 현세의 부모를 찾아 모태[107]에 들어갔다가, 죽으면 선악업의 果報에 따라 인간으로 다시 나기도 하고, 육도 중 다른 곳으로 가기도 하는 등 생사를 거듭하며 윤회한다고 한다. 그러면 어떻게 증명할 수 있느냐 할 것이다. 이러한 증명은 여러 因果論的 설명이 있지만, 환생설로서 잠시 증명할 수도 있다.(심령과학서적 참조. 유식론 참조)

1950년 미국 콜로라도주 푸레불로의 미세스·루스라는 여인은 과거 전생에 영국 옆의 아일랜드 코크라는 소도시에 백년 전에 살았던 잡화상의 아내 브라이디 머피였다는 것이 밝혀졌다.[108]라 하고, 또 미국 인디아나주 노버트 윌리암스 부인은 과거 남북전쟁때 (1860년대) 끌려나온 남군의 병사 장 도날드슨이라는 청년이였음이 밝혀졌다.[109] 라 하며 또 인도의 수도 델리의 한 상인의 딸 샨티(당시 10세)는 그곳에서 천 킬로나 떨어진 무르라에서 전생에 살던 집과 식구들을 찾아낸 일이 있다는 등이 그것이다.[110] 이것만 보아도 불교의 윤회설이 확실히 증명되는 것이 아닌가! 따라서 이 윤회설을 인정한다면, 죽어 영계로만 모이는 모순이 없고, 항상 저승이나 이승이나 신진대사가 잘 되어 합리적이다. 뿐만 아니라,

---

107) 이를 三事(父,母,中陰) 聖身이라고 불교에서는 말하고 있다.
108) 韓甲辰著 死後世界 p 114.
109) 上偈書 p 124.
110) 前偈書 p 128.

만약 이대로가 사실이라면 기독교를 아무리 잘 믿어도 그 죽은 영혼이 기독교 교리대로 되어가지 않고 불교의 교리인 윤회대로 되어 간다는 사실이다. 이렇듯 윤회를 하는데 이 윤회가 언제부터 시작했다는 것이 없이 여러 수억만 생을 거듭해 왔다는 것이다. 그러므로 모태에서 영이 새삼 만들어지는 것이 아니며 또 살다 죽어도 그 영이 죽는 것이 아닐 뿐 아니라 영계로 가서 모이는 것도 아닌 것이다.

### 3) 불교의 4유(本有, 死有, 中有, 生有)

죽은 영혼의 구제에 관하여 기독교에서는 연옥설이 있으나, 그 근거가 불분명하며 애매모호하다. 불교의 근거는 俱舍論에 보면, 인간영혼의 변화과정에 本有, 死有, 中有, 生有의 4유설이 있다. 이 중 본유는 우리들이 현재 살아있는 모양이고, 사유는 죽음의 모양이고, 중유는 죽은 이후의 영혼의 모양이고, 생유는 그 化靈이 다시 인간의 胎中에 나는 모양이다.[111] 그런데 사유이후의 중유라 하는 것은 어디로 태어나기 전의 중간 상태라는 의미이니, 이를 中陰 또는 中陰神이라고도 한다. 즉 49일간이 대개 그 한도라고 한다. 이 날을 넘으면 영이 어디로 가든, 자기가 지은 업보대로 가 버리므로 그 앞에 재를 지내주거나 공덕을 지어주면 영이 그것을 받아 소위 離苦得樂이 되어 좋은 곳으로 가게 된다고 한다. 그것이 이른바 49재라는 천도식 또는 천도재이다. 그리고 재를 모시

---

111) 具舍論 世間篇 參照.

거나 공덕을 지어 줄 때에는 冥界의 교주로 있다는 지장보살을 향해 그 영의 구원을 요청한다. 그 방식은 영의 죄업을 용서받을 수 있도록 지장보살의 원력[112]에 의하여 비는 것이고, 일면 영을 대신하여 그 가족들이 선복을 지어 주는데, 불보살을 향해 무수히 참회예배를 한다든가, 여러 물질을 공양한다든가 혹은 불쌍한 사람들에게 음식 의복 등 재물을 베풀어 준다든가 하면 영의 죄가 감해지거나 선복이 보태어져서 득락이 된다는 것이다. 그리고 또 한 가지 서방정토 극락세계의 주인인 아미타불이 자기 이름을 지성으로 부르면 끝없는 죄가 소멸되고 무궁한 복이 지어져서 극락으로 올 수 있다고 하므로, 이에 대해서는 염불공덕을 지어 49재를 모셔주기도 하는 것이다. 그리고 또 한 가지는 부처님의 上首제자 중의 한 사람인 목련존자가 어머니의 무간지옥고를 佛力을 빌어 구출했다는 데에도 그 근거를 두고 있다.

이와 같이 불교에서는 여러가지 근거가 있어 망령을 위해 구제사업을 벌릴 수가 있으나, 기독교에서는 빌어 줄 상대도 없고(왜냐하면 신은 죽은자의 신이 아니므로) 저승에서 구제해주는 능력자도 없으니(예수는 아직도 살아 있어!? 저승인이 아니다) 어떻게 구제가 된다는 말인가. 또 카톨릭에서는 지상신도와 망령과의 사이에 어떤 유통성이 있다고 하나, 이 유통성이라는 것은 신에게 기도하는 마음이 신의 능력으로 그 영에게로 도달한다는 말일터인데 '신은 죽은자의 신이 아니라'[113]고 한 것으로 보아, 이 연결성도 사실상 불가능한 것으로 판단되어진다.

---

112) 罪業 衆生이 모두 成佛할때까지 成佛하지 않겠다는 願力
113) 마태복음 22:32.

그렇다면 결국 기독교는 신·구교간에 죽은 망자와의 아무런 관련을 가질 수 없는 종교라는 것이 되어진다. 이는 적어도, 기독교 교리의 원칙상 그렇게 판단되어지는 것이다. 그렇다면 결국, 기독교의 연옥설이나, 영계의 사심판, 사속죄 혹은 산 자와 죽은 자와의 연관성 등은 모두 후세의 근거없는 추가물이라고 할 수 밖에 없어진다. 이렇게 볼 때, 기독교를 믿고 죽어간 사람들은 그들 말대로 부활을 기다려 자고 있는 것이[114] 아니라 죽은 이후의 상황이 그들이 배운 것과는 판이하게 대개 49일간의 중음신 상태로 되었다가 어디론지 태어갔거나, 혹은 신앙한 것과는 크게 다르므로 당황한 나머지 중음신 상태로 그냥 떠돌아 다니는 신세인 客鬼가 되어 있는지도 모른다. 만일 이러하다면 기독교는 저승의 일은 깜깜모르고 있는 것이 되어, 그들 신자들의 행방에 대해서 영원히 무책임한 방치 상태가 되고 있는 셈이다.

## 戒律의 比較

원시불교나 기독교나 십계명이 있다. 불교는 십계명의 첫 죄가 죽이지 말라이다. 여기에 비해 천주교, 기독교는 십계의 첫째가 나 이외 다른 신들을 믿지 말라이다. 기독교 십계명은 처음 네 가지는 혹은 세 가지는 기독교인이 신에 대하여 지킬 의무를 규정한 것이고 나머지 여섯 가지는[115] 신자끼리 서로 이웃끼리 지킬 도리

114) 고린도 전서 15:20,21
115) 혹은 7가지, 카톨릭에서는 재조명하여 쓰고 있음.(카톨릭기도서 4면 참조)

를 규정한 것이다.

불교의 십계명의 첫째인 불살생 즉 자비를 들고 있다. 기독교, 천주교의 십계명 첫째인 나 이외에 다른 신을 믿지 말라는 동양과 서양 즉 불교와 천주교·기독교간의 근본적인 사상과 사유의 방식이 판이함을 시사해 주는 중요한 대목이다.

'너는 나 이외에는 다른 신들을 네게 있게 말지니라'[116] '너희는 내 앞에서 다른 신을 모시지 못한다.'[117] 등으로 기록 번역되고 있는데 여러 가지 생각할 바가 많다. 나 이외는 다른 신을 네게 있게 말라, 모시지 말라 할 때에는 그 당시에나 지금이나 다른 신들이 있었다함을 나타내 알려주는 것이고, 다른 신들이 있었다함은 자기가 유일신이 아니라 여러 신들 중에 한 신임을 의미하는 동시 여러 신 중에 한 신이라면 자기가 창조주가 될 수 없음을 스스로 폭로하는 것이 된다고 보아진다. 왜냐하면 창조주끼리라면 다른 신을 창조할 수가 없기 때문이다. 뿐만 아니라, 자기만이 당시에 여호와 하나님으로 불리워진 것이 아니라, 다른 신들도 하나님이라고 불리웠던 증거가 있다. 그것은 출애굽기 20장 3절 '신들'에 대한 주석(註釋)에 히브리어로 된 성서(聖書)에는 다른 신들도 '하나님'으로 되어 있다는 것을 분명히 표시하고 있는 까닭이다. 그리고 다른 신을 네게 두지 말라함은 여타의 신들에 대한 배타와 대결의식이 있음을 보여주는 것이며, 이는 다시 타종교의 신과의 전투적 의미를 갖는 계명으로 확인할 수 있다. 이리하여 중동에서 벌어지고 있는 끊임없는 전쟁은 종교전쟁이며, 신을 빙자한 살육

116) 출애굽기 20:3, 십계명은 이장에 다 있음.
117) 대한성서동회 공동번역 1977.출애굽기 20:3p

전이며 식민지 쟁탈의 도구로 사용된 피빛의 칼이다. 소위 말하는 유럽의 모든 전쟁의 역사는 구교(카톨릭)와 신교(크리스트교 즉 개신교 기독교)와의 전쟁이었으며, 타종교와의 끊임없는 他神정벌, 종교싸움에 불과한 어리석은 인간들의 혈육전이었다. 중남미, 아프리카 식민 침략도 종교가 앞장선 침략전쟁이었다.[118] 기독교 성전 십계 중 살인하지 말라하고서는 마구 죽이니 파계가 분명하며 앞뒤의 말이 모순되고 있다. '살인하지 말지니라'[119]의 이 살인(殺人)이라는 말은 어떤 종류의 살인을 말하는 것일까? 무조건 다 하지 말라는 뜻인 것 같다. 그렇다면 기독교는 자가당착의 일을 하고 있다. 우선 그러한 계명을 정한 신 자신부터가 이에 저촉되어 있고, 기독교 자체 또한 그러한 모순 속에 있다.

먼저 신에 대한 것으로 본다면, 신은 자기가 창조한 인간들이니 마구 죽여도 무방한 줄 아는지, 노아의 홍수로 대량살생을 하였고 (그들의 이야기 대로라면), 유대민족을 애굽에서 구해낼 때와 가나안 7민족을 멸할 때에도 한 없는 사람들을 죽였다. 유대 여호와신은 사람끼리 살인하는 것만이 죄가 되고, 자기가 죽이는 것은 죄가 되지 않는단 말인지 앞뒤의 말이 모순임이 틀림없다. 또 기독교 자체로는 먼저 예수 자신이, '화평을 주러 온 줄 아느냐, 검을 주러왔다.'[120]고 하여 자기교를 펴기 위해서는 경우에 따라서는 사람을 죽일 수도 있다는 것을 암시하였으며, 요한 계시록에는 장차

118) 스페인의 잉카제국 침략이 그 본보기이며,신부가 앞장서서 염탐하고 군대 길잡이가 되어진 잉카의 멸망사가 그것이다.
119) 출애굽기 20:13.
120) 마태복음 10:34.

적 그리스도에 대하여 아마게돈 전쟁을 일으키게 될 것[121]이라고 예언하고 있다. 그때가 되면 또 얼마나 많은 사람을 죽일 것인가. 실제도 유럽에서는 십자군(十字軍)전쟁을 일으켜 대량 살상을 행하였고 그들도 당하여 아랍회교군에게 패망당하였고 예루살렘을 빼앗기고 말았다. 이후 팔레스타인을 몰아내고 들어온 유대 이스라엘사람과 아랍 회교와의 중동전쟁이 지금도 진행 중에 있다. 이것이 중동의 종교전쟁이다. 자기네가 필요하다면 언제든지 무기를 들겠다는 살인의 형태도 있었으니 신이 말했다는 살인하지 말라라는 계명은 공연한 소리가 아닌가. 분명히 후세에 첨가한 이야기다.

불교의 십계 중 첫번째 계율인 죽이지 말라라는 계율은 사람 뿐만이 아닌 산생명은 다 죽이지 말라가 되는 것이다. 특히 나무, 풀, 식물 만은 제외하고[122] 자기를 위해 타생명을 죽이지 말라라고 禁戒하고 放生을 그 기본으로 하고 있다. 특히 원시불교의 근본적 사상인 종교적인 의미로 본다면 因果의 輪廻法에 기인하는 바, 살생을 많이 하는 자는 그 생명들과 후생의 원수를 맺는다거나, 자기의 목숨도 단명보를 받게 된다거나, 혹은 전생의 혈육을 죽이는 결과(六度輪廻時)가 되는 것이기 때문에 살생을 적극적으로 금하고 있다. 또 일반적으로 본다면, 모든 생명은 생명이라는 가치에서는 동등하기 때문인 것이고, 또 함부로 죽인다면 참혹하고 잔인하기 때문이다. 또 살생을 하게 되면, 자비심(慈悲心:人間이나 生

121) 요한계시록 15:16,'이 천국의 기쁜 소식'책p24.
122) 그러나 草繫比丘의 고사(梵網經)에도 있듯이 불교에서는 풀이나 나무도 함부로 상하지 말라고 하였다.

命들의 맑고 고운 心性)을 끊게 되기 때문이다. 이리하여 석가세존 부처님은 살생의 죄악성을 가르쳤고 이것이 곧 육식의 금단으로까지 이어지게 된 것이다. 즉 자비심의 종자인 佛性을 끊어버리게 되기 때문이다. 이 점으로 본다면 기독교나 천주교는 모든 동물은 사람들이 잡아먹을 수 있도록 신이 선물로 준 것이라고하니 불교 교리와 기독교 교리와는 전혀 상반되고 있다. 육식의 종교는 전쟁의 살육 등 인간성의 잔인과 전쟁의 실마리가 되고만 것이 인류역사의 한 단면이 아닌가.

불교에서는 持犯開遮法이라 하여 최소한도의 허용범위을 정해 놓고 있다.[123] 이의 근거는 역시 인간 세계의 '善惡이 相半'이라는 데에 기본을 두고 있지만, 예를 들면 큰 것을 살리기 위해 작은 것을 희생하는 일, 농사에 농약을 쳐야 하는 일, 쥐떼의 구제나 질병방지를 위한 구충 살균 등은 허용이 되는 것이고 육식에 있어서도 병약자나 노약자를 위한 때와 보통 식용으로 하더라도 이미 죽여져 오래되 요리된 것이나 여러 사람을 거친 것 등은 죄가 되지 않는다고 하였다.[124]

불교 십계율의 둘째는 거짓말하지 말라이니 기독교에서는 거짓말에 대해서는 단지 이웃에 거짓 증거를 하지 말라거나, 헛맹세를 하지 말라.[125]거나 하는 말만 하고 있다. 그러나 불교에서는 선량

---

123) 구정육 ①죽임을 보지 않은 고기 ② 죽임을 듣지 않은 고기 ③ 나를 위하여 죽였다는 의심이 없는 고기 ④ 나를 위하여 죽이지 않은 고기 ⑤ 목숨이 다하여 스스로 죽은 고기 ⑥ 새가 먹다 남긴 고기 ⑦ 죽은지 오래되어 저절로 마른 고기 ⑧ 기약하지 않고 대접하는 고기. ⑨ 전에 벌써 죽인 고기 賢首1法數 65면 참조
124) 上偈書 賢首法數 65면 참조.
125) 마태복음 5:33

한 목적으로 하는 것[126] 이외에는 무슨 거짓이든지 다 금하고 있다. 그 가운데에서도 특히 妄語라고 하는 것과, 騎語, 兩舌 등 구체적으로 금하고 있다.

거짓말로 남을 속이는 일, 듣기 좋게 교묘히 꾸며 사실을 왜곡하는 일, 이간질로 화해를 깨는 일 등이다.

거짓말이라는 妄語의 禁戒는 자기의 진실성을 끊어 남에게 신용을 잃고 사회적으로 올바른 생활을 할 수가 없기 때문이다. 부처님 경전 곳곳에 말씀하시기를 혀 이것은 禍門이라 투쟁의 근본이요, 형제간을 水火관계로 만들고, 가족이 壞離되며, 크게는 멸족과 망국을 초래하고, 작게는 신명을 그르친다고 하였다. 그리고 죽어서는 악도(惡道=지옥, 아귀, 축생보)에 떨어졌다가 인간에 나더라도 남에게 비방을 많이 듣게 되고 또 잘 속게 된다.[127]고 하였다.

불교의 세번째 계명은 邪淫하지 말라이니 기독교·천주교에서는 姦淫이라고 하고 있다. 佛教經典 梵綱經에 보면 불자로서 본인이 음란하거나, 남을 시켜 음란하게 하지 말라. 음란의 원인, 음란의 인연이 될 짓을 하지 말며, 음란의 법과 음란의 업과 내지 동물에 대해서도, 천녀 귀신녀에게 까지도 음란을 행해서는 안 된다고 하였다. 그리고는 효순한 마음으로 일체중생을 구제하고 청정법을 가르칠지언정 이 모든 사람과 동물과 모녀, 자매, 육친에게 사음심을 품는 무자비[128] 한 자는 바로 죄를 범하는 것이 되며 교단에서 축출된다고 하였다. 그리고 사회 사람이라도 사음을 행하는 자

126) 대를 위해 소를 희생하는 것이나 생명을 살리기 위해서 하는 거짓말 등.
127) 60華嚴. 十地品 22－2.
128) 특히 사음자,음란자를 자비심이 없는 자라고 규정하고 있음.

는 죽으면 그 영혼이 지옥에 가서 무한고초를 받다가 인간에 환생한다 하더라도 두 가지 과보가 있다고 하였다. 그 하나는 부정한 처, 부정한 남편을 만나게 되고, 또 하나는 아랫 것들이 말을 잘 듣지 않는다고 한다.

기독교의 계명 중 '간음하지 말지니라'가 있다.[129] 이 역시 따지고 보면 문제가 없지 않다. 요셉의 아내로 정해진 마리아를 신이 범해서(?) 잉태 시킨 것은 엄격히 따진다면 간음이 아니냐는 것이다. 성령으로 잉태했다 하나 전혀 설득력이 없는 말이다. 세상에서 간음이라 하는 것은 남의 아내를 가로채는 것인데, 신도 남의 아내를 가로챈 셈이니 간음이 성립되지 않을 수 없는 일이다. 신이라고, 힘이 세다고 마음대로 잉태시킬 수 있다면, 힘센자는 이래도 된다는 나쁜 선례를 인류에게 보여 주게 된 셈이다. 그래서 세계 도처에 특히 서양 천주교, 기독교 국가의 성문란은 무엇을 의미하는가. 신은 스스로 간음이 될 짓을 인간에게 저질러 놓고 그 인간들에게는 간음하지 말라하니 도대체 앞뒤 말이 맞질 않는다.

불교 십계의 넷째는 도적질 하지 말라이니 授戒正範에 보면 귀중한 금, 은으로부터 바늘 한 개, 풀 한 포기라도 주지 않는 것을 취하지 못한다. 常住物[130]이나 施主物이나, 대중 것이나, 관청 것이나, 사사 것이나, 온갖 물건을 빼앗거나, 훔치거나 속여 가지거나 세금을 속이거나, 뱃삯, 찻삯을 안 내는 것 등이 모두 훔치는 것이다라고 하였다. 그러면 이 훔치는 것이 왜 나쁜가. 물론 상식

---

129) 출애굽기 20:14
130) 항상 비치하는 사찰용구, 기물 등.

으로 생각해도 나쁜일이지만, 세상의 소유권 질서를 어지럽히고 도적맞은 자에게 큰 슬픔을 안겨 주기 때문이라고 생각된다. 그래서 이 악인의 罪報는 무거울 수밖에 없다. 華嚴經에 말하기를 이런 자는 三惡道[131]에 떨어졌다가 인간계에 환생한다 하더라도 두 가지 갚음을 받는다고 한다.

그 하나는 빈궁보로 몹시 가난하게 살게되고, 또 하나는 설사 재물이 생긴다해도 자유를 얻지 못한다.[132]고 하였다.

기독교의 계명에 도적질하지 말지니라[133]가 있다. 사무엘하 8장 11~12절에 보면 신의 백성이라는 이스라엘 사람들이 다른 나라를 노략질하여 얻은 금, 은, 동 등 보물을 여호와신에게 갖다 바치는 것이 나온다. 또 신명기 20장 13~14절에 보면 남자들은 다 죽이고, 여자들과 가축들은 모조리 탈취하도록 신이 시키는 것도 적혀 있다. 이러한 사실들을 볼 때 도적질 말라는 계명은 자기 백성끼리에만 지키게 하면 되고, 남의 백성, 남의 나라에게는 얼마든지 강탈, 약탈, 노략질을 해도 좋다는 말인가 의아스럽다. 하기야 중남미 침략－잉카, 멕시코 유카탄 반도－아프리카, 인도, 아시아 침략은 순전히 그들의 도적질이 아니고 무엇인가? 그들의 박물관에 그득 쌓여있는 외국의 문화재는 그 증거가 명백하지 않은가?

불교 십계 중 다섯번째는 부모에 대한 효도다. 불교는 출가(出家)하기 때문에 옛부터 부모 처자 형제 국가도 다 버린다고 불효

---

131) 地獄, 餓鬼, 畜生의 三道
132) 60華嚴 十地品, 第22.
133) 출애굽기 20:15.

라고 하였지만 그것은 사실을 모르고 있는 것이다. 불교의 효에 관한 근거는 대체로 3가지로 나타난다. 즉 그 하나는 우선 불교에서는 인간이 이 세상에 사람으로 출생하는 최고의 가치를 성불에 두고있다. 특정한 인간이 아닌 전인류가 그렇다는 것이다.[134] 그래서 사람은 인간으로 태어나는 것이 무엇보다 중요한데[135] 그 인간 부모가 되어주는 사람이 무한히 고마운 것이다. 그래서 부모된 이에게 효도를 다 해야 하는 것이고, 둘째는 부모의 태중에 있을 때와 출생하여 자랄 때 등 열가지 은혜[136]를 밝히고 있다.

이것을 생각해서라도 효도를 다해야 하는 것이며, 셋째는 소위 인과론적 이유로써 부모를 잘 섬기면 자기 자식도 효자가 되고, 후생에도 좋은 부모와 효자를 만나게 된다는 데에서도 부모에게 효도를 다해야 한다는 것이다. 효도를 하는 데에도 불교적인 방법과 세속적인 방법이 있다고 본다. 세속적인 방법은 부모에게 걱정을 끼지지 않으며, 호의호식과 집안 명예를 안겨드려 기쁘게 해드리는 것이겠고[137] 불교적인 방법은 수도(修道:修行)를 잘하여 세상 중생을 건지고 불국토건설에 이바지하는 자체가 효도[138]일 뿐 아니라, 부모를 아무리 호의호식으로 잘 모신다 하여도 그 영혼을 구하지 못하면 아무런 소용이 없다는 것이다. 그래서 부처님은 성도 후 고국으로 돌아와 부왕을 제도하였으며, 目連尊者는 그의 어머니를 부처님의 도움을 받아서 지옥에서 구출하였고[139], 洞山 良

134) 無明의 소치일 뿐 成佛의 目的으로 모두를 태어난다고 가르치고 있음.
135) 人生 難得이요, 佛法難逢이란 말이 있다.(六種難中～열반경).
136) 多生父母十種大恩:수원 용주사 간행.大父母恩重經 참조.
137) 五倫行實圖 33면～86면까지의 孝行이 이에 속함.
138) 世人의 師表가 되는 精神的 指導者가 大孝道다.

介禪師는 그 어머니가 '나를 버리고 출가하는 것은 좋으나 도를 깨치지 못하면 허물이 있는 것이니 반드시 성도하여 저 목련존자와 같이 나를 제도하라'고 그 修道心을 격발하여 필경은 큰 도인이 되어 어머니를 제도했다는 이야기[140]는 너무나 유명하다.

기독교의 십계 중 네 부모를 공경하라, 그리하면 너의 하나님 나 여호와가 네게 준 땅에서 네 생명이 길리라[141]가 있다. 이 항을 천주교에서는 네째 항에 넣고 있고 개신교에서는 다섯번째 항에 넣고 있다. 이 말은 부모를 공경하고 효심을 다하면 너희들에게 준 땅에서 오래 살 수 있도록 복을 주겠다는 뜻이 되겠다. 그러나 이 효도라는 말은 동서고금 어느 종교, 사회에서나 다 있는 윤리도덕이지만, 기독교에 있어서는 이 말이 과연 어울리는 말인지에 대해서는 의심하지 않을 수 없다. 왜냐하면 먼저 왜 사람이 부모에 효도를 해야 되느냐에 대해서 보면, 유교의 孝經에는 사람의 신체는 부모로부터 받았으니 함부로 손상하지 않음이 효도의 시작[142]이라 하였다. 다시 말하면, 이 몸을 부모로부터 받았으니 신체는 물론 피부나 터럭까지도 손상하지 않고 간직하며 감사히 여기는 것이 효도의 시초라 하였으므로, 자기를 낳아주신 것이 한없이 고맙기 때문에 부모에게 절로 효심이 나는 것으로 되어있다. 하기야 자기를 낳아준 부모이니 당연히 섬겨야 하는 것이 그 도리이기도 하다. 그러나 기독교 천주교는 이렇게 안 되게 되어 있다.

---

139) 佛敎의 盂蘭盆齊 음7月15日 백중의 기원이 이것이며 祖上薦度의 날이다.
140) 緇門警訓中 書狀篇(親書에 대한 答書).
141) 출애굽기 20:12.
141) 출애굽기 20:12.
142) 身體髮膚 受之父母 不敢毁傷 孝之始也.

부모가 자기를 낳아준 것이 고마운 것으로 되어있지 않기 때문에 효심이 나도록 되어있지 않다는 것이다. 그 이유를 설명하려면 창세기까지 거슬러 올라가야 한다. 즉 그들의 창조주라는 신은 인간을 창조해 놓고 생육하고 번성하라 한 것은 좋았으나 이것과 모순되게 하와(이브)가 아이를 낳는 것은 선악과를 따 먹은 죄로 잉태하는 고통을 주어 그 벌[143]로 아이를 낳는 것이므로 아이쪽으로 보아서는 낳아준 것이 조금도 고마울 것이 없는 것이다. 자기가 태어나는 것은 부모가 지은 죄의 벌로(단지 선악과를 따 먹었다는 그 일 하나로 죄를 뒤집어 쓰고) 태어나는 것으므로 어찌 고맙다고 하겠는가? 도리어 부모가 원망스러울 따름일 것이다. 그런 까닭에 효심이 날 리 없고, 또 이것은 자손만대로 마찬가지라고 우기니 오늘의 자손도 역시 낳아준 부모가 조금도 고마울 것이 없어, 여전히 효심이 날 리가 없기 때문에 기독교, 천주교에는 효도사상이 근본적으로 없는 것으로 판단되어진다. 그런데도 신의 계명이라 설정하여 부모에게 효도하라고 하였다니 넌센스가 아닐 수 없다. 후세에 첨가한 모순이 나타나고 있다. 그리고 그들의 교조 예수 자신도 자기 어머니인 마리아에게 '여자여!'[144]라고 불렀다. 이것은 패륜적 극언이다. 어찌 자기 어머니를 여자여! 하며 길거리 여인 부르듯이 하는 것인가. 이러하기 때문에 기독교, 천주교에서는 효의 사상이 움틀 리가 없다. 따라서 조상 숭배사상도 생길 리가 없는 것이다. 그리하여 부모조상 제사를 지내지 못하게 하고 예수 제사만 지내고, 동양의 효도 사상을 우상숭배로 호도하고 파괴하

143) 창세기 3:16.
144) 요한복음 2:4,19:26.

기 시작하였다.

동양인들 특히 한국인들 중에는 이것이 마치 선진문명인양 맹종하는 쓸개빠진 사람들이 있으니 한심한 일이다.

아마도 신이 부모공경과 효도를 십계명에 넣었다고 하는 것은 시대 상황에 따라 인간들이 인위적으로 만들어 넣었다는 사실을 확실하게 증거하여 주고 있는 것이다.

불교 십계 중에 여섯 번째는 삼보를 비방하지 말라고 되어 있다. 불자로서 불, 법, 승 삼보를 본인이 비방하거나 남을 시켜 비방해서는 안 된다. 만약 비방을 하면 波羅夷罪가 되어 종단에서 쫓겨난다고 하였다. 기독교 십계 중 제3의 계명은 너는 너희 하나님 여호와의 이름을 망령되이 일컫지 말라하여 신의 권위를 강조하고 있다. 그러나 불교에서는 세상의 이치를 깨달은 자와 그 깨달은 내용인 교법인 법보와 그것을 닦고 계승하는 제자까지 포함하여 삼위일체를 경배하고 받들어 귀감을 삼는 것이니 신 자기만을 카리스마적으로 독재적으로 섬겨 권위을 세우고 겁주고 위협하는 것과는 커다란 근본적 차이점이 있다 하겠다. 불교의 삼보사상은 다시 우주의 이치로까지 확대되며, 인간은 필경 이 삼보 중의 일원으로 되었기 때문에[145] 민주주의적이요, 보편의 진리라 할 수가 있어 유일 독재자와 같은 여호와 신과는 대조할 수 없다. 개신교의 이 계명을 천주교에서는 둘째 계명으로 세우고 있는데 신이 진실로 존재하며 우주의 창조주요 조물주라면 그러한 권위를 세우려고 할 필요도 없이, 저절로 권위가 서지 않을 수 없을 것이 아닌가!

---

145) 宇宙의 體로 佛,그 相을 法.그 用을 僧이라 하여 우주가 그대로 三寶 아님이 없다.

더군다나 구약에 보면 신이 직접 말을 하고, 명령하고, 군대를 통솔하여 심지어 배반자는 손수 죽음의 벌을 내리기까지 하여도, 역시 배반자, 비난자, 비판자가 계속 생긴 것을 볼 때, 당시에도 믿을 수 없는 이유가 분명히 있었기 때문이 아니었나 생각된다.

불교 십계대계 중 일곱번째는 自讚하지 말라가 있다. 이에 해당하는 개신교 천주교의 십계 중에도 꼭 맞는 것은 없으나 네번째 계명에 안식을 지키라가 여기에 해당된다. 신이 안식일을 지키라 함은 곧 자기를 칭찬하고 자기를 인간 속에 드러내려는 것[146] 같으므로 불교와는 대조적이다. 자기 자랑하는 사람치고 잘난 자 없고 자기 마누라, 자기 자식 자랑하는 자 미치광이거나 반미치광이라는 우리네 속담도 있지 않은가. 존경받을 만한 자는 스스로 나서지 않아도 모두들 우러러 받드는 것임을 알아야 하는데 이러한 기본적 양심마저도 없다함은 한심한 일이며, 이것으로 인하여 전세계 식민지의 쟁탈에 앞잡이 노릇을 하여 인류의 고통과 살육의 일익을 담당하고 말았던 것이다.

안식일을 기억하여 거룩히 지키라. 엿새 동안은 힘써 네 모든 일을 행할 것이나, 제 칠일은 너의 하나님 여호와의 안식일인즉 너나 너의 아들이나 네 딸이나 네 남종이나 네 여종이나 네 육축이나 네 문안에 유하는 객이라도 아무 일도 하지 말라. 이는 엿새 동안에 나 여호와가 하늘과 땅과 바다와 그 가운데 모든 것을 만들고 제 칠일에 쉬었음이라. 그러므로 나 여호와가 안식일을 복되게 하여 그날로 거룩하게 하였느니라이다.(출애굽기 20:)

---

146) 자기의 창조공로를 자랑하고 널리 알리려고 하는 의도적인 창작에 불과하다.

이것을 보면 얼마나 일방적인 횡포인지를 가히 짐작할 수 있다. 부자유의 족쇄를 강요하고 있다. 본인, 종, 짐승, 외국인까지도 쉬지 아니하면 죽인다고 하는 강제성 이것이 서양문명의 종말론적 사고가 아닌가! 실지로 구약에서는 안식일날 일한다고 죽인 기록이 있고, 예수도 이 날에 병을 고쳐주었다가 유대인에게 장차 죽임을 당하는 원인의 하나가 되었다. 얼마나 미신적인 야만인가. 그들의 예수까지도 죽이게 만든 계명이 과연 계명인가? 자가당착도 이만 저만이 아니다. 개신교, 천주교의 제2계명은 우상을 만들지도 말고, 숭배하지도 말며, 그런 것을 보거든 찍어 멸하라고 하였다. 이것을 그대로 믿고 충동질시켜 일부 몰지각한 기독교인들은 심각한 배타성으로 전쟁과 살육의 진짜 우상숭배적 광신으로 전락하고 있다.

우상에는 간단히 외적 우상과 내적 우상이 있는데 외적 우상이야 형상을 통한 자기확인이며, 존경하고 사모하는 경배의 대상이며 이것은 조상숭배 등 문화전반의 국보 보물이며 인간에게 직·간접으로 도움을 줄지언정 해끼치는 일은 없다.

그러나 내적 우상은 정신적으로 집착되어 무지몽매한 주장으로 惑世巫民하는 비현실적 주의 주장을 말한다. 있지도 않은 신을 있다고 우기는 것은 우상 중의 우상이다. 믿으면 복을 주고 믿지 않으면 죽인다는 위협은 가당치도 않는 미신적 맹신에 불과한 것이다. 개신교·천주교·회교 등 유일신을 주장하는 종교에서는 '우상을 만들지도 말고 숭배하지도 말며, 그런 것을 보거든 찍어 멸하라'고 한 것을 그대로 믿고 배타적으로 이세상 모든 형상인 우상을 없애려고 하는 것은 어리석은 생각이다, 특히 불교의 불상들을 우상숭배라며 기회만 있으면 파괴하려는 몰지각한 행동을 서슴지 않고 있어 심각한 문화재 훼손의 위기까지 거론되고 있다. 특히 기독교인 개신교가 불교를 헐뜯는 이유가 주로 이것인데, 이는 불교의 불상은 실제 인물을 경모한 나머지 그 형상만이라도 숭배하려고 제작한 것으로서 말하자면, 자기가 존경하는 인물초상을 모셔놓고 장래표본을 삼는 것과 같은 것이다. 이렇게 해서 等像을 모신 것이 자연 불상을 숭배하는 종교가 되었다고 할 수가 있으리라. 그리고 또 무시하거나 소홀히 할 수 없는 것은 비록 木石이나 청동, 금동, 철불로 만들어졌다고는 하나 신앙이 깊으면 그 자체에서 放光을 하는 수도 있고, 꿈에 길흉을 현몽하는 수도 있다. [147]그러므로 불상에 대하여 덮어놓고 우상숭배라며 공격할 것이 못되는 것이다. 더구나 요즘은 종교와 신앙은 자유인 만큼 우상숭배를 안 하는 것은 자기들만 안 하면 됐지, 남의 종교까지 간섭하는 것은 일종의 침해요, 월권행위가 아닐 수 없다.

불교의 십계 중 탐욕을 내지 말라의 계율이 있는데, 탐욕은 지나친 욕심인 바, 이 탐욕 때문에 모든 죄를 짓는다 할 것이다. 불교에는 열 가지 악을 말하는데 그것은 ①살생 ②도적질 ③사음(간음) ④거짓말 ⑤아첨 ⑥이간질 ⑦악구(惡口＝욕설, 저주) ⑧탐욕 ⑨성냄 ⑩어리석음 등이다. 이 중 탐욕을 제외한 나머지 9가지는 이 탐욕 때문에 일어나는 죄악이라 할 수 있다. 그래서 십악 중 제일 근본악이라 하여 108번뇌 중의 으뜸으로 한다. 만약 탐욕을 없앤다면 모든 악이 없어진다고 할 수 있다. 이러므로 탐욕은 萬惡의 근원이라 할 수 있다. 특히 불교를 잘 닦기 위해서는

---

147) 기도를 통한 영험담이 많이 전하고 있음.관음,범화,지장,미륵 영험 등등.

제일 먼저 이 욕심부터 버리지 않으면 안 된다고 하였다. 自警文에 '태어날 때 빈 손으로 오고 갈 때 또한 빈 손으로 가는도다. 자기 재물에도 뜻이 없거늘, 어찌 남의 물건이겠는가! 3일 동안 닦음은 천년의 보배요 백년 동안의 탐함은 하루아침의 티끌[148]이라 하였다.

진리는 하나다. 불교에서는 불타(法)가 그 진리체이며, 이것과 하나가 된 부처님은 다른 신들처럼 남을 부인하며 자기만 섬기라고 하지는 않았다. 기독교 천주교에서는 제1계명에서 신이 '나 이외에는 다른 신을 네게 있게 하지 말라'고 하여 최고 진리는 자기 하나 뿐이니 자기만 섬기라고 한 것으로 되어 있으니 불교와는 정 반대가 되고 있다. 이것이 인간 중심의 세계에서 신 중심세계의 허구성과 불연속성이 밝혀지고 있는 것이다.

원시불교 부처님 당시에는 六師外道를 비롯하여 62견(見:哲人, 宗教人) 등 많은 종교·철학이 있었는데 그 중 자이나교(요가중심교, 나체교, 무소유주장)를 믿었던 시이하라라는 유명한 장군이 불교로 전향할 뜻을 말했을 때, 부처님께서는 '당신과 같은 사회적 지위를 가진 사람이 함부로 신앙을 바꾸어서는 안 된다'고 하였다는 이야기는 유명한 부처님의 타교에 대한 태도의 일면을 단적으로 표시한 중요한 시사이다. 그러나 법화경 방편품에 보면, 十方國土中 唯有一乘法 無二亦無三이라고 하여 진리 문제에 가서는 엄격하여, 최고 진리는 오직 하나 뿐이지, 두 개, 세 개 있는 것이 아니니 오직 이 진리 연기법(緣起法:因緣法)만을 선택하라고 강조

148) 無來一物來,古亦空手去. 自財無戀志,他物有向心 三日修心,千載寶.百年貪物一朝塵.

한 면도 있다.[149)]

## 結

이상과 같이 불교의 계율과 천주교(기독교) 계명은 그 근본적 발상에서부터 다르니 배타적, 모순적, 이기적, 투쟁적, 흑백 논리적이라면, 불교사상은 포용적, 합리적, 대승적, 화합적, 흑백초월의 논리를 전개하고 있는 것을 살펴볼 수가 있다. 배타적이라 함은 자기들끼리의 폐쇄적 집단을 의미하며, 모순적이라 함은 자기네 주장만 옳고 그외 다른 것을 부정하는 것이며, 이기적이라 함은 종파끼리 패를 가르고 이득을 위해 이합집산함을 의미하며, 투쟁적이라 함은 적과 동지를 나누어 언제나 이중적, 구분적, 멸시적 사상전개에서 살육전쟁을 언제나(역사적 사실) 야기시킴을 일컫는 것이라면, 불교의 포용적이라하면 어떤 사상 종교이건 배타하지 않고 받아들임이요, 합리적이라함은 일방주장이 아닌 연기성에 바탕을 두었기 때문이요, 대승적이라하면 소아병적인 외골수가 아닌 전인간, 전생명, 전천상까지도 포용하기 때문이고, 화합적이라하면 배타성이 없기 때문에 慈悲喜捨의 정신하에 있기 때문이고, 흑백초월의 논리라하면 모든 것을 전체적, 종합적, 총체적으로 파악하는 中道의 思想에 기인하고 있기 때문이다.

어느 것의 우·열을 논하는 일은 또 다른 논쟁을 일으키는 것이

---

149) 法華經의 말은 좁은 의미로는 불교중의 二乘,三乘을 말함이요,넓은 의미로는 다른 종교까지 포함하고 있다.

기 때문에 우열이 아닌 직관력과 합리성에 바탕하여 파악할 수 있는 개인 개인 심성의 깊고 넓은 자각의 훈련이야 말로 모든 맹목적 사유에서 벗어나는 지혜의 첫걸음임을 인식하게 된다. 모든 일체현상은 자업자득이라 아니할 수 없다. 고로 원시근본불교 사상이든 기독교 사상이든 사상과 사유의 바탕은 오직 인간. 그 자체인 것이라면, 인간다움과 사람다움의 인간성회복이나 생명존중의 동고동락적 和睦과 和合에 그 사상의 최고가치를 줄 수 있는 것이다. 양종교의 십계를 중심한 덕성스런 인간성 회복이야말로 그 사상의 척도가 되는 것이기에 사상철학 자체가 인간중심의 사바세계[150]와 mamūsya[151]라는 의심하는 인간에서 서로 믿고 사는 화합의 정신회복에 있는 것이다. 바로 이것은 인간의 종교와 철학과 윤리성의 종합적인 사상인 원시근본불교의 근본적 방향이라고 결론 짓는다.

150) 사바세계는 견디며 사는 세계,忍苦하는 世相, Sabhā(娑婆).
151) Manūsya(人間)－의심하는자－서양의 man(인간)이 파생됨.즉 인간을 '의심하며 사는자'란 뜻이다.

# 참고문헌

Arnold, Sir Edwin *The Light of Asia*, many editions.

Basham, A. L. *The Wonder that was India*, Sidgwick & Jackson, London, 1954.

Bendall, C., and Rouse, W.H.D.(trs.) *Śikṣāsamuccaya*(Compendium of Training) of Sāntideva, London, 1922.

Bhargava, Dayanand *Jain Ethics*, Motilal Banarasidass, Delhi, 1968.

Brahmacari, Situl Prasad A *Comparative Study of Jainism and Buddhism*, Madras, 1929.

Burtt, Edwin A. *The Teaching of the Compassionate Buddha*, New York, 1955.

Conze, Edward *Buddhism*, 3rd edition, Faber, London, 1957.

Conze, Horner, Snellgrove, Waley, *Buddhist texts through the Ages*, Faber, London, 1957.

Coomaraswamy, Ananda K. *Buddha and the Gospel of Buddhism*, New York, 1964.

*Time and Eternity* (Chapter on Buddhism), Ascona, 1947.

Coomaraswamy, Ananda K., and I. B. Horner *Introduction to Living Thoughts of Gotama the Buddha*, London, 1948;

India edition, Bombay, 1956.

Eliot, Sir Charles *Hinduism and Buddhism*, 3 vols., Routledge, London, 1922.

Evola, J. *Doctrine of Awakening*, trs. H. E. Musson, Luzac & Co., London, 1951.

Floyd Ross, H. *The Meaning of Life in Hinduism and Buddhism*, London, 1952.

Foucher, A. *La Vie du Bouddha d'aprés les Textes et les Monuments de l'Inde*, Paris, 1949.

Hare, E. M. *Woven Cadences*(Suttanipāta), PTS, London, 1948.

*The Book of the Gradual Sayings*, vol. III, 1953, IV, 1954 *(trs. Aṅguttaranikāya)* PTS. London.

Hastings, James (ed.) *Encyclopaedia of Religion and Ethics, New York*, 1955.

Horner, I. B.(trs.) *Middle Length Sayings*, vol. I, 1954, II, 1957, III, 1959*(Majjhimanikāya)*, PTS, London.

*Milinda's Questions*, 2 vols.*(Milindapañha)*, PTS, London.

Humphreys, Christmas *Buddhism*, Pelican Series.

Jayasuriya, W. F. *The Psychology and Philosophy of Buddhism* (being an introduction of Abhidhamma), Y.M.B.A. Press, Colombo, 1963.

Jayatilleke, K. N. Early Buddhist Theory of Knowledge, London, 1963.

Kashyap, Bhikkhu J. *The Abhidhamma Philosophy*, 2 vols, Nalanda, Patna, 1954.

Khantipālo, Phra *Tolerance*, a Study from Buddhist Sources, Rider & Co., London, 1964.

*What is Buddhism*, Social Science Association, Press of Thailand, 1965.

Law, B. C. *History of Pali Literature, 2* vols., London, 1933.

Mackenzie, John S. *A Manual of Ethics*, Univ. Tut., London, 1929. *Hindu Ethics*, London, 1922.

Macnicol, N. *Living Religions of the Indian People*, London, 1934.

Morgan, Kenneth W. *The Path of Buddhism*, Ronald Press, New York. 1956.

Muirhead, John H. *The Elements of Ethics*, London, 1910.

Murti, T. R. *The Central Philosophy of Buddhism*, Allen & Unwin, London, 1955.

Ñāṇamoli, Bhikkhu (trs.) The Path of Punfication (Visuddhimagga) Loke House, Colombo, 1956.

Nārada, Thera (trs.) *The Dhammapada*, London, 1954.

*The Buddha and His Teachings*, Saigon, 1964.

Nyāṇatiloka, Mahāthera *Fundamentals of Buddhism*, Colombo, 1949.

*Guide through the Abhidhamma-Piṭaka* and essay on *Paṭ iccasamuppáda*, Colombo, 1957.

*Buddhist Dictionary* (A Manual of Buddhist Terms and Doctrines), Colombo, 1956.

*The Word of the Buddha*, Buddhist Publication Society,

Kandy, 1959.

Nyāṇaponika, Thera *The Heart of Buddhist Meditation*, Colombo, 1954.

Radhakrishnan, S. *Indian Philosophy*, 2 Vols., Allen & Unwin, London, 1929.

*Introduction to Dhammapada*, O.U.P., Oxford, 1950.

Rāhula, Walpola Sri *What the Buddha Taught*, Second and enlarged edition, Gordon Fraser, Bedford, 1967.

Rhys Davids, C. A. F. *The Book of Kindred Sayings*, Vol. I, 1950, II, 1952*(Saṃyuttanikāya)*, PTS, London.

Rhys Davids, T. W. *Buddhist India*, 3rd India edition, Calcutta, 1957.

Rhys Davids, T. W., and C. A. F. *Dialogues of the Buddha*, 3 vols. (trs.) *Dīghanikāya*, PTS, London, 1951.

Rogers, A. P. *A Short History of Ethics*, London, 1913.

Saddhatissa, H. *Handbook of Buddhists*, Mahabodhi Society, Sarnath, Banaras, 1956.

*Upāsakajanālaṅkāra*, A Critical Edition and Study, PTS, London, 1965.

Stcherbatsky, Th. *The Conception of Buddhist Nirvāṇa*, Leningrad, 1927.

*The Central Conception of Buddhism*, Calcutta, 1961.

Tachibana, S. *The Ethics of Buddhism*, Oxford University Press, London, 1926.

Takakusu, Junjiro *The Essentials of Buddhist Philosophy*, University of Hawaii, Honolulu, 1947.

Thomas, E. J. *The Road to Nirvana,* A Selection of the Buddhist Scriptures, Murray, London, 1950.

*Early Buddhist Scriptures,* a selection, trs. and ed., K. Paul, Trench, Trubner & Co., London, 1935.

*History of Buddhist Thought,* Routledge, London, 1933.

*Life of Buddha as Legend and History,* 3rd edition, Routledge, London, 1949.

Warren, Henry Clark *Buddhism in Translation,* Harvard University Press, 1947.

Winternitz, Maurice *A History of Indian Literature,* Vol. II. Calcutta, 1933.

Woodward, F. L. *Some Sayings of the Buddha,* World's Classics, Oxford, 1938.

*The Book of Gradual Sayings,* Vol. I, 1961, II, 1963, V, 1961 (trs. *Aṅguttaranikāya*), PTS, London.

*The Book of Kindred Sayings,* Vo. III, 1954, IV, V, 1956 *(trs. Saṃyuttanikāya*), PTS, London.

Zaehner, R. C. (ed.) *The Concise Encyclopaedia of Living Faiths,* New York, 1967.

Zimmer, H. *Philosophy of India,* ed. J. Campbell, Bollingen Series, XXVI, New York, 1951.

# 찾아보기

가섭 167, 168, 258
가파티 210
갈애 79, 82, 231, 232, 233, 246, 248
거사 157, 158, 159, 162, 165, 201
건달바 264
건도부 98
걸사 106
겁 218
게송 229
결악 143
경분별 98
계 61, 83, 85, 88, 159, 227, 255
계경 98, 99, 230
계급 205, 210
계율 151, 153, 156, 159, 171, 197, 210, 219
계품 133
苦 81, 91, 152, 166, 210, 220, 230
고행 90
觀 233, 255, 256, 259
光神 32, 252
光神教 137, 138
光天 76
愧 174
귀의 84
기연 130, 131
녹야원 167
論 102
논장 97
니르바나 227, 228
니샤프라판차 238
니카야 158, 160, 209, 225, 234, 239, 246
닙바나 228
다나 133
다르마(담마) 56~59, 62~64, 70, 74, 75, 122
달하네미 213
대반열반경 84, 99, 159, 164, 165, 170, 258
大悲 245, 255
대인연경 101
대품 98, 261
데바 29, 31, 65
道 81, 91
도리천(33천) 102, 181
드리야상가 105

드베바시카 153
디가 니카야 75, 84, 159, 161, 250
라마야나 37
라자칵카밧티 165
랄리타비스타라 152
로콧타라바딘 225
룩카담마자타카 177
르타 27
리그베다 27, 28, 195
리스 데이빗(Rhys Davids) 57, 58, 68
릿차비 107
마드야마가마 100
마하고빈다 숫타 225
마하니다나 숫탄타 45, 50, 252
마하리 숫타 250
마하바라타 25
마하바스투 225
마하비지타 221
마하상기카 225
마하파다나 221
마하파다나 숫탄타 45, 62, 218, 229
만디싸 239
말리카 여왕 80
망어 144, 171
멕켄지(Mckenzie) 194
멸 81, 87, 227, 230, 232
멸진 232
名 25, 26
名色 24, 27, 162
모니에르 윌리암스 67
몰입 118, 119, 120
무명 49, 68, 82, 162, 192, 235, 237
무상 136
무색 234
무아 34, 55, 91, 166, 174, 238, 239
무어(G.E.Moore) 17
무여열반 242, 243
무위법 59, 230, 231
무헤드(Muirhead) 18
물러(Muller) 194
미륵불 221
밀린다 팡하 161
바네르지(A. C. Banerjee) 58
바라문 210, 216
바라문품 158
바랴가자 217
바르후트 36
박카리 74
반두마티 153, 229
반열반 99
발루카 103
방편시설 86
배화교 211
배회지 234
번뇌 87, 161, 229, 232, 234
범아 75
범처 85, 87, 250
범천(브라마) 62, 63, 65, 75, 76, 214
법 151, 153, 182, 190
법경 37, 119
법구경 34, 35, 36, 55, 56, 59, 72, 89,

100, 101, 122, 133, 144, 161, 162, 163, 169, 172, 176, 209, 225
법륜 152, 218
법왕 143
法集論註 102
법현 222, 226
베다 27, 32, 33, 38, 156
보살도 127
보시 134, 163, 165, 178, 213
附隨 98, 99
不害 117
붓다고사 132, 148, 244
붓다방사 133
브라마나스 28
브라마 자라 84
브라마 자라 숫타 60, 75, 132
브라마차리야 138
브라만 24, 25, 33, 38, 75, 76, 78, 85, 214, 234, 238, 263, 265
브라만품 261
브리하다라냐카 우파니샤드 26
브로우춰 217
비구품 133
비나야 164
비냐나바다 102
비방가 119
비수디마가 244
비파시불 153, 218, 229, 245, 265
비팟시 붓다 62, 63, 64
빔비사라 223
사념처 95, 244
사다함 108, 160, 161
四大 65
사라나 67, 68
사르바스티바다 리터러쳐 58
사만냐팔라 숫타 84, 85, 89, 157, 162, 232, 233, 250, 251
사문 77, 214
사미 110
사법인 55
사성제 23, 39, 42, 59, 70, 84, 87, 158, 161, 227, 232, 266
四雙八輩 105
死王 100
四精謹 244
사티팟타나 숫타 140
살라 152
살야 152
삼귀의 104
삼매 71
삼무티 154
삼무티상가 105, 106
삼법인 91, 230
삼보 67, 143, 146, 151, 153, 160, 210
삼악근 173, 232
三愛 247
삼장 96
삼학 83
想 26

상기티 숫타 101
상윳타 가마 100, 158, 179
상윳타 니카야 100, 128, 158, 179
상응부 → 상윳타 니카야
상카라 56
色 25, 28, 234
색계 87
色禪定 252
색욕 216
샤프라판차 238
샨타락쉬타 46
禪 29, 30, 31, 44
禪定 78, 87, 93, 131, 229, 233
설일체유부 97, 102
소나단다 89
소품 98
受 26
수다원 108, 160, 161
수드라 210
수면 175
숫타니파타 225, 261
스투파 165
승가 61, 62, 103, 105, 210
시갈로바다 숫타 84, 85, 89, 157, 162, 232, 233, 250, 251
시갈로바다 숫탄타 170, 175, 178, 182, 188, 193, 195
識 26
식 53
심소 58, 59, 63
심해탈 249
십계 148
십바라밀 94, 133
십이처 129
아나타핀디카 185
아나함 160, 161
아난다 41, 50, 52, 223, 266
아딘나다라 베라마니 132
아리야푸갈라 105
아라한 109, 84, 109, 160, 224, 230
아리스토텔레스 19, 20, 37, 206
아반티 224
아소카 에딕츠 177
아쇼카 석주 43
아쇼카 왕 43
아자타삿투 83, 223, 224
아카리야 194
아타르바 베다 28
아트만 33
아함경 97, 99, 100, 225
안거 98
앗타 238
앙윳타라 니카야 101, 158, 172, 176, 178, 183, 184, 193
야사 104, 154
야주르베다 29
억행품 172
업 28, 29, 32, 33, 34, 35, 49, 72, 95, 126, 127, 174, 226

업보 142
업생 142
에콧타라 가마 100
여래 41, 52, 60
여래품 152
如意足 244
연기 84
연기설 45, 46, 47, 48, 50, 53, 62, 82
열반 40, 81, 161, 227, 228, 230, 231, 234, 245
영묘 164
영혼 54
오결 158
오계 113, 133, 146, 158, 176, 215
오근 86
五力 244
五蘊 26, 59, 129
五障 30, 32, 250
올덴베르그 (oldenberg) 61
요가 237
요소 57
욕계 77
龍樹 46
우다나 바가 133
우다나품 152, 247, 248
우다야나 224
우드라카 라마푸트라 236, 260
우바새 103, 154, 156, 157, 159, 160, 161
우바이 105, 154, 156, 157, 161
우파니샤드 29, 228, 238
우파삼파다 110
우파팃사 244
우파팃사 주석 97
우포사타 147
우포사타 실라 147, 148
웃가 203
위빠싸나(法觀) 94
윌리암스 18
有 49
유념 201, 257
有餘涅槃 242, 243
유위 231
유위법 58, 59
有情 46, 92
6내처 79
육방예경 171
윤리의 원리 17
윤리학 17, 18, 19, 22, 37
윤회 38, 49, 52, 64, 82
율 182, 225
율장 225, 230
의심 143
이쉬타푸르타 28
인연경 99
인연담 102
인연법 158
자비경 120
자비심 118, 119, 121, 122, 123, 130
자설경 35, 45
자아 38, 39, 40, 50, 51, 52, 54, 55, 76,

163, 238
自愛 229, 237
自恣 98
자타카 217, 225
長部 → 디가 니카야
전륜왕 221
전법륜경 90
전생 240
定 83, 86, 87, 88, 227, 255
정각 143
정명 132
정진 89, 90, 193
제석천 181
중송 91, 264
중동 46
中部 100
지계 85, 86, 95, 133
지바 238, 239
集 81
집착 237
차일더스(R. C. Childers) 56
찬도갸 우파니샤드 32, 194
찬드라키르티 49
慙 174
참파 157
창조설 55
천금품 225
清淨道論 257
체르바스키 57
출라셋티 자타카 198
출세간 107
칠각지 95
七論 102
카리야 피타카 133
카마 135, 140
카메수 135, 140
카메수 밋차카라 141
카스트 제도 208, 210
칵카밧티 시하나다 숫탄타 213
칼라마 숫타 256, 260
캉카비타라니 106
쿠타단타 숫타 221
쿹다카 니카야 226
쿹타카파타 225
타나 248
타타타 59
타트바 상그라하 46
탁발승 80, 107
탐욕 216
테라카타하가타 117, 135
테빗자 숫타 250, 251
파리사 106
파세나디 257
팔계 214
팔정도 91~95, 109, 232, 235, 244
평신도 105, 106
포살 98
폿타파다 80, 81, 239
폿타파다 숫타 101
프라자파티 25
해탈 52, 83, 96, 97, 210, 229, 234, 253
行 26
현생 142
慧 83, 85, 87, 88, 201, 227, 228, 255
혜안 87
혜해탈 249
혼침 175

# 根本佛敎倫理

·

1994년 3월 15일 초판 발행
2004년 9월 15일 재판 4쇄

저자 · 사다티사
편역자 · 조용길
펴낸이 · 박상근(至弘)
펴낸곳 · 불광출판사

138-844 서울 송파구 석촌동 160-1
대표전화 420-3200
편 집 부 420-3300
팩시밀리 420-3400
http://www.bulkwang.org

등록번호 제 1-183호(1979. 10. 10)
ISBN 89-7479-516-7

잘못된 책은 바꾸어 드립니다.

값 10,000원